2021年度国家自然科学基金项目（72161026）
2022年甘肃省哲学社会科学规划项目（2022QN014）
资助

会计重要性原则及其应用问题研究

The Research on the Principle of Materiality in Accounting and Its Applying

孙蕊 著

中国财经出版传媒集团

经济科学出版社
Economic Science Press

图书在版编目（CIP）数据

会计重要性原则及其应用问题研究／孙蕊著．--北京：经济科学出版社，2022.8
ISBN 978-7-5218-3966-1

Ⅰ.①会… Ⅱ.①孙… Ⅲ.①会计学-研究 Ⅳ.①F230

中国版本图书馆 CIP 数据核字（2022）第 156541 号

责任编辑：杜 鹏 常家凤 刘 悦
责任校对：刘 娅
责任印制：邱 天

会计重要性原则及其应用问题研究
孙蕊 著
经济科学出版社出版、发行 新华书店经销
社址：北京市海淀区阜成路甲 28 号 邮编：100142
编辑部电话：010-88191441 发行部电话：010-88191522
网址：www. esp. com. cn
电子邮箱：esp_bj@163. com
天猫网店：经济科学出版社旗舰店
网址：http：//jjkxcbs. tmall. com
固安华明印业有限公司印装
710×1000 16 开 15. 75 印张 260000 字
2022 年 8 月第 1 版 2022 年 8 月第 1 次印刷
ISBN 978-7-5218-3966-1 定价：79. 00 元
（图书出现印装问题，本社负责调换。电话：010-88191545）

前　　言

会计重要性原则，在会计确认、计量、记录和报告的整个信息处理过程中发挥着关键性作用，制约和指导着企业会计实务工作。相比于谨慎性、可比性、实质重于形式等其他会计原则，重要性原则的运用具有更强烈的主观判断特性。但会计理论界对会计重要性一直缺乏全面、深入和系统的研究。

近几年来，西方国家会计权威组织注重对会计重要性问题的探索。为了提高财务报告信息披露的有效性，国际会计准则理事会（IASB）在2015年发布了《实务公告——重要性在财务报表中的应用（征求意见稿）》，同年，美国财务会计准则委员会（FASB）也发布了有关于"重要性决定"（*materiality determination*）的一系列概念框架修订项目的征求意见稿；2017年，为使得公司管理层在财务报告信息编制方面更好地运用重要性判断，IASB制定并向公众发布《实务公告第2号——就重要性作出判断》（*making materiality judgements*：*practice statement* 2），并决定自2023年1月起施行。这一系列项目或声明的颁布，反映出西方会计组织对重要性原则应用问题的高度重视，以及在完善重要性概念、尝试制定相关非强制性实务指引方面所付出的努力。

我国目前仅将重要性作为会计信息质量特征之一纳入《企业会计准则——

基本准则》，尚未制定关于会计重要性及实务应用方面的准则、解释或指引。随着我国会计准则国际趋同步伐加快，以及企业经济业务和资本市场环境日趋纷繁复杂，我国现亟待对重要性及应用问题进行全面、系统的研究，并且这对于提升我国上市公司财务报告信息质量，进一步加强资本市场利益相关者保护都具有深刻的理论和现实意义。

本书基于“重要性研究的理论基础—重要性基础理论构建—重要性判断及框架理论构建—重要性应用的实证检验—制定重要性应用指引建议”的研究思路，对会计重要性及应用的相关问题进行理论分析与实证探索，主要可分为以下五个部分。

第一，通过比较分析不同会计组织制定的会计重要性定义发现，目前的重要性基本定义涵盖视角和可理解程度较低，在此基础上，本书提出重要性的概念特征可分解为三个维度：基于特定主体背景、信息使用者导向以及依赖于专业判断。并借鉴西方哲学价值理论、经济学效用理论等，对会计重要性本质内涵和概念进行重构。

第二，探讨了重要性判断标准、机制和特征，借鉴西蒙“有限理性”理论，本书提出提高重要性判定质量的途径是加强程序理性，减少规则非理性、认识非理性以及行为非理性偏差，并结合影响重要性应用的环境因素，在对重要性判定问题分析基础上，构建了财务报告重要性职业判断框架。

第三，采用档案研究方法，通过随机不放回抽样确定不同财务报表使用者所使用的研究报告样本，基于人工阅读及 Python 文本挖掘统计与财务报表项目对应相应的项目，根植于决策有用性理论，归纳重要的财务报表项目及重要性判断标准。

第四，通过对 TD 上市公司重大会计差错的案例分析，引出会计差错更正与内控缺陷认定中上市公司管理层关于重要性应用的问题。并建立实证模型以检验重要性判断的影响。

第五，分析了我国制定重要性应用指引的必要性。并设计应用指引需遵循的主要原则，并针对主体内容、判断的整体程序以及应重点明确的警示类条款三方面提出相关建议。

本书是在我的博士生导师罗飞教授的悉心指导下完成的。从素材收集、框架搭建以及内容撰写等成稿过程的每一步，我都和导师进行了充分沟通与讨论。罗飞教授严谨务实的为学态度、诚挚勤恳的为师精神深深鼓舞着我，影响着我，也更加坚定了我的学术信念朝着求真务实、敢于创新的方向不断前行！此外，还要衷心感谢中南财经政法大学汤湘希教授，在聆听他的指引和建议下，我才决心开始进行会计重要性相关问题的探索，同时感谢他为本书提出许多中肯的意见！

衷心希望能够呈现给读者一部关于会计重要性原则及应用的相对系统、完整的理论参考书籍，但囿于笔者的会计学基础功底薄弱，以及对理论问题认识粗浅，实证研究时重要的数据及技术支撑尚且不足，本书还存在局限和疏漏，望各位读者批评指正！希望本书能抛砖引玉，引发大家对会计基本准则更大的研究兴趣，进而作出更多关于该主题的有较高学术价值的作品！

孙　蕊

2022 年 6 月

目　　录

第一章

绪　　论

第一节　研究背景与研究意义

一、研究背景

重要性原则（materiality），作为人类的一种思维活动方式[①]，贯穿会计确认、计量、列报及披露的整个会计信息处理过程，制约和指导着会计实践工作。相比于谨慎性、实质重于形式等其他会计原则，我国尚缺乏对会计重要性原则进行全面、深入和系统的理论研究。然而，近年来国际会计准则理事会（IASB）、美国财务会计准则委员会（FASB）等会计组织一直在探寻有关会计重要性的相关问题。下面从早期法庭判例中重要性的应用、西方会计组织关于重要性项目设立及进展等方面介绍本书的研究背景，并以此分析我国目前亟待重视开展会计重要性相关研究的紧迫性。

1. 法律中重要性概念的应用。因重要性的应用产生实际经济后果最早源于西方国家，其概念的形成和运用与外部环境要求特别是与法律法规要求密不可分。1976 年，在著名的 TSC Industries Inc. 诉 Northway Inc. 的案件中，

① ［英］怀特海．思维方式［M］．刘放桐，译．北京：商务印书馆，2010.

因委托投票说明书遗漏了某项事实，“重要性”作为一个法律术语定义正式出现在此法庭判例中。瑟古德·马歇尔大法官给重要性做如下定义，以指引在类似证券欺诈案件中应如何考虑它：“如果理性的股东很可能认为在决定如何投票时很重要，那么遗漏的事实就是重要的。”他指出，重要性是一个事实和法律的混合问题，在一定情形下，法庭要根据一项遗漏事实是否会对股东产生实际的可能性（substantial likelihood）影响来作出具体裁定。这个定义对美国证监会（SEC）日后制定财务信息披露重要性原则带来很大的参考价值，根据美国投资者保护机构的说法，“当用于限定任何主体信息提供的要求时，重要性限制了合理投资者在确定是否购买登记证券时很可能所重视事项所需的信息。”重要性，作为投资者的“保护伞”，已逐渐发展成为联邦证券法案的基石。

2. 国际性及主要西方会计组织关于重要性应用指引的探索。近几年来，西方国家的会计权威组织也未停止探索重要性原则的脚步。IASB、FASB 等会计组织都在进行有关重要性原则项目的修订与施行。为了提高财务报告信息披露的有效性，IASB 在 2015 年发布了《实务公告——重要性在财务报表中的应用（征求意见稿）》，同年，FASB 也发布了有关于重要性决定（materiality determination）的一系列修订项目征求意见稿；2017 年，IASB 制定发布《实务公告第 2 号——重要性判断》。为管理层更好地运用重要性判定，他们一系列修订行动反映出国际会计准则组织对重要性原则的重视，以及完善重要性概念运用，建立相关非强制性指引方面的努力。

2011 年，欧洲证券及市场管理局（ESMA）发布了“财务报告中关于重要性考虑”的咨询文件，在界定重要性术语（条款），主要信息使用者特征以及财务报告目标的基础上，重点针对会计政策、中期报告、附注披露等涉及重要性判断和决策的问题的考虑因素来设置征求意见。截至 2012 年底，收到了来自欧洲证券机构、会计专业组织以及法律、商业投资银行等多方回复意见。

3. 财务报告概念框架中对重要性概念的修订。FASB 和 IASB 在财务报告概念框架中阐释的重要性概念基本上是相同的，然而与 SEC、最高法院的重要性概念之间仍然缺乏一致性。FASB 曾在 2015 年提出了两项提案：*ASU No.* 2015－310 以及 *Notes to Financial Statements*（*Topic* 235）：*Assessing Whether Disclosures Are Material*，如若最终获得认可，将改变财务报告信息披露重要性的定义和评估方式。具体而言，第一项提案建议修订 FASB 概念声明 8 号“财务报告概念框架”的第三章，通过纳入明确的阐述来消除概念框架的重要性与法律概念之间的不一致性①。第二项提案通过：（1）FASB 只观察不定义重要性；（2）建议重要性应单独应用于定量和定性披露，并且总体上应与整个财务报表一致；（3）澄清遗漏非重要信息不归入会计错误。这两项提案旨在建立一个总体披露框架，使财务报表披露更有效和更好协调，并减少冗余信息。然而，FASB 一经公布，却引起很大争议。反对者主要观点是，将重要性概念“屈从”于法律概念，存在一个很大的缺陷，将会使得报表准备者和审计师的意见附属于律师，从而忽略了应有的职业判断；还有人担忧自由裁量权的减少可能导致重要信息披露数量的减少。FASB 没有预想到会引发如此多质疑的声音，2017 年 9 月，决定暂时搁浅了此项目的深入执行。

2018 年，在 FASB 修订的“财务会计概念公告第 8 号”中，将重要性纳入在相关性一个层面，并完全采纳概念公告 2 号的定义，内容阐释得以扩充，进一步强化了重要性在概念框架中地位以及对会计准则的指导作用。

2018 年，在 IASB 新修订的概念框架中，IASB 认为 2010 年版的概念框架中对重要性的描述已经很清晰，没有重新修订对重要性的表述，但明晰了重要性概念中的使用者是“通用目的财务报告的主要使用者”，这进一步反映了重要性原则影响“主要使用者”的公共信息需求，而非其他群体需求②。

---

① FASB 打算通过将重要性作为一个法律性质的概念陈述纳入框架之中，且只能通过立法、司法或行政途径加以改变或重述，最终权衡放弃了这一想法。

② 在 2015 年 IASB 发布的《实务公告——重要性在财务报表中的应用（征求意见稿）》中界定主要使用者包括依赖于财务报告才能获取大部分财务信息的现有和潜在的投资者、贷款方以及其他债权人，而其他监管者或公众不属于财务报告的主要使用者。

4. 我国关于会计重要性的研究背景。

（1）制度背景。我国对重要性原则正式探索与规定始于20世纪90年代初期。1992年11月30日，财政部正式颁布《企业财务通则》，它在我国会计制度中地位类似于西方国家早期制定的财务会计概念框架，统领具体准则的制定和实施。其中第二章提出了会计信息质量特征以及确认与计量的一般性原则，其中之一是有关对重要性的阐述为："财务报告应当全面反映企业的财务状况和经营成果；对于重要的经济业务，应当单独反映"，开始逐渐形成我国关于重要性原则的定义。2000年我国颁布了《企业会计制度》，其中第十一条规定了会计核算的13条基本原则，将重要性原则阐释为："在会计核算过程中对交易或事项应当区别其重要程度，采用不同的核算方式。对资产、负债、损益等有较大影响，并进而影响财务会计报告使用者据以作出合理判断的重要会计事项……要予以充分、准确地披露；对于次要会计事项……可适当简化。"它强调了重要性原则在会计核算以及财务信息披露中的运用：会计信息披露要分主次、有重点，为众多会计信息筛选提供分界线或取舍点；而在会计核算方面，重要性是基于成本效益权衡的体现，与谨慎性原则共同被认为是财务会计通行的修正性惯例①。

（2）重要性原则的实务应用。会计工作是提供财务信息的数据处理系统，处理的程序一般由会计事项的确认、计量、记录和报告等环节构成。由于特定主体发生的一系列经济活动中存在大量的不确定性因素，使得会计工作必须运用会计假设、判断和估计才能进行有效的核算，因此，会计报表编制也必须合理运用会计原则。财务会计中的重要性是一个非常宽泛的概念，主要应用在两个领域：一是确认和评估报表会计信息误差率，二是应用于会计核算账户设置、会计处理方法选择以及信息披露的诸多方面，发挥着指引和约束的作用。

在会计账户设置方面，根据经济活动或事项的重要程度进行细分设置便体现了重要性原则的运用，例如"主营业务收入"和"其他业务收入"的

---

① 企业会计制度研究组. 企业会计制度及讲解［M］. 大连：东北财经大学出版社，2001.

设置，对于特定主体而言，日常经营业务才是企业最主要的经济活动，同理日常经营事项的收入所得才是企业最主要的收入所得，根据重要性原则，需要对日常经营收入进行重点核算，而对于那些通过其他方式取得的收入相对而言就没有那么重要。“预付账款”的设置也符合重要性原则判断。当企业购买紧俏或投资较大的物资时，通常要向供货方先支付部分款项。对于已支付款项的核算，根据重要程度的不同要采取不同的处理方式：如果企业在一定时期内预付账款比较多，在企业外购物资的金额中有较大比例，对于企业来说是重要的一类经济事项，那么就应当设置“预付账款”账户对预付的货款进行单独的核算；若企业不经常发生预付货款这些事项，这些事项相对而言并不重要，可以并入“应付账款”的借方，这样就可简化账户的设置。此外，“主营业务成本”“其他业务成本”以及“投资收益”等账户设置也类似地体现出重要性运用。基于重要性原则，将同类账户再细化进行分类设置和管理，使得账户设置更完善和细致、清晰准确，不仅便于后续会计核算方法和会计程序的选择，而且增强了会计信息的可理解性。

重要性原则在会计处理方法选择上也发挥着关键作用，使得发生不同的经济交易事项中，所选择的核算方法能够准确、可靠。例如，存货发出成本中先进先出、加权平均、个别计价等多种计价方式的选择，需要基于存货数量、成本高低以及可替代程度进行判断，这也间接体现着重要性原则。除此之外，在对其他会计事项的核算过程中，关于成本摊销方法的选择，如出租、出借包装物和低值易耗品的成本摊销等，跌价准备计提方法的选择，以及短期借款利息费用的处理等也都蕴含着重要性的运用。

我国企业会计准则很多项具体准则都涉及重要性判断标准的设立。例如，合并财务报表中施行的重要性标准，母公司直接或通过子公司间接控制一个企业超过 50% 的表决权，或虽不达到 50% 但能实施控制时，也应编制合并会计报表。在实际合并中，若投资单位较多而金额不大时，则需根据重要性原则确定合并范围等。

在会计信息列报和披露层面，可以认为，重要性原则得到更普遍和深入的运用。在《公开发行证券的公司信息披露编报规则第 15 号——财务报告的一般规定》（2014 年修订）中指出，“公司在编制和披露财务报告时应遵循重要性原则，减少冗余信息，提高信息披露质量，并根据实际情况从性质和金额两方面加以判断。”因此重要性原则是财务报告信息披露的指导性原则。具体包括的实务处理也更广泛，例如，在财务报表项目的列报和披露中，根据《企业会计准则第 30 号——财务报表列报》的规定，企业应根据其所处环境，从项目的性质和金额两方面予以重要性判断：一是从该项目的性质是否属于企业日常活动、是否对企业的财务状况和经营成果具有较大影响等方面加以判断；二是从项目金额的大小进行判断，即通过单项金额占资产总额、负债总额、所有者权益总额、营业收入总额、净利润等项目金额比重来确定其重要程度。重要的项目需要单独列报。

在我国《深圳证券交易所股票上市规则》（2018 年修订）的制度规定中，明确规定了“上市公司与关联自然人发生的交易金额在三十万元以上，应当及时披露”，并且还规定“上市公司与关联法人发生的交易金额在三百万元以上，且占公司最近一期经审计净资产绝对值 0.5% 以上的关联交易，应当及时披露”，由上述要求可以看出，根据交易金额的重要程度，建立了关联交易信息披露的重要性门槛。财务报告会计差错更正也涉及重要性的运用，重大会计差错是指企业发现的使公布的财务报表不再具有可靠性的会计差错，通常某项交易或事项的金额占该类交易或事项的金额 10% 及以上①，如不加以调整，可能误导投资者、债权人的决策。一般而言，前期差错所影响的财务报表项目的金额越大，性质越严重，其重要性程度越高。此外，财务报表附注中重要信息披露，包括或有事项信息以及其他重要事项的信息披露都涵盖着对重要性原则的运用②，这里不再赘述。

5. 我国亟待会计重要性相关研究。与 IASB、FASB 等会计组织近年来热

① 2000 年颁布的《企业会计制度》第一百三十三条规定了此项重大会计差错的标准。

② 我国证监会规定，对于发生可能对上市公司股票交易价格产生较大影响的重大事件，投资者尚未可知时，上市公司应当立即发布临时公告披露重大事件信息，包括对资产、负债、权益和经营成果产生重要影响的合同，重大投资行为，发生重大亏损或者重大损失以及重要诉讼和仲裁等二十余项。

衷于对重要性理论和实践进行探索的情形不同，我国目前尚未制定任何关于会计重要性的准则指南或解释，仍停留在将重要性作为会计信息质量特征纳入《企业会计准则——基本准则》阶段，以统筹和指导 42 项具体准则。会计学者对重要性原则的研究也相对较少。然而，重要性作为统筹准则应用和指导财务报告编制工作的会计基本原则，我国应该借鉴 IASB、FASB 等会计组织的行动和经验，结合自身资本市场和上市公司整体情况，有目的、按部就班地开展对会计重要性现有相关理论的修订和进一步深入研究，其主要研究背景有如下两点。

首先，随着我国资本市场逐步完善和发展，会计准则国际趋同和金融工具创新，虚假信息披露、欺诈以及会计方法滥用等问题凸显，例如 2019 年"康美药业财务报告舞弊事件"造成了我国资本市场一时错愕，一方面舞弊被查处给公司自身造成巨大负面损失；另一方面也损害其他公众投资者的利益。财务报告遗漏信息、错报信息重要性的认定，在提高会计信息披露质量以及保护投资者相关利益方面发挥着关键作用。

其次，我国上市公司会计信息质量仍有待提升。提高会计信息质量是会计理论研究的核心问题，也是会计监管部门关心的重要问题。2018 年，我国财政部发布《会计信息质量检查公告》①。据公告反映，各地财政监察专员办事处共检查企业及行政事业单位 28 968 家、会计师事务所 1 529 家，发现部分企业管理仍比较粗放，在会计核算、公司治理和信息披露、内控管理等方面存在一些问题，如收入、成本、费用跨期核算，人为调增或调减收支，信息披露与实际情况存在差异，部分企业跨境转移利润、逃避纳税等问题比较突出。在被检查的企业中，也发现许多发生会计操作违规行为的上市公司，最终给予违规的企事业单位进行行政处理或处罚的户数近 3 500 家，各类违规问题所涉金额高达 690 亿元，其数目之多、金额之高足以表明我国会计信息质量还有待进一步提升。

① 会计信息质量检查公告制度是 1999 年以来我国财政部施行的会计监管的常用手段，可起到监督会计工作、提升会计信息规范和透明以及打击会计违规行为的作用。

二、研究意义

结合重要性研究的国内外背景，本研究具有以下理论和现实意义。

1. 研究的理论意义。

（1）补充和完善我国会计信息质量特征方面的理论研究。在我国《企业会计准则——基本准则》对会计信息质量特征的规定中，将重要性纳入八大会计信息质量要求中，即“企业提供的会计信息应当反映与企业财务状况、经营成果和现金流量等有关的所有重要交易或者事项。”这一概念虽然简单且容易理解，但缺乏系统的、完善的且达成共识的理论指引，在贯彻会计实务过程中难免存在重要性判断和决策制定的异质性。经梳理文献发现，关于会计信息相关性、可靠性、可比性以及及时性等其他主要质量特征的国内外研究都“汗牛充栋”，唯独对会计信息重要性的方面的系统性研究相对匮乏，因此运用科学合理的方法对会计重要性信息质量特征进行系统研究具有深刻的理论意义。除此之外，由于我国现行会计准则正逐步与国际会计准则接轨，构建会计重要性相关系统理论框架对于企业会计基本准则修订也同样具有重大意义。

（2）旨在有助于提高企业财务报告信息质量，满足主要会计信息使用者更高层次的信息需求。会计信息作为企业主体向社会提供的一种“公共产品”，其“产品质量”的高与低直接关系信息使用者对企业价值的评估和作出相关有利经济决策。在会计重要性概念应用的理论发展中，重要性被认为是“真实公允”地制定财务报表的考量因素之一，重要性与财务报表信息质量是密不可分的。随着经济全球化以及资本市场的纵向发展，公司业务事项、跨国跨地域公司之间同业交易、并购以及金融衍生工具运用增多等也司空见惯，并日趋繁杂。当今时代科技迅猛发展，大数据、区块链以及云计算时代已经来临，企业会计信息产出数量倍速增加，传统的企业财务报告模式正悄悄地发生颠覆性变化。对于信息使用者而言，面对每天披露的海量数据，如何迅速从中筛选并利用重要的、最具有决策价值的信息逐渐成为需要考量的会计判断问题。

由此可见，资本市场对会计信息质量的要求在不断潜移默化地提高，此种情形下管理层对于财务报告信息“重要—不重要”的基本二维判断模式已不完全适应投资者、贷款人以及债权人的判断需求。因此，立足于有利于会计信息使用者经济决策的视角，关于会计重要性及判定问题研究同样具有较强的理论指导意义。

（3）为建立我国企业会计重要性应用指引提供理论支撑和政策启示。美国著名注册会计师雅各比和利维（Jacoby & Levy，2016）提出了“重要性之谜”：重要性是一个令人生畏的术语……重要的真正意味着什么？重要性、审计重要性、会计重要性，可容忍错报等含义相似的字眼混乱地充斥在专业领域，许多不同的包含以上术语的声明使得标准制定者眼花缭乱，造成难以很好地区分和运用……事实上，重要性概念的内涵与外延认识存在诸多不一致，导致带给会计人员实务工作一定困惑，或可能被管理当局利用成为盈余操纵的工具，因此有必要从理论层面制定企业财务报告重要性应用指引。英国以及澳大利亚会计权威职业团体都已制定相关的财务报告重要性指引，不仅对重要性定义、主要信息使用者、决定因素以及重要性判断应用情形有所解释，而且还涉及公司营运及财务视角、半年度报告、中期财务报表、资产负债表事后资讯及其他重要的公司治理新披露等方面制定详细指引。重要性理论和判断问题的研究为我国制定会计重要性应用指引提供理论支撑，具有深刻的理论意义。

2. 研究的现实意义。

（1）为适应我国的主要会计制度和法律环境的变化，重要性判定方面研究有助于提高会计人员的职业素养和专业判断能力。

2017 年 11 月 4 日，我国正式通过了最新《中华人民共和国会计法》的修订案。此次修订的主要内容是取消了会计从业资格证，从事会计工作转变为需要专业能力，并且对提供虚假财务报告以及做假账等违法行为的追责也更加严厉。表面上看来，从事会计工作的准入门槛有所放宽，但却加重了追究会计违规的法律责任。一定程度上讲，合理运用在财务会计的确认、计量、记录以及报告的不同阶段的职业判断，以服务企业的有序的经营管理活动，这都依赖于会计审计人员的职业道德素养和诚信。

在这样的背景下，加强会审人员的职业素养和专业判断显得尤为必要，这也是由我国资本市场的现实需要和纵深发展决定的。而能否合理运用贯穿财务会计确认、计量、记录和报告的重要性判定，也包含了体现职业素养和专业胜任能力的关键要素。本书对会计重要性判定程序、重要性判定标准设定以及上市公司管理当局是否利用重要性判定标准的不确定性进行机会主义行为都有详细的阐释和检验，并针对如何提高职业判断质量提出相关建议，因此具有一定的现实指导意义。

（2）加强资本市场主要利益相关者保护，有利于资本市场的健康和有序发展。

现有和潜在投资者、债权人以及经营管理者等是财务会计信息的主要使用者，也是企业的核心利益相关者。本研究通过立足于财务报告的决策有用性目标，为满足主要利益相关者的信息需求，分析构建了影响会计重要性原则应用的环境因素，旨在保护上市公司主要利益相关者的共同利益，以促进资本市场健康发展，因此具有一定的现实意义。

第二节　研究目的与研究方法

一、研究目的

由于重要性判定的主观特性以及复杂性，重要性及其判断问题一直都是会计理论和实务界的重点与难点，被称为难以开启的“黑箱”。在国内外的研究中，国外重要性相关研究明显多于国内此方面的研究，因此以会计重要性作为研究客体，进行科学、合理、系统的分析是非常有意义的。本书通过对重要性及其判定问题研究，旨在预期能够达到以下目标。

（1）通过系统理论研究，重新阐释会计重要性本质内涵，以尝试建立会计重要性原则的基础理论框架，为现有我国会计重要性理论研究不足的状况带来些许改善，增强会计重要性理论研究的系统和全面性，以减少片面性会导致研究中可能存在的“盲人摸象”的状况。

（2）通过系统、严谨的规范性理论分析，尝试建立会计重要性判定相关理论框架，其中包括重要性判定特征、判断标准、判断主要机制以及重要性判断的优化，以期为未来重要性判定相关研究提供理论借鉴，为我国建设重要性应用指引提供启示。

（3）通过对上市公司重要性原则应用的实证研究，旨在从公司治理视角分析我国上市公司管理当局关于重要性运用是否对其行为决策方面产生一定作用影响，如影响信息披露决策、财务报告可靠性等问题，以及不同视角下财务报表使用者关注的信息差异，以期为完善和建立相关重要性制度规范提供启示性思路。

（4）分析我国制定财务报告重要性应用指引的必要性，以及对于我国重要性应用指引的设计提出依据的基本原则及其内容的合理设想。

二、研究方法

研究方法是人们在学术研究过程中发现新事物、新现象或提炼新观点，以揭示研究对象内在规律所运用的手段或工具。科学合理的研究方法是一项研究成功的基石，在经济学的研究方法中，发现和实证是最基本的研究方法①。本书基于制度经济学、管理学以及心理认知学等相关基础性学说，主要采用规范分析和实证分析法来研究会计重要性及判定相关问题。

1. 规范分析法。在本书关于会计重要性基础理论建构部分主要采用了以下分析方法。

（1）比较分析法。比较分析法可以理解为根据一定的标准，对两个或两个以上的被研究事物加以对比，寻找其相似处或差异，以发现普遍性或特殊性规律。本书研究采用横向和纵向比较分析法探讨了重要性信息质量特征的定

① 唐·埃思里奇．应用经济学研究方法论［M］．北京：经济科学出版社，1998.

位，采用一般比较分析研究不同群体或会计组织对会计重要性的界定，以探求清晰的、明确的内在规律从而构建科学的、完整的会计重要性理论框架。

（2）归纳法和演绎法相结合。归纳法和演绎法本身就是规范性分析的基础方法，充满着辩证主义精神。理论界关于归纳法和演绎法达成的基本共识是，归纳就是一种从特殊到普遍、从个别到一般以及从具体到抽象的逻辑推理方法，可以从过去的经验推断未来研究对象的结论；而演绎法的思维推理方向与归纳法恰恰相反，是基于一般性原则为前提，推理出个别或特殊性知识的逻辑方法。本书尤其在会计重要性基础理论框架构建和判断特征研究过程中，多处贯彻了归纳法和演绎法的应用或两者结合起来分析阐释某一研究问题。例如在会计重要性定义和特征重构中主要采用归纳分析方法，在分析影响重要性判断因素时主要采用演绎法，在探讨重要性制度演化时运用两者相结合的方法。

2. 实证分析法。关于上市公司应用重要性原则的实证检验部分主要采用以下分析方法。

（1）案例分析方法。案例分析法从研究范式上讲属于一种实证研究方法，分析问题类型为“怎样”和“为什么”，且多是聚焦于不需要研究者对事件进行控制的现实问题。根据研究对象和目的不同，将案例分析分为描述型案例分析、探究性案例分析以及解释性案例分析。本书采用探究性案例分析方法，通过 TC 公司在更换会计师事务所后发生重大会计差错更正这一具体实例，分析了错报重要性判定的不确定性及内控缺陷重要性水平设定，并提出了需要进一步实证检验的问题。

（2）实证模型构建和检验。本书充分利用中国国泰安数据库、迪博内部控制与风险数据库，并结合爬虫等数据抓取技术和部分手工整理得到研究数据，建立计量模型进行回归分析，并进行内生性、稳健性检验，以实证分析不同类型财务报表使用者重点关注的财务信息及其重要性判断，且检验我国上市公司管理当局是否存在利用重要性门槛不确定性进行战略性信息披露和舞弊等机会主义行为，以及内控缺陷重要性标准门槛设定对财务报告舞弊行为的影响。

第三节　研究内容与技术路线图

本书除了绪论与研究结论之外，其余章节是会计重要性及判定理论及实证研究的核心章节。按照研究内容和性质不同可大致划分为三个研究层次。

第一层次是梳理和评述了有关重要性及判定研究的国内外文献，并确定研究的理论基础。第二层次是主要运用规范性分析方法尝试分析并建立会计重要性原则及判定的基本理论框架，其中又包括三个部分：第一部分主要是会计重要性概念及作为信息质量特征问题的解析和重构，第二部分是探寻影响重要性原则的本质，第三部分是尝试分析重要性判定机制和判定标准，以及建立会计重要性职业判断框架。第三个层次是重要性原则应用的实证研究，主要基于不同财务报表使用者、自愿性重述及财务报告舞弊几个视角分别检验管理层关于重要性判断和内控缺陷重要性标准设定的作用影响。因此全书主体部分是基于"重要性研究的理论基础—重要性基础理论构建—重要性判断及框架理论构建—重要性应用的实证检验—制定重要性应用指引建议"的研究脉络，其主要研究内容如下。

第一，经比较分析不同群体对会计重要性的界定，发现重要性定义视角是基于决策有用性目标，基于此总结了重要性概念的三个特征，并借鉴刘易斯价值理论剖析了会计重要性的本质含义，最后对会计重要性概念进行了重新界定。

第二，梳理了不同国家会计组织关于重要性在财务报告概念框架中的定位并进行对比，探讨重要性与其他信息质量特征的主要关联，并提出满足"重要性"信息质量确认的充分条件。

第三，采用档案研究方法，通过随机不放回抽样确定不同财务报表使用者所使用的研究报告样本，基于人工阅读及 Python 文本挖掘统计与财务报表项目对应相应的项目，根植于决策有用性理论，归纳重要的财务报表项目及重要性判断标准。

第四，通过对 TD 上市公司重大会计差错的案例分析，引出会计差错更正与内控缺陷认定中上市公司管理层关于重要性应用的问题。以自愿性财务重述上市公司为主要研究对象，基于自愿性信息披露的专有成本假说，以错报重要性评估为关注点，建立实证模型以检验我国资本市场中财务差错重要性判断对于自愿重述选择的影响，并针对性提出研究启示和相关建议。

第五，以分析会计准则导向、重要性判断和建立重要性应用指引三者间的逻辑关系为切入点，并基于借鉴认识论中的共同知识和隐性知识等理论，分析建立财务报告重要性实务指引的必要性，并提出我国重要性应用指引设计所依据的主要原则和关注的问题。

本书研究技术路线如图 1－1 所示。

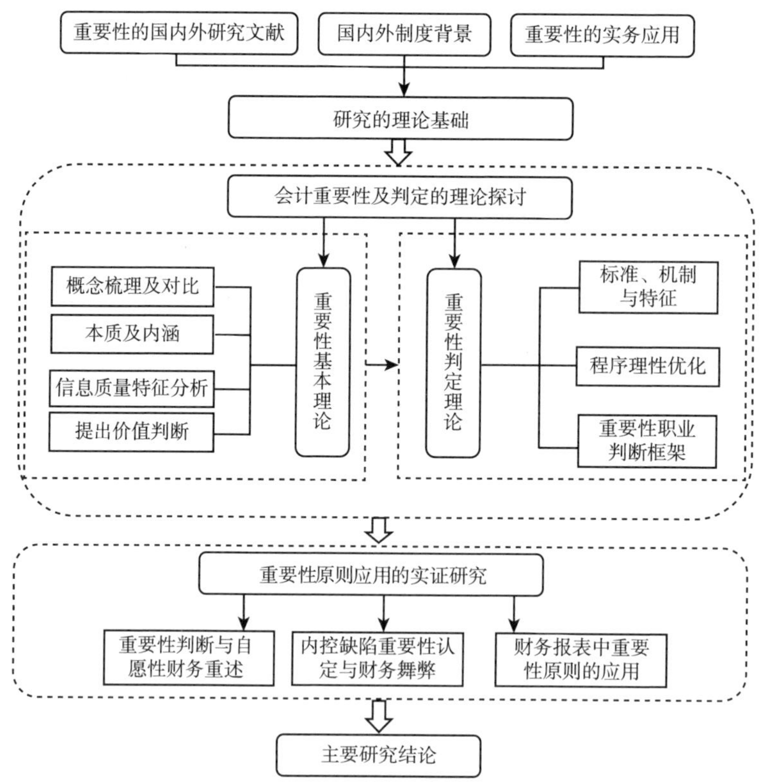

图 1－1　研究技术路线

第二章

关于重要性原则的研究状况及评析

第一节　国外关于重要性及应用方面的研究

重要性判断问题一直都是会计和审计理论和实务界的重点和难点，被称为难以开启的“黑箱”，在会计信息确认、计量、列报和披露的不同阶段都会涉及重要性的应用。重要性判断是会计实务界的难点和重点，它涉及的研究问题的范畴也相对较广。梳理国外的研究文献不难发现，关于重要性及判定方面研究主要集中于财务报表项目的重要性判定、会计政策选择和会计估计、会计信息披露决策以及财务报告错报重要性评估等几大类问题上，而且文献数量呈现出阶段差异性特征。

一、财务报表项目的重要性判断

国外学者对20世纪80年代之前重要性及判定方面的研究进行总结，主要问题是关于如何划定财务报表项目重要性、判断决策模型的结构形式以及判定重要性的关键因素等（Holstrum & Messier，1982），文献数量非常之少，关于重要性概念理解也相对片面，是对重要性相关研究的初探阶段。

随着在西方财务报告概念框架中对重要性作出理论定位，20世纪80年代后出现很多关于会计政策、披露方法选择等问题的研究，其中包含了对会计重要性决策考察，例如资本化利息及变动量的重要性判断（Morris，1984），银行是否要对外报告通货膨胀会计相关数据的重要性决策（Frishkoff & Phillips，1985），诉讼等或有事项披露与重要性水平的关系研究（Chewning et al.，1989）。在审计领域更多体现为审计师基于审计工作手册、审计师底稿所作出的重要性决策方面的研究，弗莱德伯格及卡斯蒂（Friedberg & J. H Cassidy，1989）利用审计师工作手册，结合当时美国八大审计公司指引，将不同公司建立的重要性指引中质量和数量因素进行对比，发现不同公司提供的指引有着实质性差异。斯蒂恩波特（Steinbart，1987）根据10家审计公司手册（或指引）以及与专家审计师广泛的外部联系，构建了有关于该如何作出重要性决策的“规则基础上的专家系统”。此阶段的重要性实证研究相对强调基础性，主要是对相关报表项目重要或不重要的决策因素或变动关系的考察。

进入21世纪，随着西方资本市场的蓬勃发展和计量技术的突破，开始有学者从市场反应视角探究重要性的作用，金尼（Kinney，2002）运用美国1992~1997年数据，检验了盈余预测与股票回报之间的关系，发现由单独证券股价衡量的盈余意外对投资者而言并不重要，而分析师预测离散度却是与盈余意外的重要程度息息相关。在关于或有事项的重要性判断的研究中，有学者利用美国1981~1995年的工业企业数据，检验了或有税收负债信息披露的重要性决策，发现其重要性程度随索偿相对金额数量而变动，并不是只有达到收益5%以上才需要报告（Gleason & Mills，2002）。基于美国437家上市公司的财务报表信息，刘和米特尔施泰特（Liu & Mittelstaedt，2002）检验了 *SFAS No.* 81 中企业年金指定费用金额的重要性，并发现不同企业的判断存在差异性，重要或不重要的二维判断受到年金成本的影响。

二、会计信息披露决策中重要性的应用

通过文献梳理发现，重要性原则对于会计信息披露决策起着约束和指引作用。在后续的研究中，信息披露的重要性作用方面的文献凸显，其中比较有影

响力的是海茨曼（Heitzman，2009）的研究，结论表明自愿性信息披露动机一定要考虑重要性对于信息披露决策的作用。平斯克（Pinsker，2009）运用实验研究证明，向非专业投资者披露的会计信息内容不如披露的时间重要，证明了锚定效应。波利（Poli，2013）调查研究了意大利上市公司财务报表中重要性概念的运用情况，根据上市公司行业类别分为工业、商业以及其他服务业，来调查不同财务报表项目的重要性，得出了财务报表编制过程的重要性运用实质是披露问题这一结论，而且只需要披露对使用者投资决策重要的信息。且有实证研究发现，管理层在是否进行自愿性财务重述决策方面会考虑重要性的影响，新任 CEO 更倾向于自愿重述那些以前年度不严重的财务报表误述，而那些性质和金额都较为重大的误述通常会被强制性重述（Lin & Chan，2016）。

三、财务报表错报重要性评估

在国外关于财务报告错报重要性评估方面的研究中，大多聚焦于管理层或审计师关于报表差错的重要性判定与决策。在比较有代表性的研究中，赖特（Wright，1997）利用毕马威（KPMG）的 186 个客户的共 368 个错报进行研究，检验了影响审计师放弃被发现错报的因素，发现与计划重要性密切相关的错报的级数或程度是影响是否放弃错报的最主要因素。

进入 21 世纪以来，学者们越来越侧重于采用实验研究的方法检验不同决策群体的重要性判定。利比和金尼（Libby & Kinney，2000）检验了审计师对于盈余数量衡量的不重大的错报的判断；尼格和丹（Ng & Tan，2003、2007）的研究发现，审计师放弃调整的决策与账面调整，会使得公司与分析师盈余预测不符相关联的。安德鲁和杰弗里（Andrew & Jeffrey，2009）利用 2004 ~2006 年美国上市公司经营性租赁会计差错的数据，研究了管理层更正报表差错决策的影响因素，结果表明，*SAB No.* 99 中提出的重要性评估的数量、质量因素虽然也起到一定作用，但同时也受其他公众公司的先导性行为的影响。基恩和约翰斯通（Keune & Johnstone，2012）对 *SABNo.* 108 强制规定下的公司以前年度未经修正的财务报表错报进行描述性分析与检验，结论发现规模较小的公司更倾向于报告那些高于重要性门槛的差错，定量重要性门槛证实了财务决策或重要性评估的判断本质。安德鲁和杰弗里（Andrew & Jeffrey，2018）为帮助监管方理解公司管理层是如何作出重要性判断，他们通过分析美国证券交易委员会（SEC）调查的经理人评论信函，检验了经理人员的错报重要性决策的方法和态度，发现虽然“收益基准”是最惯用的重要性评估基准，但经理人员认为，很大程度上，超过利润5%的重要性门槛的差错不是重要的，这个重要性标准显然设置较低。

四、内部控制缺陷的重要性评估

从其他应用角度而言，内部控制缺陷重要性评估也运用到了重要性概念，当公司财务报告错报金额或性质达到了设定的重要性门槛，那么可判断公司内部控制存在重要（或重大）缺陷。重要性门槛的设定行为意味着为评估行为提供行动指引，对错报的评估一定程度上代表着对财务报表信息质量间接判断和决策。国外学者梅珀（Mayper，1982）开创了关于作出内部控制缺陷的重要性判断的研究先河，他们的研究发现，在作出内部控制缺陷重要性排序因素和确定重要性门槛方面，会计师一般要考虑诸如内控缺陷类型、资产类别、数量因素以及质量因素等，结果表明会计师需要作出内控缺陷重要性判断更加明晰的、结构化标准。而随着萨班斯（SOX）法案颁布和COSO内部控制框架的建立，重要性概念运用延伸至财务报告内部控制及风险管理，经理层内部控制缺陷重要性判定逐渐成为重要性概念运用的一个崭新视角。

第二节　国内关于重要性及应用方面的研究

一、会计重要性理论构建方面

国内关于重要性原则的规范性研究大多围绕会计理论框架构建而开展。

林斌（1998）提出，重要性原则是集“艺术性”与“科学性”于一体的修正型惯例，需要在财务会计概念框架中对其进行规范，并且构建重要性原则的理论框架：概括了重要性的基本特征，重要性原则具有普遍约束作用，以及如何恰当运用重要性标准。葛家澍（2000）提出重要性是财务报告信息披露的标准之一[①]，对于重大的企业交易或报表项目，必须详细充分披露；但经充分披露的可能影响经济决策事项并不完全被赋予同等重要程度，对于某些次要信息或项目可以简化或省略，但不能极端地强调重要性。

在关于财务报表重要性标准设定分析中，谢盛纹（2007）分析认为，考虑重要性概念本质是不可能为每一项目确定固定重要性标准，因此应结合会计和审计人员重要性判断的思维过程来规范重要性的应用，并理性对待重要性标准中基准和百分比的确定。

叶清辉（2003）认为，重要性概念运用不当，会形成“招讼缺口”。会计人员运用重要性相对简单，只要不存在故意舞弊动机，即使出现判断偏差，也不会严重至需要负法律责任，但审计师本身要为财务报表不存在重大会计差错负责，在财务信息传递链条中起到鉴定的作用，若出现重要性运用方面的错误，很可能导致审计失败并负相应法律责任。

张学军（2020）指出了重要性原则含义权威解释缺失的原因，并分析指出了赋予其权威解释的必要性，在此基础上，呼吁应尽快对重要性原则作出权威的解释，以消除其多重含义并存的局面，从而使其成为一项真正能在实务中发挥现实作用的会计原则。

在关于会计重要性和审计重要性差异研究中[②]，林斌（1999）认为，会审重要性最大的差异是会计原则规范的是事前和事中的处理，而审计重要性原则规范的是事后会计处理结果的审核。张金松（2007）从重要性的概念出发，比较了会计和审计重要性的联系和区别，并明确重要性运用要求会计和

---

① 其标准有六项：恰当性、公正性、充分性、重要性、实质重于形式以及效益大于成本。

② 审计重要性的定义是来源于会计重要性概念的。在 1983 年美国注册会计师协会（AICPA）第一部关于审计重要性的准则 SAS No. 47《审计业务中的审计风险与重要性》中，采用的是 FASB《会计概念公告 NO. 2》中的重要性概念。

审计人员提高自己职业判断能力；夏静（1999）、纪丽伟（2003）、段兴民等（2004）主要从运用主体要求、性质和地位、运用范围、复杂程度以及风险责任承担等方面阐述二者存在的根本性差异。

訾磊（2008）在分析美国 TSC 产业股份有限公司诉讼案以及 Basic 股份有限公司诉讼案基础上得出结论，监管方、审计师以及财务报表提供者与法院在如何运用重要性概念以及如何设定重要性判定标准方面存在较大差异，美国法院解决了重要性诠释的争议，并强调相关会计准则遵循机制忽视了重要性本质。

二、重要性应用的实证类研究

国内关于会计重要性应用的实证类研究，大多是有关于重要性对会计信息披露质量方面的影响。聂萍（2007）对我国多元化经营的上市公司地理分部进行实证检验，其研究发现，僵化地遵循 10% 的重要性标准作为分部披露依据，对于提高分部信息披露质量有限。陈丽英（2018）的实证研究表明，上市公司重要性门槛的不确定性为战略性信息披露行为提供机会。前述两篇文献侧重于重要性标准在信息披露决策方面的运用。王春飞和刘婷（2019）基于重要信息决策有用性视角，采用文本分析方法，发现财务报告不同类型使用者其所关注的重点报表项目有所不同，并提出建立重要性应用指引的相关建议。

我国审计领域中关于重要性方面的实证研究也较少，大多是基于行为学和心理学相关理论研究重要性判断差异和后果。例如，孙岩和张继勋（2008）采用实验研究方法，以会计师事务所审计人员为被试者，检验了错报的性质重要性提示、管理层对错报表达的关注以及审计委员会的有效性对审计师调整决策的影响。王霞和徐晓东（2009）实证研究了审计重要性水平、事务所规模和审计意见之间的关系。王英姿（2002）认为，审计师重要性水平的判断有很大差异，并指出重要性判断差异原因在于审计师和管理层存在利益冲突，准则执行不明以及缺乏事前业务检查。

随着我国 2011 年开始逐步要求上市公司制定并披露内控缺陷重要性认定标准，重要性水平设定与高管自利动机之间关系的研究逐渐成为国内学者们关注的议题。谭燕（2016）提出，内部控制缺陷重要性认定标准是由企业自行设定的，董事会具有重大缺陷重要性门槛制定的自由裁量权。考虑内控缺陷重要性门槛高低程度判断和自由裁量的异质性，它很可能沦为管理层施行机会主义的有力工具，尹律（2016）的实证研究表明内控缺陷重要性标准披露与盈余管理程度有显著关联；王俊和吴溪（2017）提出，新上任管理层会更青睐于制定宽松的重要性标准。谢凡（2018）考察内控缺陷重要性认定标准实施效果的研究发现，制定严格的内控缺陷重要性定量标准可缓解股东和管理层之间的第一类代理问题。

第三节　重要性问题研究评析

通过梳理国内外关于重要性及应用研究的文献，可以作出如下分析。

第一，国外关于会计重要性研究非常早，涉及的主题也较为广泛，较早关注的问题主要是财务报表项目本质的重要性判断，这有助于西方国家通用会计准则的修订和完善。而后逐渐拓展至信息披露决策中对重要性原则的考量，它在其中发挥着制约和行动导向的作用。进入 21 世纪后的研究大多集中在管理层或审计师关于错报项目的重要性评估等，主要评估标准是对数量、质量因素以及公司内部环境的考察。从国外学者撰写的重要性研究综述中也可以发现，它们将内控缺陷判断决策也视为是重要性概念的灵活应用。

第二，相比于国外研究状况，我国在 20 世纪 90 年代末才开展相关会计重要性及应用方面研究，相对国外情况比较滞后。虽然不少学者们围绕重要性原则基本理论进行了探讨，但依然没有构建一个相对系统和完整的框架。此外，我国关于重要性应用问题的实证研究较为匮乏，一方面是重要性判断本身具有主观不确定的特性，另一方面由于我国会计概念框架的建设存在滞后性和会计重要性理论发展脱离实践，这均会造成学者们的主观探索意识淡薄。

第三，从选取的研究方法上，对重要性及应用的研究大多以实证类研究为主，主要采用数据实证建模间接地考察重要性判断的影响因素或作用后果等，以及重要性评估因素（如数量和性质）的模型建构；近几年来开始有考察重要性判断与管理层行为关系的研究，但数量依然较少。而规范研究主要侧重于对重要性原则概念或作用的探寻。

我国继续深入开展有关会计重要性问题研究的困境在于：(1) 对于不同公司而言，试图建立统一客观重要性评估标准是不可行的，这一点已被证明①。(2) 我国上市公司关于财务报告的重要性水平披露是非强制性的，导致实证研究基础数据难以获取。(3) “重要性”这一会计术语的应用范畴较为广阔，而在不同领域中运用及重要性判定机制有所不同，但公认定义并未加以明晰区分。

因此，本书将围绕以下视角开展会计重要性理论与应用研究和探讨：(1) 现有准则中关于重要性的定义是借鉴 IASB 的界定，一定程度上是“舶来品”，我们要追根溯源，首先要明确的问题是“什么是会计重要性?”即对其思想发展和概念进行深入剖析以还原其会计理论本质。(2) 第二个探析的理论问题是“如何进行会计重要性判断”问题，在这个问题上，我国会计学界是缺乏系统性分析和探索的。由文献分析可知，不同群体（如管理层、审计师及投资者等）对于重要性判断存在个体差异性，那么，从信息提供者视角，应该怎样作出合理的重要性判断，影响重要性应用的主要环境有哪些，重要性判断存在何种标准及机制。(3) 根据我国上市公司的现实状况，运用可得数据检验公司管理层行为与重要性运用及标准应用之间可能存在的关系。

① 秉太郎（Byung T. Ro，1982）基于信息增加值测度公式，构建了一个会计信息项目及其数额的重要性度量模型，证明了即使针对一个简单条件下的决策，也不可能就一个会计项目确定固定的唯一重要性标准。

本章小结

本章着重对国内外重要性及应用的相关研究进行文献综述和评析。经过对比发现，我国关于会计重要性及应用的相关研究起步较晚，涵盖的具体研究问题也相对较少。在分析国内外研究的现实情况基础上，提出了我国关于开展会计重要性理论和实证研究存在的现实困境，其次说明全书研究旨在探讨的几个理论问题。

第三章 研究的理论基础

关于会计重要性的研究，不同的学者运用的研究方法存在差异，涉及的理论基础主要有信息经济学中的现代决策理论、不确定性和风险理论、有限理性理论、心理学认知偏误理论以及管理控制中关于会计系统控制方面的理论，下面依次作简要阐述。

第一节 现代决策理论

人们习惯将西蒙开创的决策理论及之后的理论称为现代决策理论，而之前的称为古典决策理论。现代很多的经济决策无法用理性最优模型解释，现代决策理论的发展也逐步由理性模型、有限理性模型过渡到社会模型。现代决策理论将决策分为程序化决策与非程序化决策。程序化决策主要运用数学、逻辑、运筹等工具，对特定情形下的经济活动进行理性分析，定量描述为主的一种分析方式，本质是依赖人的内在思维定式而进行判断的过程。而非程序化决策技术的基础是人的直觉思维，更多地依赖经验、判断以及真实情感来分析经济现象，内在的价值观念对决策的约束作用是主要影响因素。

程序化决策主要解决的是结构良好的问题，而非程序化决策主要是解决结构不良好的问题。前者指的是直观的、有标准依据的确定性问题，后者结构不良好更多指有关决策的信息是含糊的、不完整的以及不常发生的不确定程度高的问题。非程序化决策技术主要还依赖个人判断、洞察和直觉。早在20世纪30年代，巴纳德就提出了“直觉”决策（非逻辑）的意义。直觉思维是未经过程式化的逻辑分析而直接进行判断的思维方式，主要根据潜意识直接把握问题对象的思维活动，直觉更多来源于经验。

在会计信息提供的整个过程中，大部分会计信息制定的相关决策都是程序化分析方式，即遵循会计准则和制度进行财务报告的编制，具体到每一项报表项目都有正式被引定义和计量披露的标准。但在应用重要性原则时，因涉及会计人员的大量专业判断，虽然在会计准则中也规定了定量和定性的判断方法，但更多地适用非程序化决策理论，因此在应用非程序化分析会计重要性判定问题时，要注重结构化问题分类，注重考查报表事项判断对象的结构化程度，在此基础上展开重要性判断的理性分析。

第二节　不确定性与风险方面理论

在面临判断决策问题时，不确定性是不容忽视的。现有不确定性理论主要围绕随机性、模糊性、混沌以及不确定性来源等展开。在众多不确定性理论中，奈特在其1921年著作《不确定性、风险和利润》中从收入理论的利润问题出发，研究什么是“不确定性”，并对风险和不确定性作出了严格区分，进而提出真正意义上的不确定性概念，对后来经济不确定性的研究产生深远影响。他认为，风险和不确定性是处于两种不同的状态的，前一情形中，根据先验计算或以往经验的统计，对一组可能状态的收入是已知的，换句话说，风险意味着确定的概率，而不确定性是非似然决策。在他看来，不确定性是一个比风险更大的概念，风险是可测的不确定性。经济结构中不可预见的变化才是不确定性的根源，是外生不确定性和内生不确定性双重作用的结果，具体表现为外生不确定性通过作用于内生不确定性而对经济组织产生影响。奈特把不确定性最终归结于经济主体本身所掌握知识或能力的不完全性，即反映出缺乏某一事项判断的基本知识，或对其产生的结果知之甚少，难以根据现有信息或经验进行定量分析。一言以蔽之，奈特的不确定性概念是内生的，归属于主体的主观认识范畴。

为不确定性事项下结论就是判断。在特定主体所处不同环境下，重要性判断或评估、重要性水平的设定都具有不确定性特征，重要性判断不确定性也会引致会计信息披露风险。不确定性相关理论成为分析管理者的重要性判定特征及其经济后果至关重要的理论基础。

第三节　西蒙有限理性理论

赫伯特·西蒙是决策理论的集大成者，提出了有限理性的决策思想，批判地继承了古典经济学理性选择或理性预期理论，即假定“经济人”掌握了充分全面的信息，可以理性计算实现决策效用最大化[①]。西蒙认为，被新古典经济学普遍坚持的完全知识或完备信息假定，是脱离实际而应当被替代的。第一，信息的客观供应是有限的，行动者无法被提供所有“完备的、清晰的以及令人难忘的”知识；第二，行动者处理信息的知识或能力是有限的，这种局限性使得行动者无法了解所有决策相关的客观环境，从这一点来说，对于管理者而言，其自身的知识水平和结构会直接影响所作出的决策效果是否令人满意；第三，行动者的预期难以确定，完全理性行动者为了使得预期和实际情况相符，决策过程中的偏好是不能改变的，但实际上预期和实际的关系是很难确定的。综上所述，西蒙批判了传统经济学认为行动者能够以稳定的价值倾向去精确地计算及处理不确定的知识和信息，并实现效益最

① 刘少杰．海量信息供应下的预期判断与选择行为［J］．中国人民大学学报，2018，32（1）：157－164．

大化追求这一理论。

西蒙所阐述的有限理性是由心理机制决定的，是给定环境限度内的理性，其来源可从两个方面理解，即系统的固有不确定性和行动者心理资源的稀缺性。有限理性的外部根源是非线性系统固有的不可预知性，有限理性的内部根源是行为人心理资源的稀缺，即行动者信息获取、评估和处理的能力有限。这两个方面的辩证关系恰好阐明了在研究会计重要性判定行为之前需强调的一个分析前提：研究会计信息系统和管理层判断之间的关系是需要在有限理性的假设前提下进行的。我们常常可观察到的情景是：管理层要确定哪些报表项目差错是重大的，而在面临主体内外部治理环境、内部控制优劣、会计业务的复杂性不完全相同的经济环境时，往往需要专业知识进行职业判断，而会计信息处理技术是不完美的，管理层获取的信息是有限的、处理能力也是有限的，对于经验的运用和记忆也都是有限的，对于主要会计信息使用者的信息需求的判断也不是精确的。概言之，有限理性假设是会计信息重要性判断决策分析的前提和基础。

第四节　心理学认知偏差理论

认知心理学为行为会计提供理论基础，它主要揭示人的认知世界的差异性、原因以及认知与行为的关系。会计人员的重要性判断往往是一个决策过程，而决策往往又取决于决策主体的认知，所以，要研究职业判断行为过程，认知心理学是一个重要的理论基础。

卡尼曼和斯洛维奇（Kahneman & Slavic，1982）认为，人们在不确定条件下会关注一事物与另一事物的相似性，并以此来推断他们间的相互关系。认知心理学家把这种推断过程称为代表性启发法。运用代表性启发判断问题时存在这样的认知倾向：喜欢把事物分为典型的几个类别，然后，在对事件进行概率估计时，过分强调这种典型类别的重要性，而不顾有关其他潜在的可能性的证据。在处理简单决策时，这种推断上的捷径是有效的。但在进行较为复杂的决策时，这种推断有时可能会产生严重的认知偏差，这就是代表性启发式偏差。

认知偏差的第二种表现形式是可得性偏差，是指由于人受记忆能力或知识水平的制约，并不能对所有必须考虑的信息都能作出正确的评估，他们只能利用自己熟悉或能够想象得到的信息来进行直觉推断，这种只利用部分信息进行抉择的结果是赋予那些易见的、容易记起的信息以过大的比重，从而导致在实际推断时出现偏差。

认知偏差的第三种表现形式是框定偏差。“框定”是指被用来描述决策问题的事物的形式，不同框定会导致不同决策结果而不管问题的本质如何，这就是所谓的“框定依赖”。由框定依赖导致认知与判断的偏差即为“框定偏差”。研究表明，这种偏差导致的对于理性认识的背离是经常出现的。这是智力正常、教养良好的人都一贯地作出错误判断和决策的另一重要原因，也是会计职业判断主体所没有意识到的系统性偏误导向，是特定会计主体出现系统性会计信息质量不高的重要原因之一。

从认知心理学视角而言，重要性判断过程就是一个信息加工过程，这一过程主要包括四个阶段：信息获取、信息加工、信息输出和信息反馈。在判断过程中，首先，会计人员要获得信息；其次，运用个人的职业判断能力对获得的信息进行加工；再次，输出经过加工的信息或结果，信息输出后会产生一定的判断行为；最后，由行为导致的后果再反馈给作出判断的企业会计或管理人员。在上述各阶段中，会计人员都可能出现判断偏误，而偏误可以是因为判断主体出现了某一种的认知偏差，也有可能是两者兼而有之。判断偏误是不可能避免的，它也会间接影响所提供会计信息的质量。

第五节　管理控制中关于会计系统控制方面的理论

管理控制系统是企业管理不可或缺的有机部分，管理控制作为基本的管理职能，可定义为操作和规范控制，需要企业管理人员之间的密切配合。早期的管理控制理论的研究和定位都是与会计系统控制密切相关的，且基于委托代理和经济理性。最早将管理控制作为独立学科进行理论研究的是安东尼（Anthony，1965），他认为，鉴于会计语言的通用性和会计核算的工具性，会计控制是管理控制的主要工具，其控制目标实现模式主要借助于财务和会计指标进行计划、预算和激励等。关于管理控制的职能理论表明，会计控制逐渐成为管理控制的基础。第一类主要思想逻辑是基于管理控制具有信息供给职能，霍夫曼（Hoffmann，1972）提出，管理控制是通过信息支持企业的操作控制，将信息供给作为管理控制的核心职能；Harbert（1982）直接将管理控制看作带有美国特色的会计体系，把统计学、预算编制和内部审计都归为管理控制工作范畴。穆勒（Müller，1974）尝试将管理控制定义为“管理信息中心”，其核心职能不是会计和预算等日常任务，而是一种不断使企业决策执行者的信息需求和企业内部信息收集、处理实现良好协调。早期第二类观点是将管理控制职能定位于负责盈利目标导向的操控和企业目标的制定。根据鲁道夫（Rudolf，1973）的观点，企业管理层需要利用财务和会计调节工具去进行偏差分析和控制，以确保盈利稳定目标的实现[①]。哈恩（Hahn，1987）对管理控制进行清晰的定义：“管理控制理念重视收益实现方式，它包含了目标制定，如何通过会计和财务信息实现目标分析，以及在此基础上以结果导向进行计划编制和控制。”而经理人员能否很好地达到这样的目标是基于成本核算来确定的，并根据事后和前向反馈偏差进行控制调整。

随着资本市场外来资本份额日益增加，财务会计发展为与潜在投资者交流的重要工具，财务会计核算也在积极操控企业管理中发挥更加重要的作用。重要性原则除了应用于企业本身会计目标实现之外，从更高层次而言，也同时服务于企业管理控制目标的实现，主要体现在管理者（管理控制师）对会计信息的收集、分析和供给方面，一方面在信息处理过程中要满足经理

① 于尔根·威贝尔，等．管理控制引论：计划、监控和信息管理［M］．王煦逸，史雯婷，译．上海：上海人民出版社，2011：23－26.

人的特殊信息需求，对初始信息进行选择和重要性评价；另一方面注意防止信息超载，对信息量的容忍度要进行判断。

重要性原则在管理控制中的另一大应用是源自科学管理之父泰勒提出的例外原则，即企业形成一定规模时要应用例外原则进行组织管理。例外事项更多指偏离计划和预期效果的事情，运用好例外管理原则就可以从日常繁杂事项中解脱出来，从而有更多时间和精力对全局性重大问题进行决策，为提升管理绩效提供保障。例如在进行标准成本控制时，往往会进行成本差异分析，为提升管理效率，根据例外原则会将管理人员精力集中于非正常、不符合计划的差异上，或者集中处理成本差异出现金额较大、影响较大或可能发生舞弊的情况。

| 第四章 |

会计重要性基本理论问题探讨

第一节　会计重要性相关概念及特征

在任何一个理论体系中，研究对象的概念及本质属性都是最基本的理论组成要素。重要性，在《现代汉语词典》中被解释为：“被认为有很大价值和影响的性质。”在生活中，它也是一个具有普遍意义的概念，表达了人们对事、物主观感受的相对程度。会计重要性，是探讨会计理论和实践的基础性概念。因此有必要从会计重要性相关概念、特征以及本质含义等几个方面全方位地对其进行解析。

一、会计重要性相关概念

（一）会计重要性的定义

由第三章追溯会计重要性理论的形成和发展可知，就财务报表项目（item）或事项（event）的重要性而言，很多西方会计组织对会计重要性概念进行了界定。毋庸置疑，制定通用的、清晰的重要性定义可以为实务工作提供明确的指引，虽然不能免除会审人员的受托责任，但却可以有助于建立适宜的重要性水平及其衡量方法，从而增强专业判断的能力，避免可能的诉讼状况（Chong，1996），这也是重新梳理重要性定义的意义所在。

1. 会计组织的重要性定义及比较。1940 年，美国《证券法案》第 102 条款阐释了重要性定义："所谓重大的，即在用来限定对任意对象提供信息的要求时，限制了一般谨慎投资者应合理地了解的那些事项所需的信息。"此定义开创性地将"谨慎投资者"（prudent investor）和"合理地"（reasonably）引入以评判重要的报表项目信息的影响，为重要性后续界定提供参考方向。

1954 年，美国会计学会（AAA）下设的概念和标准委员会制定了正式的重要性定义，即"如果有理由相信一个项目会影响具有一定知识的投资者的决策和态度，那么这项内容就应该被视为重要的"，这个定义强调了报表项目可能影响具有一定知识的投资者决策的程度，且它假设包括现有的和潜在的投资者。此外，此定义相关解释还暗含着利益相关者和会计人员都被要求其应该对已知以及不可预见的投资者承担相应责任。

1968 年，英格兰及威尔士特许会计师协会（ICAEW）发布了和会计师有关联的重要性的概念，它将重要性定义为："如果一个事项的错报、漏报将可能歪曲会计师意见，则认为该事项是重要的。"其关注的焦点开始从满足投资者需要转变为衡量相关项目的错报和漏报的程度。

1974 年，澳大利亚会计研究基金会（AARF）发布了一项会计准则，将其定义为："如果一项目的错报、漏报以及非披露将会导致歪曲财务报表呈现的信息，或导致其他缺陷，由此影响了报表使用者作出评估或决策，那么这个项目一定被视为重要的。"这个定义没有采纳 AAA 的定义中强调对个人的影响，而是用"财务报表使用者"替代了"投资者"。在某种意义上说，财务报表的"用户"包括了广泛的利益相关者，无论他们是否与财务报表编制者或管理层有关联或有任何交易。

以上不同会计组织的重要性定义基本都聚焦于财务报表信息对"使用者"或"财务报表的利益相关者"的影响上。直到 1980 年，由于 FASB 的定义中评估了会计信息的错报、漏报程度，从而改变了上述状况。FASB 认为，“就周遭环境而言，会计信息错报漏报的重要程度，是指其很可能会改变或影响依赖此信息的理性人作出的判断”；虽然重要性程度判断还是依赖于是否对使用者产生影响，但 FASB 将“很可能的”“理性人”“受错漏报影响或改变”这些新的措辞引入定义，提出了更加丰富和完善的会计重要性定义。FASB 的这个定义的制定，一经发布，迅速成为世界范围内很多国家会计组织定义重要性的风向标，如南非特许会计师协会（SAICA，1984）、新西兰特许会计师协会（NZICA，1985）、加拿大特许会计师协会（CICA，1992）、美国审计准则委员会（ASB）以及英国审计委员会（APB，1995）等，他们基本都从财务信息错报、漏报对第三方的影响视角对会计重要性加以界定。

2004 年，IASB 制定了重要性的定义：“如果项目的单独或共同错报、漏报，可能会影响使用者基于财务报表所作出的经济决策，则它们是重要的。”IASB 与 FASB 两者的定义有两个明显区别：一是 FASB 更强调其对于“理性人判断”产生影响，而 IASB 偏重于对“财务报表使用者”产生影响；二是判断重要性影响所用的程度副词有所不同，在 FASB 的定义中，依赖于项目重要程度“很可能”（probable）影响理性人判断，而 IASB 的定义使用的是没有加任何调节的只要“能够”（could），毫无疑问，后者界定的重要性门槛非常低，因为“能够”（could）本身就暗含着无限的可能性。2017 年 9 月，IASB 发布了《关于 IAS1 和 IAS8 中“重要性”定义修订征求意见稿》，与 2004 年的定义相比，还增加了财务信息“晦涩”（obscure）对使用者的决策影响，并将“财务报表使用者”更加具体地限定为“通用目的财务报表的主要使用者”，从而进一步明晰了重要性判断应反映潜在投资者和债权人的公共信息需求，而不是其他相关方需求。

在从不同会计专业组织视角对比分析了关于会计重要性定义后（见表 4 - 1），发现会计重要性定义的发展是一个由浅入深的过程，大多以“是否有利于经济决策”为核心的“信息提供者——信息使用者”模式。本书认为，重要性的定义制定需要基于透彻、清晰、简洁的原则，这样才能为会计信息是否应被纳入财务报告披露体系下，提供易于作出重要性判断的科学性依据。

表 4-1　　不同会计组织的重要性定义

会计组织/制度规定	具体定义	核心词汇
美国证监会（SEC，1940）	用来限定对任意对象提供信息的要求时，限制了一般谨慎投资者应合理地了解的那些事项所需的信息	谨慎投资者
美国会计学会（AAA，1954）	如果有理由相信一项目会影响见多识广的投资者的决策和态度，那么该项目就应该被视为重要的	见多识广的投资者；决策和态度
英国特许会计师公会（ICAEW，1968）	如果一个事项的非披露，错报以及漏报将可能歪曲会计师意见，则认为该事项是重要的	错报、漏报；歪曲；会计师意见
澳大利亚会计基金研究会（AARF，1974）	如果一项目错报、漏报以及非披露将会导致歪曲财务报表呈现的信息，或导致其他缺陷，由此影响了报表使用者作出评估或决策，则这个项目是重要的	错漏报、不披露；报表使用者；评估或决策
美国财务会计准则委员会（FASB，1980）	就周遭环境而言，会计信息错报漏报的重要程度，指其很可能会改变或影响依赖此信息的理性人作出的判断	周遭环境；错报、漏报；理性人判断
国际会计准则理事会（IASB，2004）	如果项目的错报、漏报可能会影响使用者基于财务报表所作出的经济决策，则它们是重要的	错漏报；经济决策
澳大利亚会计准则委员会（AASB，2011）	如果信息的遗漏，错报或不披露潜在的单独或合并地影响以下事项，则信息具有重要性：（1）影响用户在财务报表的基础上的所作出的经济决策；（2）影响实体管理层或监管机构履行受托责任的情况	遗漏、错报；经济决策；受托责任
国际会计准则理事会（IASB，2017）	如果信息的省略、错报或晦涩预期可能影响主要使用者基于通用目的财务报告所作出的决策，则该项信息是重要的	错漏报、晦涩；主要使用者；决策

资料来源：作者根据文献翻译整理。

2. 会计学者的重要性界定。戈登（Gordon，1933）提出："存在一个事实，即不真实的遗漏、陈述可能会影响一个理性人的获取、持有或处置有关债券的行为。"该定义与 SEC《证券法案》中的定义颇有相似之处，即从报表编制者角度而言，都预期对投资者持有最低程度的信心，以免错报漏报重要信息。

美国相关财务报告信息披露的研究发现，在确定提供给使用者何种会计信息的时候，存在一个基础性的困境（basic dilemma）：第一个要求是忽略一些细枝末节的信息从而避免造成信息披露过载；第二个要求是尽可能地避免由于漏报重要性信息而造成信息披露不足。回顾西方学者关于会计重要性概念的认识，贝尔斯坦（Berstein，1967）认为对重要性概念的厘清有助于会计实务的优化，会计重要性的基本含义是：没必要关注不重要或者不要紧的事项，人们的工作已经足够繁重了，因此没必要注意不重要的信息；因此会计人员应审慎地选择数据的量和详细程度来报告，以免产生信息过载的情况。此观点隐含意义是，绝大多数财务报告使用者无法很好理解重要性，需要会计专业人员控制财务报表中的“噪音”，财务报表中出现的信息噪声的数量应该保持在一个均衡的水平，以免重要的与无关紧要信息混杂情形对使用者产生误导。

弗里什科夫（Frishkoff，1970）认为，重要性是指对于使用者而言，在作出个人决策的特定背景下，财务信息相对数量（金额）的重要程度；重要性概念的隐含假设是一项目的重要性是事先决定的，机械地照搬照抄重要性标准会带来一定的风险。他的研究贡献点在于，提出重要性标准不应完全替代专业判断。

楚立和库珀（Truly & Cooper，1991）强调，公司重要性水平的制定需要考虑财务报表的真实性和公允性。这里把财务报表的重要性原则作为达到“真实和公允”（fair and true view）的充分条件。

忡等（Chong et al.，1996）提出，重要性的概念范围过于狭窄，没有包括舞弊行为对报告的影响，也没有定义重要性标准，并且缺少公司治理和受托责任方面的界定，因此也缺少在整个财务报告和披露过程中确定重要性标准的理由。

卡拉·埃格利（Carla Edgley，2014）从历史维度和隐喻适用性角度构建重要性系谱，从道德和法律责任、解决过度审计问题方法、专家知识、数量经验法则（rule of thumb）以及风险管理等层面构建重要性的概念系统。

我国葛家澍教授（2000）认为，重要性是财务报告信息披露的标准之一，其标准有六项：恰当性、公正性、充分性、重要性、实质重于形式以及效益大于成本。对于重大的企业交易或报表项目，必须详细充分披露；但充分披露的可能影响经济决策的事项并不完全被赋予同等重要程度；对于某些次要信息或项目可以简化或省略。

叶清辉（2002）对不同会计重要性概念进行比较分析，提出重要性是会计领域的专业术语，其固有性质是主观的、相对的、模糊的且具有恒常沟通本质的。

3. 对不同观点的总结。探讨会计重要性的概念具有重要现实意义，一个清晰完整的概念可以帮助不同的会计人员关于重要性的内在含义达成共识。通过对比分析不同会计组织和学者们对重要性的定义和认识，可以发现：(1) 基本定义的作用是对对象特征或本质加以具体的解释说明，使其更通俗易懂。重要性早已成为财务会计理论体系里非常重要的一个专业术语。(2) 西方会计组织对重要性概念界定属于基本定义，虽然在用词遣句上有些差异，但大体上的表达形式是一致的，基本上都是以“是否影响使用者的决策判断”作为衡量重要性的直接标准，这佐证了重要性运用囿于财务报告的决策有用性目标这一观点，是合乎逻辑的推理方式。然而，令人困扰的问题是，在理论上合乎逻辑的定义方式在现实中是抽象而晦涩的，因为即使在电子信息技术迅猛发展的今天，会计人员也无法准确判断一项信息究竟在何种程度上影响着投资者决策，按照基本定义来作出重要性判定是不切实可行的。(3) 学者们对重要性概念的理解反映出重要性的固有属性和在信息披露中所发挥的作用，即为了保持财务报表信息披露不过载或不足，重要性原则起到了“过滤器”的作用，这种信息过滤过程具有主观模糊性质的，因此最终依赖于专业判断。

综上而言，目前的会计重要性定义包容性较低，没有涵盖更广阔的视角，因此应着力扩充对会计重要性定义的视角，结合受托责任、主要特征以及概念本质等层面对重要性加以界定。

（二）重要性水平的含义

马克思辩证唯物主义的概念理论认为，概念是反映客观事物本质属性的一种思维方式，其特征表现为概念的内涵和外延。在会计理论之中，一个会计概念也可分为内涵和外延。重要性作为财务报表信息披露的约束条件是需要检验的，当对信息披露划分“取舍界限”或“门槛”时，就产生了重要性水平这一概念，它也是重要性基本概念的一个外延概念。重要性水平，意味着存在着一个明确的临界点，当错漏报量化金额超过这一临界点时，则满足了重要性判定条件；当量化金额低于这一重要性水平时，则可以认为财务报表错漏报不具有重要性。实质上，它衡量的是用金额表示的会计信息错漏报的严重程度。由此可见，重要性水平是量化重要性的主要表达形式。

财务报表编制者和审计师对错漏报的审查是在确定重要性水平基础上完成的，重要性水平实质上也被看作是财务报表中可能存在的错报漏报事项金额的最大容忍度，是衡量是否构成错判的具体指标。在现代风险导向审计中，审计师重要性判断最主要的部分是重要性水平的确定，确定的内在机制是如何看待和运用其与审计风险的关系①。若会审人员将重要性水平制定得相对严格（低），那么意味着同一条件下会计信息披露数量较多，或错漏报的可容忍程度较低，从而遗漏（应按适用会计程序披露而未披露）的事项或信息变少；反之，若会审人员将重要性水平制定得相对宽松（高），错漏报的容忍程度偏高，可能会致使遗漏太多有决策价值的会计事项或信息，影响财务报告的决策有用性。

（三）重要性原则的含义

1. 会计原则的概念。“原则”一词，在《现代汉语词典》中的第一条释义为：“说话或行事所依据的法则或标准。”例如，毛泽东同志曾指出：理论

---

① 在审计重要性判断的不同阶段所确定的“重要性水平”可分为实际重要性水平、计划重要性水平、执行重要性水平以及评价重要性水平，而且不同阶段各自的作用也不同，因此会计和审计中重要性水平的确定以及运用目的是存在差别的。

和实践的统一，是马克思主义一个最基本的原则。这反映了“原则”这一概念的内涵。第二条释义是总的方面或大体上，这揭示了概念的外延。在财务会计中，“原则”是学科领域的核心要素，因为它规定了最优会计制度的法则或标准（盖地，2006）。

在 AICPA 的会计研究文集第七部分（ARS7）前言中指出，会计原则被看作是来自于实践和推理的、已证明有用的假设，但从演绎推理的角度而言，似乎原则就是会计实务中成功运用的假设，这观点是被大多数人所不接受的[①]。而后在会计原则委员会第 4 号公告中提出，公认的会计原则是根植于“经验、推理、习俗、惯用方法和实际需要的……包括会计惯例以及会计规则和在某一特定时间内定义公认会计做法所必经的程序。”早在 1987 年出版的《中国现代会计手册》中就探讨了会计原则概念问题，认为它是既包括会计处理一般原则，又包括会计处理的方法和程序的一个多层次概念。迄今对会计原则的概念界定，大致可分为两类观点，第一类观点是会计准则观，即会计原则就是会计准则。例如，1940 年，佩顿和 A. C. 利特尔顿在《公司会计准则导论》中将“准则”替代了“原则”。第二类是国内学者所认可的行为标准观，认为会计原则是一种归纳性质概括，可以从与既定会计目标明确关联的会计行动中归纳而成。因此它是从事会计工作所需依据的准绳（陈国辉，2001；陈良华，2009）。

我们可以分析，第一类观点的概念层次是高于第二类行为标准观的，前者是指企业进行会计核算、提供财务报告必须应遵循的制度规范，是不可偏离的法则，具有高度确定性；而后者着重于会计原则作为一切会计工作的指导方针，从总结会计实务经验而确定的行为规则。本书较为认同郑安平（2011）对会计原则概念体系构建的观点，他认为：“会计原则是一种事前的行为取向约束，是用来指导会计人员选择会计政策或进行职业判断的准绳。”

---

① 哈里 · I. 沃尔克. 会计理论：政治和经济环境方面的概念性议题［M］. 大连：东北财经大学出版社，2010.

2. 重要性原则概念。事实上可以将会计原则分为两大类，即输入导向原则和输出导向原则，前者指的是涉及有关财务报表编制、财务报表内容的一般性处理规则，包括一般性基本操作规则以及约束性原则；而后者是指涉及不同企业财务报表的纵向可比问题，更适用于信息使用者和信息编制者。如表4－2所示，重要性原则起到了对会计信息加工处理过程的制约和控制作用，它与稳健性、充分披露和客观性一同作为约束性质的会计原则。我国2000年印发的《企业会计制度》第十一条规定了会计核算的十三条基本原则，将重要性原则阐释为："在会计核算过程中对交易或事项应当区别其重要程度，采用不同的核算方式。对资产、负债、损益等有较大影响，并进而影响财务会计报告使用者据以作出合理判断的重要会计事项……要予以充分、准确地披露；对于次要会计事项……可适当简化。"此规定强调了重要性原则在会计核算以及财务信息披露中的恰当运用。我国2006年印发的《企业会计准则——基本准则》中将重要性阐释为："企业提供的会计信息应当反映与企业财务状况、经营成果和现金流量等有关的所有重要交易或者事项。"它规定了八大信息质量要求，其中属于会计原则的是重要性、谨慎性以及实质重于形式，重要性已成为在许多会计处理程序上普遍适用的基本会计原则。

表4－2　　　　会计原则的具体分类

<table>
<tr><td rowspan="6">输入导向的会计原则</td><td rowspan="2">一般性基本操作原则</td><td>确认原则</td></tr>
<tr><td>配比原则</td></tr>
<tr><td rowspan="4">约束性原则</td><td>稳健性原则</td></tr>
<tr><td>充分披露原则</td></tr>
<tr><td>重要性原则</td></tr>
<tr><td>客观性原则</td></tr>
<tr><td rowspan="3">输出导向的会计原则</td><td rowspan="2">适用于信息编制者的原则</td><td>一贯性原则</td></tr>
<tr><td>统一性原则</td></tr>
<tr><td>适用于信息使用者的原则</td><td>可比性原则</td></tr>
</table>

上述会计制度解释只是统筹性地从会计信息供给视角提出了把握重要性原则的运用要求，没有上升到对重要性内涵的充分揭示。重要性原则本质上

可以看作提供高质量会计信息的有效工具，重要性判断还主要受制于管理层或会计人员对重要性原则如何把握和具体运用。

二、重要性概念的特征

一个会计概念具有多方面性、层次性以及认识的渐进性。举例而言，我国企业会计准则中对无形资产的定义是："企业拥有或者控制的没有实物形态的可辨认非货币性资产。"在这里，无形资产定义就是一个多方面、多层次的集合性概念，包括无形性、资源性、非货币性以及可辨认性。在每一个层面上，都容纳了区别于其他同类项目概念的本质特性，如无形性是无形资产的根本特征，将其与有形资产区分开来，而资源性表明本质上无形资产是一种被企业拥有的可带来未来经济利益的资产，而可辨认性将不可辨认的商誉排除于无形资产概念之外。因此本书结合 IASB 制定的重要性相关指引以及国内外相关文献，在分析重要性相关概念基础上，提出了重要性的特征，可将其分解为三个维度：基于特定主体背景、信息使用者导向以及依赖于专业判断。

（一）信息使用者导向

重要性概念是对特定财务报表应提供哪些信息的最终测试①，在会计实务工作中的运用需要符合财务报告的决策有用性。从会计重要性的不同定义可见，其一致性地表达出，"信息生产者——信息使用者"模式决定了重要性概念的应用。

2017 年，IASB 发布了《实务公告第 2 号——重要性判断》，公告中具体解释了将"满足主要使用者的公共信息需求"作为重要性概念重要特征之一；并且依据财务概念框架中规定，现存和潜在的借款者、投资者以及其他债权人被界定为作出重要性判断时考虑的主要信息使用者。在西方学者有关

---

① 引自英国 ICAEW《企业财务报告重要性指引》(2008)。

重要性运用方面的研究中，施佩尔（2007）的研究发现，信息披露中重要性原则具有导向性含义，使用者特征而非披露信息本身特征成为重要性决策的驱动因素。平斯克等（2009）采用实验研究结果发现，信息特征对非机构投资者股价判断并无影响，而使用者的锚定效应这一特征却显著地影响了重要信息的判定。根据戈尔德耶娃（Gordeeva，2011）的观点，重要性决策是由管理层、审计师和用户三个群体中的两者来决定的，而信息使用者判断是重要性概念的核心。因此，在定义中将是否“影响信息使用者决策”作为重要性判断的“量尺”，充分围绕决策有用性这一财务报告目标。

（二）基于特定主体环境

作为财务报表会计信息供给的“过滤器”，重要性概念的具体应用依赖于项目的性质、大小和具体情形。其中“具体情形”指不同报告主体所处的情况或条件，也就是指主体与发生事项或编制报表直接相关的背景，即特定主体的规模、企业性质、盈利能力以及与发生的交易或事项直接关联的其他信息；而间接的背景应该考虑主体所处的经济环境，主要指所面临的外部环境。正如帕特森（Patterson，1967）所强调的，重要性原则除了运用经验法则（rule of thumb）作出基本判断，还应考虑企业所处的经济环境。在 IASB 制定的新的实现有效沟通的“信息披露原则”中，将特定主体性质作为有效沟通的七大原则之一，以说明披露的财务报表信息应是特定主体的，或者说从披露信息中可以看出不同主体的差异性，而非全部照搬样板信息规定。重要性概念的运用也应该根据不同主体和不同环境，具体情况具体分析，即使对于相同会计信息的重要性度量也不是一成不变的。不仅如此，在 IASB/FASB 联合概念框架中提出，在特定主体不同财务报告背景下，重要性可作为特定主体相关性一个层面（IASB，FASB；2010）。因此，重要性概念运用依赖于特定主体环境，这是作出重要性判定的前提和基础。

（三）依赖会计判断决策

重要性原则的运用很大程度依赖于会计职业判断，也反映了会计人员的具体思维方式。会计职业判断，是指会计人员依照准则或制度的要求，充分考虑企业自身的理财环境和经营特点，运用自身的专业知识和职业经验，对会计事项处理和财务报表编制应采取的原则、方法和程序等内容进行判断与选择的过程①。管理层以及审计师在遵循会计和审计准则基础上，运用自身会审经验对财务报表会计信息是否真实和公允表达、不存在重大错报漏报情况作出专业分析和判断。如果一项报表差错超过一定可容忍金额程度，即重要性门槛，则判定此差错为重大差错。而且重要性门槛上下界之间的部分成为需要作出专业判断的“真空地带”。

第二节　会计重要性的本质

会计概念定义的精髓在于简洁明了地给出会计客观事物的本质含义，这是定义的目的和功能所在②。一个科学的会计概念应该是内涵要反映概念的本质，外延要界定概念的范畴。在关于基本概念界定的分析中发现，会计重要性定义也没有完全有反映出其本质，下面基于逻辑学中概念体系构建视角，借鉴哲学视角的休谟、刘易斯的价值理论，剖析会计重要性概念的本质，并提出会计重要性定义的全新表述。

一、事实判断与价值判断

哲学家大卫·休谟在《人性论》中对事实判断和价值判断作了区分，“is 如何推导出 ought”或“价值判断如何由事实判断推出”，成为著名的价值哲学讨论的核心问题：“休谟问题”。根据休谟的观点，人类的认知活动是通过事实判断和价值判断形成的。事实判断是对事物本身的描述，比如说，

① 许燕．会计职业判断研究［D］．天津：天津财经大学，2004.

② 于玉林．会计大百科词典［M］．上海：上海财经大学出版社，2009.

"这片树叶是绿色的"。反映在会计领域中，很多会计处理都涉及事实判断，例如在会计信息初始确认时，对真实经济交易的还原和判断。事实判断的本质在于把握事物的真实面貌，并通过理性抽象思维，来推测事物的本原真相。价值判断源于人们的评价活动，是指某一特定的客体对特定的主体所具有的价值评判，是关乎于评价对象"应该""不应该"或"好""坏"以及"喜欢""讨厌"的范畴，是评判者根据自己内心的标准，对评价对象在多大程度上满足自己的需要或偏好所作出的一种判断。在这里，评判者和判断对象之间应该是融通的，评价者必须有评价的客观对象，其意愿或选择的表达不能是独立的，割裂开二者的互动关系便不能构成价值判断。基于马克思主义价值理论的观点，即价值不是实体范畴，也不属于属性范畴，价值反映在客体和主体之间的特定关系上。对于事实和价值二者的关系，休谟认为，从事实陈述中不能推导出价值判断，这一观点后来引起了一些哲学家的批判[①]。而马克思主义紧紧抓住"人"这一主体，是在人的实践活动中沟通事实判断和价值判断的，说明从事实陈述中是可以得出价值判断的推论的。

借鉴刘易斯的价值理论再进一步分析，价值是一种经验事实，评价是经验知识的一种形式。当我们对某个客体有了价值认识之后，形成的判断就是评价，因此，杜威和刘易斯都认为：评价是价值判断。刘易斯将价值样式可分为直接经验价值、预言经验价值以及有贡献的价值：直接经验价值陈述涉及的是真的或假的，是一种当下的感觉体验，如享用美食时所作出的当下的"美好"表述，是直接经验中价值特性的表达，这种表述没有作出判断，不属于评价；预言经验价值的一般形式是"如果 A，那么 B"，即在一定被理解环境下，其陈述的事实通过包括行动在内的一些经验可以证实，例如，如果上市公司选择披露重大关联交易违规的信息，那么公司股价将会下降，这类判断也被称为"终结性价值判断"；第三类价值形式是对客观现实和现实

① 例如，赛尔提出惯例性事实可以推导出价值判断，图麦迪提出"功能性"概念，都是对休谟这一观点有力反驳。

时态的判断，因不可彻底被证实，故称为“非终结性价值判断”，第二类、第三类属于价值评价或经验知识。刘易斯的价值理论是自然主义价值论[①]，具有经验主义而非先验主义、认识主义而非非认识主义的鲜明特点，与马克思主义哲学价值论是基本一致的[②]。

二、会计重要性的本质：一种价值判断

（一）对会计重要性定义形式的考察

采纳刘易斯的观点来分析会计重要性这一概念，首先从其正式定义阐释形式上看，“如果会计信息的错报漏报会影响财务报表使用者据此作出的决策，那么它就是重要的”，显然符合在一定特定环境之下，“如果A，那么B”的预言经验价值判断形式，而且这种判断是可证实但未证实，并可能经历判断失误的[③]，即表现为对错漏会计信息重要性判断决策的失误。因此重要性是符合价值判断形式的，价值判断的主体是会计信息提供者。

（二）对重要会计信息价值的考察

1. 会计信息观视角。根据比弗（Beaver，1998）的观点，财务报告存在许多潜在经济后果，例如：（1）个体之间的财富分配；（2）企业的资源配置；（3）专门用于财务信息的生产、鉴证、传播、处理、分析和解释的资源等。会计信息作为可以改进资源配置效率的“公共产品”（Beaver，1998），很大程度上直接影响着资本市场的有效性（林钟高，2004）。自鲍尔和布朗（Ball & Brown，1968）运用事件研究法开启会计盈余对股价影响的研究以

① 自然主义价值论强调价值与自然、价值与事实的联系，价值是内在于自然，并是自然的产物和组成部分，其认识论原则是价值的可知论，反对非认识主义和非理性主义，认可自然科学的经验方法和实证方法是唯一的探究价值的方法。

② 马克思主义是一种自然主义，认为“只有自然主义能够理解世界历史行动”，在批判费尔巴哈自然观的基础上，主张立足科学的实践观看待哲学视野的“自然界”。

③ 刘易斯在论证评价的认识本质中认为，终结性价值判断是预言性的，代表知识的一种形式，可能存在错误。

来，众多学者开始对此采用实证研究方法着重探索信息观，主要通过检验会计应计、现金流等会计信息与回报率的关系验证信息含量的假定（Beaver，1980；DeAngelo，1986）。逯东、孙岩等（2012）分析认为，会计信息通过价格效率来影响资本市场的资源配置效率。

不同类型的会计信息一定具有不同程度的信息含量，错漏报重要信息会影响财务报表使用者的经济决策（IASB，2010）；而重要信息蕴含的信息含量一定会比琐碎信息的信息含量高，如果错误或遗漏重大会计信息，如净资产和盈余等信息，便会产生会计信息失真，不能正确地反映企业财务状况或经营业绩，影响使用者决策，间接影响资源配置效率。

因此依此逻辑可以推演，具有重大性（重要性）的会计信息所蕴含的信息含量一定比琐碎的（不重要）的会计信息所蕴含的信息含量多，这里可以用“信息增加值”的概念替代“信息含量”比较贴切，重要的会计信息附加的“信息增加值”更大。因此如果财务报表错误或遗漏的会计信息被判定为重大的，如净资产和盈余预测等信息，则产生了会计信息失真，其蕴含的信息含量随之有偏误，不能正确地反映企业财务状况或经营业绩，可能会通过决策变动影响资本市场公司股价，从而最终影响资源配置效率。然而关于这方面的研究非常少，有学者利用 1992 ~ 1997 年股票回报数据，通过检验股价对于盈余意外的重要性的反应，并作出的结论：仅仅只有盈余意外的信息或知识对于单个证券投资者而言并不重要，而分析师预测离散度却与盈余意外的重要性密切相关（William & David，2002）。根据上述分析，从信息观视角考察，重要（重大）的信息具有信息含量，任何重大错报、漏报以及误导性陈述等可能会直接影响主要使用者的相关决策，最终影响市场资源配置。

2. 信息属性的考察。关于会计重要性信息属性存在两种观点，第一种是离散观，即对某一事项重要性判断是二维离散变量，例如，从信息披露角度而言，特别重要信息需要披露，不重要的则可以忽略。第二种是重要性连续观，巴斯（Barth，2008）在有关会计信息质量论述中提出，会计信息质量特征并不是二维离散变量，而是一系列连续变量。持此种观点的认为会计重要性本身却不是离散的，而是有程度大小的，例如特定一事项重要程度可以从特别重要到特别琐碎，如图 4－1 所示。根据前述观点，对信息使用者而言重要的会计信息，其信息增加值更高，信息价值也更大，从此角度而言，重要性信息价值是从零至无穷大的连续变量。此外，会计重要性判断需要基于特定主体环境的，当重要性成为渐变程度变量时，对于一个不重要的事项，在主体环境（如公司规模、产权性质、行业特点等因素）发生重大变化时，可能会变得相对重大，因此会计重要性是程度不同的连续变量。

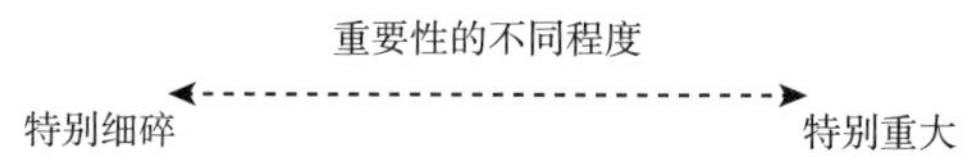

图 4－1　会计重要性连续观

（三）基于效用满足程度解释重要信息价值

当作出重要会计信息的价值判断时，实质上重要性程度是一个连续变量，那么可以进一步运用经济学中的效用理论合理解释：一项会计信息越重要，就越能够满足信息使用者作出决策的需要，对其产生的效用也越大，进而会审人员可根据该项信息错漏报所致的效用损失来判断是否进行确认；整个过程是典型的价值判断，判断核心是“是否有利于会计信息使用者决策”，评价的一般性价值准则是错漏报一项会计信息对使用者决策影响的效用。

将同一项会计信息对使用者的效用满足程度界定为［0,1］的连续数值，会计信息、该项会计信息对各类使用者决策效用满足程度以及该项信息的重要程度分别用I_m、$U(I_m)$ 以及 $M(I_m)$ 表示，那么此项会计信息对不同使用者效用集合可表示为向量形式：$U_i(I_m) = \{U_1(I_m), U_2(I_m), U_3(I_m), \cdots, U_n(I_m)\}$。n 表示该类会计信息使用者的类别数，每一维度的$U_i(I_m)$ 取值为［0,1］。其重要程度 $M(I_m)$ 可用$U_i(I_m)$ 向量大小 $\sqrt{\sum_{i=1}^{n} U_i^2(I_m)}$ 衡量，即数值越大，那么 $M(I_m)$ 越大，对信息使用者的价值有用性也越高，反之而言，这可以抽象地解释：如果错报漏报该会计信息，会对使用者正确经济决策产生负效用（负向影响）。I_m与I_m'完全不同的两类会计信息，脱离价值评价准则及环境来寻求单一的重要程度的绝对顺序是不可行的，在特定时空的相同特定主体环境下，如果存在$U_i(I_m) > U_i(I_m')$，才能说明I_m信息的重要性程度优于I_m'。

（四）重要性价值评价标准的局限性

会计信息价值评价本身是一种认识、检验和证明信息传输有用性的实践活动，其主要影响因素是评价标准和评价事实。对于会计信息重要性评估而言，现实条件下，在信息筛选、确认以及错报情况判定过程中，判断主体主要依赖数量和质量两大类标准。作为承认信息质量起端这一约束条件，正如基索所言，“重要性原则在相当多内部会计决策中同样是一个限制因素，在合理性基础上，费用明细账中对总账金额的分类，在企业各部门之间分配费用的精确度要求，对应计和递延项目的调整，这些问题的最终判断都依赖于重要性原则。”

然而，在现实会计环境下，会审人员在编制企业财务报表以及审核财务报表的重大错报时，由于存在现代电子计算机技术以及判断复杂性等限制，根据影响使用者决策效用的大小来对会计信息逐一进行重要性筛选是不可能的，因为效用是主观模糊的、看不见摸不着的，无法判定效用情况也就无法准确判断是否对使用者作出决策产生影响、或产生何种影响。从这一层面来看，IASB 以及 FASB 制定的会计重要性的定义只是高度抽象的解释，对于会计专业人员也不具有现实可理解性和可操作性。故而从以往财会文献以及现实实务工作中可以发现，以“是否影响使用者作出决策”为重要性价值判断形式转换为“是否对财务报表的整体表达造成重大影响”为检验重要性的代理变量①，这样一种隐形的转换使得会审人员有能力遵循会计准则规定，来

① 此处观点借鉴了叶清辉2003年的博士论文《会计重要性判断的再认识》中关于重要性概念内涵的解释，他从程序理性和结果理性视角分析了作出这样转换的内在机制。

验证一项会计信息错漏报是否会对财务报表真实公允表达造成影响，判断依据是财务报表重要性门槛，这里不再赘述。

三、会计重要性概念的重新界定

事实上，给一个会计概念下定义要遵循一定逻辑要求，主要有以下几项：（1）定义项的外延和被定义项的外延是全同关系，否则会呈现定义过宽或定义过窄的错误；（2）性质定义的被定义项不得直接或间接出现在定义项中，否则会呈现“同语反复”的逻辑错误；（3）定义项必须清晰明了；（4）不能使用否定定义项来界定会计概念。通过分析和对比发现，迄今为止的重要性概念内涵不能反映重要性概念的本质，外延也不能完全界定重要性概念的范围，存在着定义过窄的逻辑问题。

经过对会计重要性定义、特征以及本质的探析，会计重要性概念内涵可以阐释为：基于特定主体环境下，重要性是一个相对概念而非一个绝对概念。会计重要性是一种以影响信息使用者决策为导向的价值判断，在会计信息确认、计量、列报和披露等程序中发挥着制约和指引性作用；普遍运用形式反映在会审人员运用职业判断，评估财务报表交易或事项等会计信息的错漏报是否会对财务报表整体表述造成重大影响。

第三节　财务会计概念框架中的信息质量特征：重要性

一、重要性会计信息质量特征的提出

吴水澎教授（2000）认为，“会计信息质量特征就是会计信息所应达到或满足的基本质量要求，它是会计系统为达到会计目标而对会计信息的约

束。”而且会计信息质量特征的满足可以促进社会资源的合理分配[①]。

考察将重要性与会计信息质量联系起来的财会类文献，较早可以追溯到1938年桑德斯、查特菲尔德以及穆尔联合出版的《会计原则公告》，该公告具体从会计职能、会计惯例和监管要求等因素出发，探讨了会计原则的产生过程，同时论述了会计信息质量一般包括：重要性、可靠性、一致性以及充分披露等。关于重要性信息质量论述主要是：财务报告列示科目的顺序体现着各自的重要性及相互关系，建议应该进行合理分类；而且财务报表提供的信息是与其目的相关联的，管理者必须确定所提供给公众财务状况的实质，既不应该包括会误导使用者正常决策的事项，也不该省略任何可以使报表更完整的信息[②]。这些内容解释了分类的重要性，以及错漏报重要信息会影响财务报告目标的实现，可以认为《会计原则公告》将重要性作为评判会计信息质量的原则之一。

1970年，APB发布了第4号报告《企业财务报表的基本概念和会计原则》[③]，其中在第十三项条款中阐释了财务会计基本特征，分别是：会计主体、持续经营、经济资源和责任的计量、期间、货币计量、应计基础、交换价格、估值、判断、通用目的财务信息、基本相关的财务报表、实质重于形式以及重要性。

我国较早提出重要性会计信息质量特征的学者万晓文（1994）认为，对会计信息总的要求就是它对控制和决策的有用性，会计信息质量特征应包括价值性、真实性、相关性、可比性、一贯性、明晰性以及重要性。

而后随着西方发达国家和我国财务会计概念框架（基本准则）的构建，重要性作为会计信息质量特征也被正式确立起来。

---

① 阎达五．会计理论与方法研究［M］．北京：中国人民大学出版社，2003．

② 许家林，等．西方会计名著导读（上）［M］．上海：立信会计出版社，2014．

③ APB是美国注册会计师协会（AICPA）下设的会计准则委员会，取代了之前的会计程序委员会CAP。

二、财务会计概念框架中的重要性

1976 年，FASB 发布的《财务会计概念结构：财务报表的要素及其计量》，标志着最早构建了财务会计与报告概念框架（以下简称 CF）。葛家澍先生（2005）界定了 CF 定义，即“一系列由财务报告目标及其他基本概念组成的首尾连贯、协调且内在一致的理论体系。”它的基本作用是指导原则性会计准则建设，评估和发展新会计准则。西方发达国家会计组织非常重视对 CF 的修订和完善。

西方财务报告概念框架中关于重要性在会计信息质量中所起到作用和具体定位，主要存在着三种说法：第一种是 FASB 早期所提出的，重要性是一种财务报告信息确认门槛；第二种是 IASB 一直所承认的，重要性是会计信息相关性的一个层面，因此也表现为会计信息质量特征的一种属性；第三种是英国会计准则委员会（ASB）提出的，认为重要性是最低限制性质量特征。下面依次阐述 FASB、ASB、IASB 以及我国基本准则中重要性的定位和作用。

（一）FASB 重要性：信息确认门槛

1980 年，FASB 将重要性纳入《财务会计概念公告第 2 号：会计信息的质量特征》之中，作为“承认信息质量的起端”，与成本效益原则一同作为财务报表信息确认、计量、披露系统上下两端约束条件，并与相关性、可靠性等特征共同构筑会计信息质量的框架体系，如图 4 - 2 所示。重要性是一个和相关性和可靠性质量特征密切联系的普遍性概念，并认为重要性和相关性可以被区分开①；信息是否被纳入财务报表受制于成本和重要性两个约束条件，其他信息质量都会受到重要性这一确认门槛的影响。

① 例如，有时作出不披露某些信息的决策是因为投资者不需要这类信息（不相关），或者涉及金额太小而无意义（不重要）。

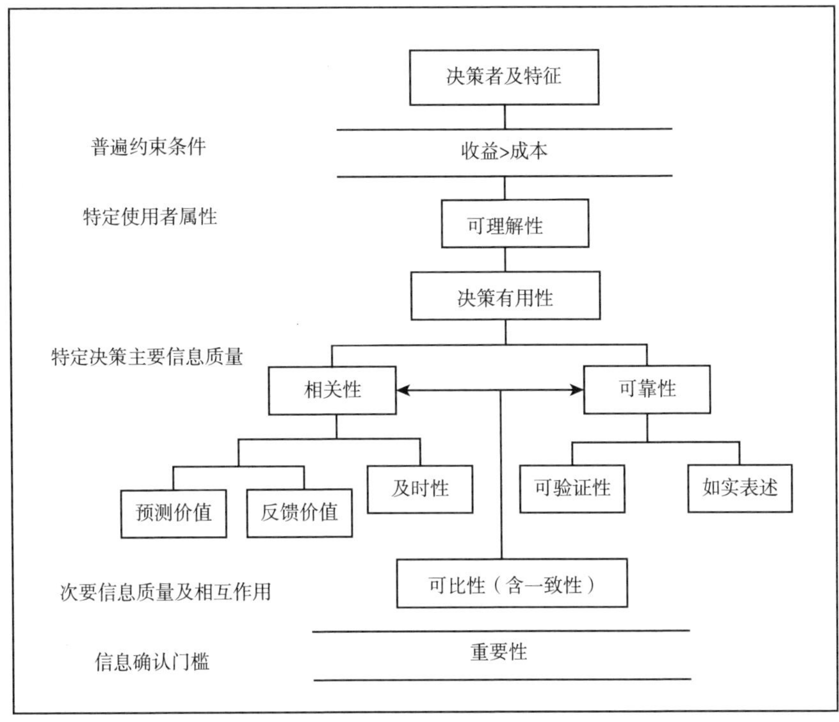

图 4 -2　FASB 概念公告第 2 号：会计信息的质量特征关系（1980）

（二）ASB 重要性：最低限制性质量特征

ASB 在 1999 年发布了《财务报告原则公告》，其作用和指导地位相当于财务会计概念框架。公告共八章内容，其中第三章阐释并建立会计信息质量特征体系，如图 4 -3 所示。ASB 认为，提供财务报表信息的最基本信息质量要求是真实和公允性，将重要性定位为提供财务信息的“门槛”质量特征（threshold quality），并且如果给予使用者不重要的财务信息，则会影响其他信息的有用性。在公告中具体界定了重要性定义、作用以及要根据性质和金额作出重要性判断，并提出：“重要性是一组财务报表所应该提供会计信息的最终测试。”那么与所提供财务信息的内容息息相关的质量特征是相关性和可靠性，与财务报表表述或形式密切联系的信息质量特征是可比性和可理解性，并建立信息质量的约束条件是：效益大于成本、及时性以及质量特征之间的权衡。

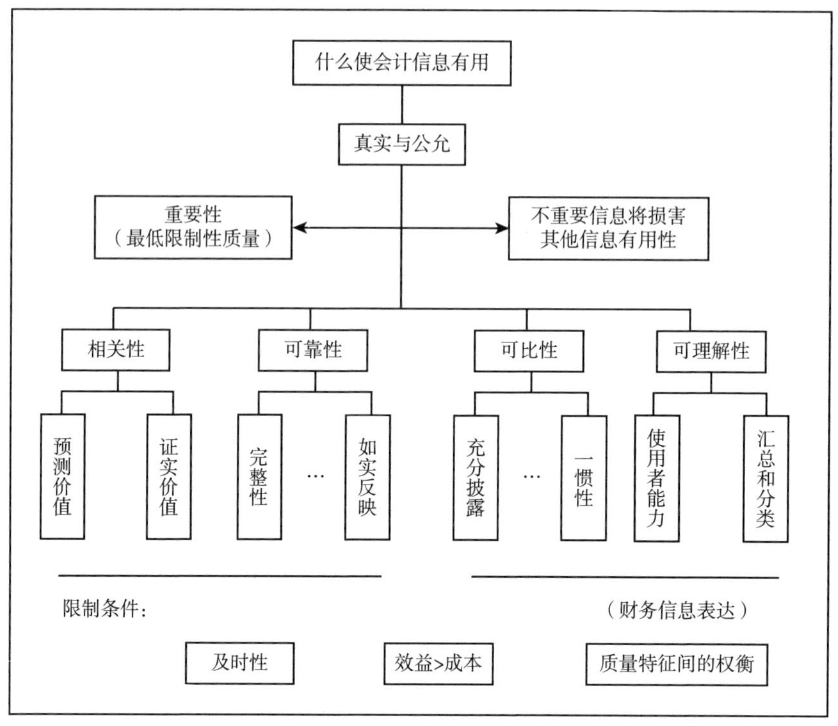

图 4－3　英国 ASB 财务信息质量特征框架（1999）

（三）IASB 重要性：相关性的一个层面

国际会计准则委员会（IASC，1989）制定的《财务报表编报框架》中则阐述了重要性并不能作为每一项会计信息纳入财务报表的约束性判断条件，因为在披露的财务报表诸多信息中，不是所有的信息都对决策者都是重要的，特定报告主体也会披露不重要的信息，而应把重要性作为主要信息质量特征相关性的一个层面，且它在其余各个信息质量特征之间起到平衡作用。2010 年，IASB 和 FASB 共同致力于概念框架的联合项目，并发布《财务会计概念框架：财务目标和有用的会计信息质量特征》，其概念框架如图 4－4 所示。与此同时，美国 FASB 将联合概念框架的这一项目成果作为第 8 号概念公告（SFAC NO. 8）替代了之前的第 2 号概念公告。在这个框架中，最大的改进是把信息质量特征由“主要质量”和“次要质量”特征改为“基本的质量特征”和“增进的质量特征”，即以成本效益原则作为约束条件，以相关性、重要性和如实表述作为基本信息质量特征，而把可比性、可验证性、及时性和可理解性作为增进的会计信息质量特征，强调了重要性是相关性的一个组成部分。

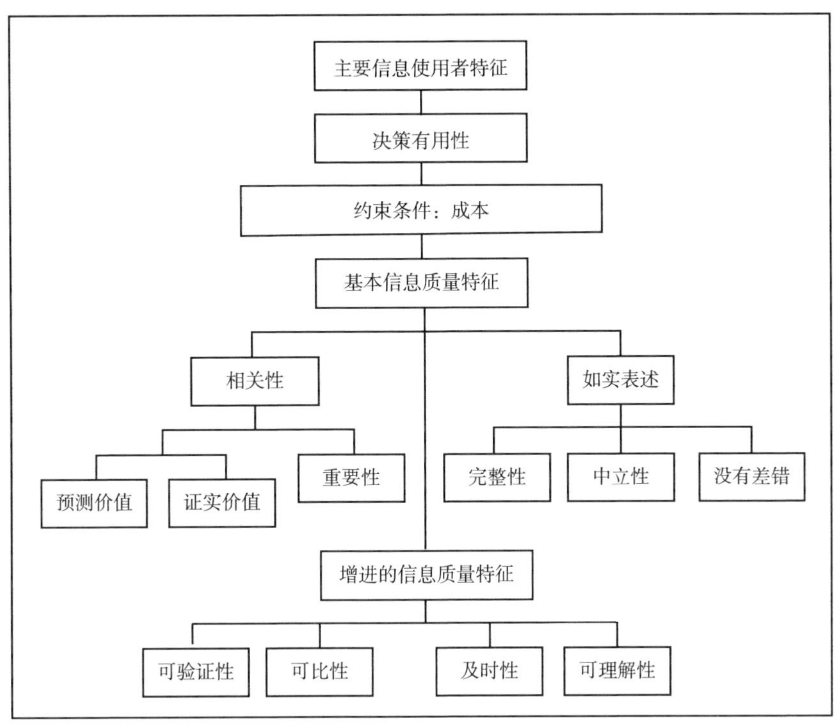

图 4－4　IASB/FASB 会计信息质量特征框架（2010）

（四）CASC 重要性：会计信息质量要求

我国的《企业会计准则——基本准则》与西方国家财务会计概念框架所起到的作用类似，既统筹着具体会计准则的制定，又为具体会计准则的运用及新的会计问题提供指引。虽然所起作用类似，但迄今我国会计准则中的“CF”在形式和内容上还不能与 IASB 或 FASB 的 CF 相媲美，具体体现在：财务报告目标过于笼统、会计信息质量特征要求不分层级、列报和披露规范不全面等情况。重要性，作为“会计信息质量要求”一章中第六条规定，仅强调了“会计信息应当反映与企业财务状况、经营成果和现金流量等有关的所有重要交易或者事项”，此概念显然是过于笼统和模糊的，因为重要交易或事项所涉及时间和空间范围太过于广泛，也没有结合列报和披露具体准则中重要性的定义和判断标准加以解释；没有阐释重要性实质上应作为信息质量门槛特征还是约束性条件来加以运用的，总体上关于重要性质量要求的作用和定位也无从体现，这可能不利于会计信息提供者在会计信息处理方面的重要性评估和运用。我国会计信息质量特征框架如图 4－5 所示。

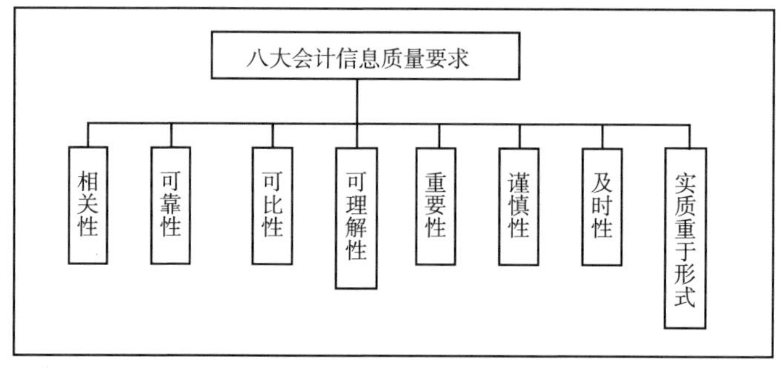

图 4－5　CASC 会计信息质量特征框架（2006）

（五）工具理性与价值理性的分析

1. 会计的工具理性和价值理性。理性是人类认识世界的方式。会计本身就是一项有目的、有方向、有追求，且需遵循一定程序和方法的人类理性活动。马克斯·韦伯根据手段和目的之间的关系将理性分为价值理性和工具理性。他在《经济与社会》一书中阐释价值理性：“人们通过有意识地对一个特定举止的、伦理的、美学的、宗教的或其他阐释的无条件的固有价值的纯粹信仰。”而工具理性是主体为实现自身目标或期待采取的行动或手段。换言之，工具理性强调的是效率，讲求效益，增强目的性和有效性而不管目的是否合乎理性，因此又被称为“效率理性”或“功效理性”，从表现形式上体现为具体操作技术和运作流程，即为“器”的层面。价值理性不是为了解决问题而采取某种行动，而是以某种特定终极价值取向为归属，建立在某些价值信念之上的选择。

理想情况下，会计信息应当有利于所有会计信息使用者，或者至少不损害任何一类会计信息使用者，这种理性是透过会计主体与客体之间以及不同主体与主体之间纷繁复杂的经济活动而展现出来，因此会计表现为工具理性和价值理性的统一（付磊，2008）。会计工具理性强调过程性和工具性，而会计价值理性强调目的性和价值性。

2. 重要性定位：追求工具理性和价值理性的统一。追求高质量的会计信息是一个永恒的话题。西方国家会计组织自特鲁伯鲁特报告（trueblood report）开始确定会计信息质量特征的要素和含义，直至 FASB 以及 IASB 完整的财务报告概念框架的确立，体现出追求和保证会计信息满足财务报告目标的一种价值理性。FASB 和 ASB 将重要性作为限制性门槛（确认门槛），以区分信息的重要性程度，重要的信息需要进入会计程序处理，而不重要的会计信息则可以简化处理，正如在 ASB 的会计原则声明中所阐述的，重要性是对财务报表应提供哪些信息的最终测试。IASB 认为，重要性实质上发挥着“过滤器”的作用，以确保企业会计报告所提供的总结性信息是有效的以及可理解的。工具是管理活动达到目的的手段或方法，因此，会计重要性的“器”的作用的发挥，即为达到预定的目的而选择有效的行动方案，显然凸显了工具理性的特征。IASB 在财务报告概念框架中将重要性定位为会计信息相关性的一个层面特征，更多体现了价值理性的基本内涵，其表现为财务报告决策有用观下对主要信息使用者而言，所提供会计信息重要性的价值评判。

无论是在概念框架中将重要性定位为门槛性质条件，还是将其作为相关性质量特征的一个基本部分，都体现了工具理性和价值理性和谐统一，相辅相成。不能将重要性的质量特征仅作为工具性质的门槛条件，追求工具理性，因为在追求有利于利益相关者进行资源配置的高质量的会计信息这一目标进程中，信息具备重要性这一特征本身也是会计价值理性的呈现，符合决策有用性的会计目标。

财务报告概念框架是一种具有指南性质的、可以达成共识的会计理论

（孙铮和朱国泓，2004）。相比较而言，我国在会计基本准则中将重要性定位于八大会计信息质量要求之一，从对重要性的界定概念可知，侧重于对企业会计活动中确认、计量和披露中所反映经济事项的过程约束，凸显出重要性判断的过程性和工具性，更大程度上反映了会计的工具理性。在任何会计理论建构中，都要注意价值理性的把握。概念本身就是解决问题的工具，由于我国本土的基本国情和市场制度与西方发达资本主义国家的差异，完全照搬西方会计组织对会计理论中“重要性”的概念和定位以揭示会计实践的内在规律是不理智、不切实际的，应当在充分考察和理解什么是会计信息的价值理性的基础上，再对重要性、相关性以及可靠性等特征进行作用分类和分层表述，以达到会计工具理性和价值理性的统一。

三、重要性与其他信息质量特征的作用关系

基于对不同国家会计概念框架中重要性作用定位的分析，无论是作为信息确认准入门槛，还是作为相关性的一个组成部分，重要性这一信息质量特征在财务概念框架中并不是孤立存在的，它与相关性、可靠性、可理解性以及成本约束条件存在本质差异的同时，在这个信息质量特征体系中构成相互牵制和影响的关系。正如 ASB 所强调的，重要性要考虑各个信息质量特征之间的权衡，否则会损害整体信息质量。

（一）重要性与相关性

FASB 在 1985 年修订的第 2 号财务概念公告中解释道，重要性作为一种会计信息的限定属性（qualify attribute），与其他的信息质量特征，特别是与相关性、可靠性是密切相关的。会计信息相关性，指的是最终提供的汇总或分类的会计信息能够满足决策者需要，当信息决策者不需要一项会计信息时，可以认为这项信息是不相关的。反推之，一项信息是与决策相关的，但如果其涉及的金额非常小，或者对于决策毫无影响，那么这项信息是不重要的。总之，重要的信息通常来讲是具有相关性质的，但相关的会计信息不一

定都很重要。从这一层面来理解，体现了重要性是相关性的一个层面。在IASC（1989）发布的概念框架中强调，会计信息的相关性会受到重要性的影响，重要性本身就是相关性的一个组成部分（次级特征）。COSO（2013）同样阐释："重要性为相关性设定门槛，因为它限定了可接受限度内潜在活动、交易以及事项所需的精确度。"具体而言，财务报表在符合成本收益约束下，可以忍受一定程度的估计和细微差错，只要保证它们的重要差错在可容忍范围内即可。

下面以应聘者与招聘机构所提供招聘信息为例，可形象地解释重要性与相关性之间关系。假设招聘中介为特定工作岗位应聘者提供全面的相关信息。应聘者肯定关心的工作性质、地点、工作时间、薪酬以及附加福利，这些是应聘者是否选择入职的最重要决策因素。而如休假情况、提供保证等，其重要程度还不足以影响决策，更不用提办公室是否铺地毯等诸多无关紧要的信息，虽然也具有些许决策相关性质，但不能构成重大影响因素。由此而言，重要程度是有主次之分的，重要的项目一般会直接影响应聘者的最终决策。

（二）重要性与可靠性

追求会计信息的真实、可靠是财务报告的最基本要求。可靠性是财务会计的本质属性，也是会计信息的灵魂。当会计信息没有重大差错和偏误，并且可如实反映其意欲反映或本应提供的内容供使用者决策时，则认为信息就具备可靠性。在IASB/FASB联合财务概念框架中，已用"如实反映"取代"可靠性"作为主要信息质量特征。可靠性是重要性的先决条件，即前者信息属性可能会影响后者。首先，会计信息的重大错报会使得信息本身失去可靠性。其次，如果财务报表被遗漏重要事实（金额或性质是重要的），则会损害信息的完整性，而完整性作为如实表述的组成元素，从而也间接损害整体会计信息的可靠性。它们二者的作用关系部分是通过完整性信息质量特征而联系起来的。进一步来看，信息完整性与重要性的作用互相制约和依存。过分地追逐完整性的特征会削弱重要性的作用，因为披露过充分的信息可能造成混淆主次，同时过分强调披露的重要性特征，一定程度上也会损害信息的充分完整性，所以二者都不可偏颇。只有找到不同信息特征表现的平衡点，才能最大限度地增强整体会计信息质量。

（三）重要性与可理解性

会计信息的可理解性，是指会计信息提供者要考虑会计信息使用者的理解能力，所提供的信息必须简明、清晰，便于使用者理解和运用①。在 FASB 发布的概念公告第 2 号（SFAC NO. 2）中，并没有将可理解性作为主要信息质量特征，而是将其置于决策有用性目标之上，作为会计信息使用者特征与会计信息本身的属性区分开来。IASB（1989）就提出将可理解性、相关性、可靠性以及可比性作为高质量会计信息具备的特征，可见可理解性处于第一位；现今 IASB 新修订的概念框架将可理解性作为增进的会计信息质量特征。重要性与可理解性概念之间是有紧密联系的。ASB 在《财务报告原则公告》第三章中指出，“当财务报表中给出非重要信息时，由此产生的混乱会损害其他信息的可理解性。”因此当选择财务报表信息内容披露和形式的呈现时，主要考虑的是信息使用者的理解能力，包括个人偏好、风险态度以及知识水平等因素。重要性在决定是否披露以及如何列报中起到关键的权衡作用。若存在重要项目汇总错误、重要与不重要信息的混淆、不正确列报方式以及附注信息过于样板化等问题，都会降低使用者对于报表信息的可理解性。信息披露过载时，会降低信息透明度并增加使用者甄别重要会计信息的成本，也就造成对会计信息意欲传递的实质内容的可理解性下降；信息披露不足时，因存在信息不对称与使用者的有限知识，也会造成理解会计信息的难度增加。恰当地运用重要性“过滤器”，会使得财务报表信息更加清晰和可理解②。

---

① 葛家澍，杜兴强．会计理论［M］．上海：复旦大学出版社，2005.

② 参考 IASB 制定的《重要性在财务报表中的应用》中表述：“重要性原则可以发挥信息过滤器的功能，符合财务报表信息可理解性这一信息质量目标。”

（四）重要性与成本约束条件

成本收益原则，作为财务报告编制普遍性约束条件，是指企业在确定会计信息时，应对比和考量提供会计信息所花费的成本以及由此而带来的收益。换言之，在一定条件下，即使预先判断特定信息具有决策有用性，但如果提供此信息的成本大于收益，管理当局再对外制定此项会计信息是不明智的。重要性概念的运用一方面是考虑保证会计信息质量，另一方面要考虑成本收益原则的约束作用。实际上，管理当局所能够提供的会计信息是非常有限的，不可能满足所有信息使用者的需要。

根据 IASB（2017）的观点，管理层不应在偏离报表重要事项上花费过多成本。FASB（2012）则认为，成本的考量可能是管理层放弃改正金额较小的错报的重要原因。一般而言，金额很小的不具有数量重大性的差错，改正的成本如果高于改正后所能够带来的信息使用者决策效用的提高，那么就不符合成本收益原则，管理当局可选择放弃；如果改正成本微不足道，可能没有充分理由放弃错报更正。正如 SAB NO. 99 中所阐释的观点，“花千元以保百元”的差错更正是不值得提倡的。这也说明成本限制条件对重要性评估决策产生一定制约。总之，会计重要性概念运用本身受制于成本约束条件；当重要性作为财务信息确认门槛时，要综合考量信息提供者所花费成本和信息使用者的认知能力的限制，不能披露过载，也不能遗漏重大信息，重要性和成本约束条件共同构筑起信息披露的数量和质量门槛，共同影响其他信息质量特征，保证决策有用性的会计目标的实现。

四、满足重要性信息质量特征的充分条件

财务报告作为反映企业财务状况和经营成果的载体，其编制理念和思想要服务于信息使用者决策需求。在《实务公告第 2 号——就重要性作出判断》中，IASB 明确提出，在对外提供企业财务报表时，重要性在会计信息确认、计量、列报和披露等相关决策中的应用非常普遍，管理层不可能提供

满足所有使用者需要的信息，因此只能着重满足主要信息使用者的共同信息需求，而这些共同的财务信息一定是重要的决策相关性信息。

根据 IASB 在财务概念框架中界定的通用目的财务报告主要信息使用者类型，《实务公告第 2 号——就重要性作出判断》明确，对于特定实体而言，投资者、贷款人以及其他债权人共同会计信息需求一定是满足重要性信息质量特征的。我们可以分析，由于不同类型信息使用者向企业投入的专有资源以及实现自身利益方式不同，他们具有个性化信息需求，因此其重点关注的会计信息也不完全相同。如投资者更加关注评估其盈利能力、股息红利、股价波动等预测公司未来经营好坏的会计信息，而贷款人和其他债权人可能需要及时性获取有关偿债能力、信用评级以及资本运营状况方面的信息，如资产负债率、资金周转率等，以确定是否作出贷款相关决策，降低交易风险。个性化信息虽然是与使用者经济决策相关的信息，但受到成本收益原则约束，管理层不可能围绕所有的个性化会计信息项目作出有关判断和披露决策。因此个性化会计信息虽满足相关性，但不完全代表着普遍意义上的重要性信息质量特征。而三种类型的主要信息使用者需求产生的交集就是共同会计信息，根据 IASB（2015）在《重要性在财务报表中的应用》中的观点，共同会计信息需求很大程度指那些有助于评估企业实体未来净现金流量的金额、时间和不确定性的信息，同时也意味着管理层在编制财务报告的确认、列报及披露等环节最应重点关注那些信息。结合本书前述的观点，会计重要性本质上是一种价值评判，那么在通用目的财务报告决策有用性目标的引导下，如果满足企业实体财务报告主要信息使用者的共性信息需求，那么对于使用者而言一定是有使用价值的信息，由此构成满足重要性会计信息质量特征的充分条件。

本章小结

本章着重对会计重要性概念、特征以及作为会计信息质量特征的定位等基础理论问题进行探析。经对现有会计重要性定义和特征的比较分析，借鉴刘易斯价值理论，提出了会计重要性应用本质是一种价值判断，并进而对会计重要性概念进行重新阐释。同时，对西方发达国家及我国会计准则制定机构关于重要性在信息质量特征中的定位进行对比，并分析了重要性与其他信息质量特征的主要联系，并提出会计重要性信息质量特征确认的充分条件是满足决策有用性目标下的主要信息使用者的共同会计信息需求。

| 第五章 |

重要性判定理论探讨与框架构建

会计重要性原则是一个首尾连贯的理论体系，它对具体准则的重要性标准起着制约指导作用（林斌，1998）。我国《企业会计准则——基本准则》的重要性规定体现了原则导向，在会计工作中很大程度上依赖会计职业判断。

根据在《现代汉语词典》中的解释，“判断”是对事物肯定或否定的思维形式之一，或者它是具有某种属性的思维过程。判断过程需要辨别、分析和断定，因此必然面临着不确定性的情形，会计判断也是对不确定的事项进行决策的过程。

管理层在编制财务报告信息的过程中，是如何作出一项重要性判断的，以及如何提升会计判断质量，这是本章旨在研究和探讨的问题，最后尝试构建财务报告重要性判断的分析性框架。目前我国会计学界关于重要性判断应用方面还未形成系统性、规范性的理论共识，深入探索会计重要性判定的理论具有强烈的现实意义。

第一节　重要性判断标准、机制与特征

一、影响重要性判断的数量和质量标准

探求评价标准的客观化，是追寻真理与价值的统一，有助于评价主体在

复杂的环境中作出正确的价值判断。根据会计准则一般性规定，对于一项会计信息是否具有重要性的判断主要依据金额以及性质。很早之前 SEC 将重要性评估考虑的因素划分为两类：数量标准（quantitative criterion）以及质量标准（qualitative criterion）①。

（一）重要性判断的数量标准

1. 数量标准的基本含义和作用。如前所述，会计重要性是一种以影响信息使用者决策为导向的价值判断，判断的外在方法表现为如果一项错漏报超过门槛界限时，则它是重大的。此处的“门槛界限”就意味着判断标准，它具有外生性，当运用一定的技术方法将其定量化后，就转化为具有内生性的数量标准，也可以被称为量化重要性水平。

对于会计信息的确认和披露而言，可以把量化重要性水平形象地比喻为一张“安全网”，以捕捉所有重要交易或事项都被“收入网中”。数量标准的设定是受经济因素驱动的，一名理性投资者不会在意相对金额非常小的交易或事项的变动。为财务报告设定定量重要性水平的作用是降低信息供给和披露成本，避免信息过载风险；从公司战略层面来讲，也可以避免透露过度的信息给同业竞争者，降低会计信息披露的专有成本。

会计人员在面对会计信息的处理时，首要直观判断是基于会计准则已规定的重要性定量标准。1980 年，FASB 在《第 2 号财务会计概念公告》中阐释：重要性判断本质上首先是关乎数量方面的。它列举了《讨论备忘录》中的重要性的数量标准指引，如表 5－1 所示。然而，在大多数的会计事项评估中，并没有直接的准则标准依据，仍需要进行个人职业判断。

① 本书中将“qualitative”翻译为质量标准，而非性质标准，目的是与“nature”“性质”相区分，并且在汉语中数量和质量本身构成相对性语义关系。

表 5－1　FASB《第 2 号财务会计概念公告》中列举重要性数量判断标准

主题	发布机构和公告	重要性判断数量标准
每股收益的稀释	FASB 第 15 号意见书	降低每股收益不超过 3%
资产负债表项目的单独披露	SEC 会计系列公告第 41 号	超过总资产的 5% 或者超过项目类别的 10%
分部报告分部的确认	FASB 第 14 号财务会计准则	营业收入等于或超过合并收入 10%
职员或股东应收账款	SEC S－X 规定第 5－04 条款	金额等于或超过总资产的 1% 或超过 20 000 美元，需要披露应收款项细节
总租赁费用的处理	SEC 会计系列公告第 147 号	如果总租赁费用超过合并收入的 1%，则需要披露

资料来源：作者根据 FASB《第 2 号财务会计概念公告》（1980）翻译整理。

2. 定量重要性水平的确定。重要性水平往往是一个经验值，不能将其简单地用一个数学公式来描述，会审人员可通过职业判断和常识确定重要性水平。量化重要性标准选择并不等同于是对所发生事项影响金额的判断，影响金额越大，重要程度也越高。因为金额是个绝对量，而数量因素包含绝对金额以及相对度量。根据不同的经济驱动因素，通常是确定 1% ～10% 的一个比例，并选择一个财务比较基准，以二者的乘积来确定重要性水平。

企业管理层对财务报表重要性水平的确定方法与审计重要性水平是异曲同工的。斯蒂恩波特（Steinbart，1987）认为，重要性水平的选择会受到基准和百分比选择的影响。最常用的重要性评估基准是利润。而格里森和米尔斯（Gleason & Mills，2002）发现，对于盈利公司而言可选择利润作为基准，而对于亏损公司而言，可选择总资产的 5% 作为重要性门槛。在 SEC 任职的会计师唐那（Turner，2002）曾表示："使用简单的 5% 定量标准或其他任何一个百分比作为确定是否需要纳入或修正报表项目信息都是不可接受的。"因此公司需要谨慎权衡百分比的选择。金尼等（2002）认为仅基于资产、收入或其他指标变量确定重要性是不够完整的，因为没有考虑盈余的精确性。他们发现，当盈余高度可预测时，即使较小的收入意外也会导致股价不成比例大幅增加。

审计师对重要性水平的评估和确定有多种方法，如固定比例法、随量变化法、平均法或综合法以及公式法等。公式法是经由对样本公司作统计分析后，再建立估算公式。例如，相关资料显示，1998 年 KPMG 重要性水平计算公式是：1.84 × 资产或收益最大值的三分之二次方。除了计算方式，经验法则（rule of thumb）是确定重要性水平的常用方法。AICPA 的重要性水平被规定为：税前净利润的5%～10%，总资产的1%～1.5%，或者是营业收入的1%～1.5%。然而最为常见和广泛应用的是加拿大注册会计师协会（CICA）制定的《审计中的重要性》所建议使用的固定百分比：税前利润的5%，资产总额0.5%，权益总额的1%，以及总收入的0.5%。

3. 数量标准确定需要考虑的因素。重要性水平的确定与基准的选择密切关联，基准选择涉及一定主观判断，究竟哪一个基准可以成为重要性数量标准的驱动因素，还取决于公司财务报表的信息使用者需求以及企业特定实体情况。按照一般性规律，利润基准只适用于利润比较稳定、回报率比较合理的企业；收入基准适用于微利企业及商业企业、服务企业及资产总额不大的企业；资产基准则适用于金融、保险或资产基数大的工矿企业。

美国审计准则委员会（ASB，2011）提出，数量基准的判断依赖于所分析的报表项目，同样的项目可能与一个基准相比较是重要的，而与其他基准比较则变得不重要。例如，管理层很可能认为存货减值损失的一项错报与当期损益相比是微不足道的，而当指库存缩减、流动资产或营运资本受影响时，它就具有重要性。ASB 还认为，对比较基准的适时调整也是必要的，由于年度内发生非正常事项导致基准具有不规则性，管理层或审计师应该决定调整基准，使其符合正常情形下相对均衡的数据。

根据以上分析，可得出如下结论。

（1）重要性判定的数量标准不仅是一个绝对数量金额的概念，也包含其他相对量的判断。例如，100 万元对于小微企业而言可能是一笔很大的数额，然而与一家大型跨国公司潜在的错报容忍度联系起来，100 万元可能只是“九牛一毛”，因此，重要性数量因素除了需要考虑项目金额大小，还需要考虑特定主体类型、规模、可持续经营能力以及盈利能力等。

（2）影响定量重要性水平比较基准选择的因素。

一是选择基准的稳定性。前后期的净利润波动是否较大、是否在盈亏平衡点附近波动等都是衡量标准选择适当性的重要因素。

二是行业类型。对于不同的行业，投资者可能会选择不同的基准。FASB（2016）解释认为，每一类型行业都会假定某项比较基准可能比其他基准更重要，这更多由于该行业特有的财务报表典型的项目，且使用者更多依赖它们作出经济决策。租赁项目之于航空业，存货项目之于制造业，研发项目之于医药或高科技产业，投资回报率、折旧和内部融资之于高度资本密集行业。

三是资本结构。融资和所有权结构也会对基准的选择产生一定影响。例如，高杠杆率公司可能会使得投资者更关注质押资产、有效税率、持有处置资产、无形资产以及利率等项目的关注。

四是企业生命周期。一个处于成长期的公司需要可持续性的市场定位，很可能在不利时机利用诸如坏账准备、资产减值以及会计估计错报项目调整利润，因此这些项目将是关键的；而定位在成熟期的公司更倾向于规避损失。例如，在快速增长的高科技公司，净利润可能成为重要性判断首选基准。

（二）重要性判断的质量标准

1. 质量标准的基本含义。重要性数量标准的确定面临不确定性以及难以测度的风险。梅西尔（Messier，1983）在他的研究中早已提到，非定量特征的重要性判断也很关键。在判断交易或事项的重要性程度时，不仅需要考虑数量因素，还要考虑质量因素（SAB No. 99）。乔科布斯（Jocobs，2001）认为：“质量因素是指关于会计项目的一个状况内的使用者应该知道的关键事项。”影响重要性判断的质量标准，是指数量上不重要的但在性质上却有可能是重要的那些因素。它似乎意味着对数量标准判断因素的一种补充，对于一项财务报表错报，除了数量上达到重大性外，即使金额很小的错报，由于其特有性质也有可能是重要的。

2. “质量”与“性质”的辨析。我国《企业会计准则第30号——财务报表列报》规定，应当根据企业所处的具体环境，从项目的性质和金额两方面予以重要性程度判断。那么，性质和质量因素两者又有什么区别呢？关于“性质”，在《新华字典》中的解释是：“事物本身所具有的与其他事物不同的特征。”而“质量”，这里同样指的是“物体的一种性质，通常指该物体所含物质的量”。在作出重要性判断时，这里的“质量因素”是在特定主体环境下，对交易或事项的特定属性及决策敏感度的衡量。因此，“性质”指会计交易或事项的经济实质或具体呈现的要素形式，更强调对于会计信息最本质属性“点”的聚焦，例如，一项将资本性支出划分进入收入费用中的错报，即使金额很小，但从性质上判断确是违背会计准则要求的错报。然而相比较而言，质量方面重要性判断则是无论差错金额多大，更需考虑信息使用者决策受错漏报信息影响的敏感程度，例如流动资产和非流动资产分类错误与同等金额的流动负债与非流动负债分类错误相比，哪一个决策反应的敏感程度更高？因此“质量因素”包含“性质”以及相对量，相对量包括诸如比较期间、是否符合准则规定以及其他非机械会计处理程序造成影响决策的情况。而且使用“质量因素”与“数量因素”相对应，重要性考虑因素完整并具有针对性。

3. 重要性质量标准相关规定。在20世纪60年代美国著名的弗朗恰特公司（Franchard Corp.）案例中，SEC发现管理层故意隐瞒一名董事将资金转出公司的事实，虽然资金从未超过资产账面总值的1.5%，但委员会认定，这种资金转移的事实对于投资者是重要的，因为这种事实披露是与投资者对管理层正直判断密切相关。因此，1970年，SEC引入判断的质量因素，要求在信息披露时不予考虑任何数量金额比例。

20世纪90年代后期，SEC重新提出了使用量化重要性标准的挑战。1998年，SEC主席阿瑟·莱维特（Arthur Levitt）发起了清理误导性会计技术的运动，他认为管理层很可能运用重要性数量的百分比来进行盈余操控，例如在特定百分比内故意记录错误，拉伸不重要的小额项目的弹性极限，这种刻意的行为，一定程度上损害了报表的真实性。针对此种情况，SEC在

1999年制定发布了《SABNo. 99：重要性公告》[①]，它强调在考虑重要性判断时，必须站在会计信息使用者的立场上同时考虑数量因素和质量因素，而且以矫枉过正的态度强调了质量因素的重要性。

此公告试图解释两个问题：第一，在财务报表中，是否金额在定量重要性水平之下的项目的潜在变化应该被认为不重要的；第二，如何看待管理层故意错报不重要的项目或事实。它依据企业案例、法官裁决以及执行措施等在财务信息披露中需要考虑的质量因素，列举了以下九项内容，阐释了即使是小额不重要错漏报，具备下列情形也被视为是重要的：

（1）错漏报的发生是否源于准确度量或者只能源于估计？估计的不精确程度如何？

（2）错漏报是否会掩盖盈利能力趋势或其他指标趋势？

（3）错漏报是否使得净利润由盈转亏或由亏转盈？

（4）错漏报是否掩盖管理层为满足分析师预测的刻意行为？

（5）错漏报是否违反法律法规？

（6）错漏报信息是否与企业分部或其他营利部门有关？

（7）错漏报有无违反借款契约或其他合约规定？

（8）错漏报信息有无可能增加管理层薪酬？

（9）错漏报是否企图掩盖违法交易？

在以上九种质量标准中，第（2）、（3）、（4）项的共同特征是均与特定主体业绩盈余相关，第（8）项是会计信息错报可能对提高管理层薪酬的影响。其余五项错漏报信息都是与是否合法、合规以及是否可精确计算密切关联的。本书将这九种考虑因素总体概括为：估计及其精确度因素；盈利趋势或盈利能力因素；合规因素；管理层薪酬因素。

在公告中明确提出，基于百分比基准的数量标准来衡量错报重要性程度，只不过是分析重要性的一个开始，把它作为重要性考量的全面因素替代

---

① 虽然此公告并不是SEC的正式规章制度，但相关执行部门根据此公告监管上市公司的财务报表，因此也具有实质效力。

是不合时宜的。然而，过于强调披露重要性的质量因素难免有些矫枉过正的嫌疑，一方面可能会增加披露成本，另一方面可能会在决定一个事项是否披露时将情形复杂化。我们应该客观、公允地对待判断标准的选择，在考虑判断对象和主体环境特征基础上，充分评估每一类标准的可行性。

二、重要性判定机制的简要分析

会计的专业判断和决策质量是难以计量的，分析不确定性与风险是对于重要性判断的预先测度①。因此，重要性判断可以结合不确定性相关理论加以剖析。为任何不确定性的事项寻找结论就是判断，重要性应用很大部分都涉及对不确定性会计事项的判别、筛选和估计。在信息不对称环境中，出于成本效益原则的考虑，并非所有的不确定性经济业务都需要确认、计量与报告，正确的做法是将那些对财务报表有重大影响的不确定经济业务详细反映②。

（一）重要性与不确定性和风险的关系

作为两种直接的经济分类，风险来源于不确定性。奈特认为，不确定性是非似然决策，而风险意味着确定的概率。对于风险和不确定性的评估以及评估方式都会影响经济决策。风险和不确定性都可以用数量和性质来测度，风险是主观态度，是给定情形下决策制定者行动结果，而不确定性独立于决策制定者意愿或行动。风险状态被分配以发生的可能性，而不确定性与可能性不相关联，但用模糊技术可以测度与之相联系的事实价值（Mioara，2012）。

重要性判断与风险和不确定性的评估是密切相关的。首先，不确定性是弥漫于整个会计环境的，重要性的会计演变根植于经济和法律环境的变迁

① Sarah E. Bonner. 会计判断与会计决策［M］. 北京：人民邮电出版社，2015.

② 林斌. 不确定性会计［M］. 北京：中国财政经济出版社，2000.

中，因此重要性判断也是动态的：它取决于特定主体外部环境，随着时间的推移和不确定性会计环境的演变，对于同一事项判断可能会有不同的结果。其次，重要性决策是结合企业风险承受能力的职业判断问题（丁友刚，2013），风险容忍度体现了重要性概念的运用。根据 COSO（2013）明确提出的观点："财务报告的风险容忍度典型地表达了重要性这一术语，是重要性的间接度量"。虽然这两个概念具有显著差异，重要性是一个肯定的概念，即对于信息使用者而言，究竟什么有意义，而风险容忍度即没有达到目标所承受的最大的失败，从财务报表层面来讲，风险容忍度可以理解为可以接受的潜在错报最大值。此外，风险因素可能出没于重要性决策的诸多事项上，这需要会计师考虑未来事项如何与现在所处实体环境相联系，以及考虑发生的可能性、金额以及发生的时点。与"可能性"判断有关的会计事项是非常常见的，如或有事项、折旧比例方式、应收账款坏账准备以及权益市场价值变动等，因此需要定期报告财务报表精确数字的变动。

根据上述分析，本书认为对不确定性和风险的相关考虑因素会影响重要性判定：

第一，为了评估错报情况，潜在错报的相对数量（金额）是很重要的。将发生可能性与相对的潜在数量相结合，共同来决定预期相对数量。另外，事项解决时间越久远，事项的不确定性越大，重要性标准应该越加严格。

第二，管理层个人特质在判断环境或事项不确定性中很关键的作用。会计师或审计师的经验和专业性更强，风险意识或可能会偏低。

第三，重要性判断与公司整体风险评估密切相关。企业内部面临的风险是影响管理层重要性判定的关键因素，比如当企业处于财务困境时，因为具有很大不确定性，重要性评估可能会趋于设定严格的标准。

（二）以"风险评估地图"表示重要性

据前所述，重要性信息质量特征并不是二维离散变量，而是连续变量。当管理层在面临确定的已发生的会计项目或事项确认和计量时，判定标准是会计准则中的重要性标准。然而在很多情况下没有制度标准可循，尤其是对于不确定性较高的会计信息或判定区间在重要性上下边界区域。根据美国学者蕾妮和华莱士的研究（Reneé & Wallace，2001），可能性和重要性之间存在固有关系，明晰这种关系可以提升财务报告和审计报告精确度。给不确定事项重要性排序传统方式是风险评估地图。鉴于此，以一事项发生的可能性（probability）作为横轴，以一事项可能后果（以金额衡量 magnitude）为纵轴，可以简略表达出重要性程度判断机理。表示方式可分为三种效果：二维变量乘积的期望效果，二维变量的解耦效果，以及单维变量效果①，如图 5－1、图 5－2 以及图 5－3 所示。

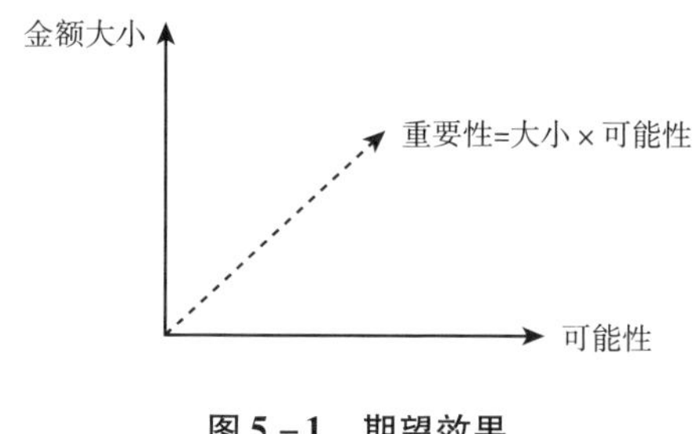

图 5－1　期望效果

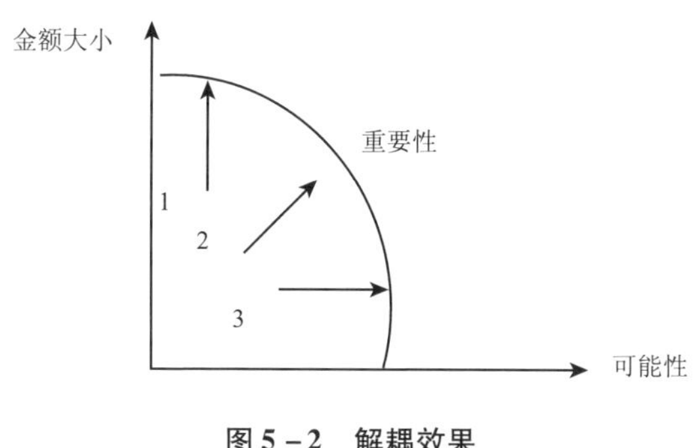

图 5－2　解耦效果

① 期望效果表达的是判断一会计事项或信息金额大小与发生可能性的乘积效应，其体现了期望概念，期望越大，重要性程度越高。解耦效果表达的是单变量的影响，因会计信息确认、列报和披露不同重点考察大小和可能性因素也不同。

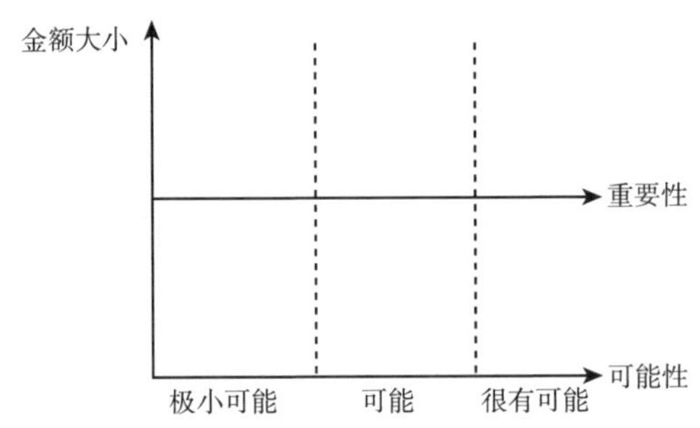

图 5 –3　单维变量效果

图 5 –1 表示二维变量期望效果。未来事件对现在决策的意义就是期望值，是事件发生可能性概率与结果值的乘积。这种重要性判断源自大小与可能性的相互作用。例如对于一会计项目的评估，以其金额大小及发生的可能性来度量重要性。FASB（2016）以及 IAS 37 中关于“可能性”与其相应会计处理进行了解释：“可能性这个变量在这里是决定性的，因为未来事项是否会发生，以及是否会在报告日使得资产减值，这都取决于可能性评估。”因此可能性越大，事项的重要程度也越大。此外值得一提的是，通常情况下具有高的数量或金额以及很低的可能性，要比高可能性以及低金额更具有重要意义，因为前者一旦发生，其对实体的影响是巨大的。对于预测性信息披露而言，其发生的可能性以及预期的大小都是决定披露与否的重要因素。

图 5 –2 表示二维变量解耦效果。将各个维度变量与重要性相关联，而不仅仅是乘积。较大金额需要被视为重大的，一定程度可以忽略发生可能性，反之亦然。对于只考虑历史性已确定发生事项而言，其正确衡量重要性不需要发生可能性这一横轴变量，只要初步根据其金额大小效果来判断，如在图示中的效果 1 所示，因为大小本身意味着已确认的数字，而不是预测的数字。而对于那些未发生，在将来确定会发生的事项而言，应该视其发生的可能性为重要性评估因素，例如未来很可能发生的法律规定的信息或事项，其判断效果如 3 所示。因此，这个大小——可能性模式是不适用于绝对重要事项以及法律或准则规定的必须披露事项。

图 5 –3 表示单维变量效果。在此适用于或有事项的判断，或有事项会

计信息作为不确定会计信息的一种，对于重要性程度不同的经济事项要区别处理与对待，这一重要性既可以根据数量来衡量，也可以根据性质度量。在或有事项的确认、计量和披露中，根据事项发生的可能性（95%、50%、5%）来划分为基本确定、很有可能、可能以及极小可能，这种划分本身就体现了重要性程度的判断。例如，企业存在某项极小可能发生的潜在负债义务，因为对于企业和使用者而言都并不重要，因此不予以确认和披露。在或有事项的确认原则中规定，企业对该义务的履行很可能导致经济利益的流出。而在披露规定中划分为已经确认预计负债和未确认预计负债的不同披露要求，对于极小可能导致经济利益流出的事项可以不必表外披露。准则明确说明对或有资产不应予以确认，也不需要披露，但当预计很可能导致企业经济利益流入时，应当披露其成因以及预计产生的财务影响等。由此可见，根据或有事项可能性不同，会计处理决定的层次就不一致。

（三）重要性判断在会计和审计中的差异

1. 审计重要性定义。审计重要性原则与审计风险、审计证据以及审计效率紧密相关，它和会计重要性概念的运用目的和地位是显然不同的。审计重要性的定义也来源于会计重要性概念①。在 1983 年美国注册会计师协会（AICPA）第一部关于审计重要性的准则 SAS No. 47《审计业务中的审计风险与重要性》中，采用的是 FASB《会计概念公告 NO. 2》中的重要性概念，直至发展到 2012 年发布 SAS No. 122，其在《计划和执行审计重要性》（AU－C Section 320）章节中，基本上并无很大变动："如果信息的错报或遗漏，单独或共同的合理预期会影响用户在财务报表基础上作出的经济决策，则可以认为他们是重要的。关于重要性的判断是根据周围环境作出的，并且受错报的大小或性质或两者共同作用的影响。"

1991 年国际审计实务委员会（IAPC）在重新编制及修订的《IAS320：

① 1980 年 FASB 的定义影响深远，审计学界在论述审计重要性问题时开始引用，例如，1983 年，AICPA 第一部关于审计重要性的准则 SAS No. 47《审计业务中的审计风险与重要性》中便引述会计重要性概念。

审计重要性》中所强调的重要性概念，与 1989 年 7 月国际会计准则委员会（IASC）在《编制与呈报财务报表的框架》中的重要性概念是一致的；而在改组成为 IAASB 后，在其 2008 年发布的手册中依然强调审计中重要性概念与 IASB 的框架中概念的一致性。

除此，美国公众公司会计监督委员会（PCAOB）认同美国最高法院关于“重要的事实”的概念，在 2010 年发布的 AS No. 11 中提出更加详细的在审计过程中对此概念运用的阐释：“为了对财务报表是否不存在重大错报获取合理保证，审计师应计划并执行审计程序，以发现会导致财务报表重大错报的单独的或连带的错报。这包括在计划和执行由于定量或定性因素而可能具有重大影响的错报审计程序时保持警惕……为了规划审计程序的性质，时间和范围，审计师应根据具体情况确定整个财务报表的重要性水平……整个财务报表的重要性水平需要表示为指定的数额。”

我国对审计重要性的研究起步虽然较晚，而准则规定中的对审计重要性定义与 ISA320 是基本趋同的。在审计重要性概念的理解上，在 2010 年修订的审计准则 1221 号中，还强调了判断某事项对使用者是否重大，需要考虑的是整体使用者共同信息需求，而不考虑错报对个别使用者产生的影响。

虽然定义形式基本相同，然而重要性在会计和审计系统中应用的本质和内涵却有很大区别，为了更透彻地理解和辨析会计重要性判断的机制，下面将深入探讨重要性判定在会计和审计中的差异。

2. 审计工作中的重要性判断。根据美国 PCAOB 观点，重要性的概念是内生于审计判断的。审计重要性判断最主要的部分是重要性水平的确定。重要性水平，是用金额额度表示的会计信息错报与错弊的严重程度。审计重要性水平实质上是量化的审计重要性，是财务信息中可存在的错报漏报事项金额的最大容忍度，也是衡量是否构成重大错误的具体指标。然而，在不同的审计阶段都会有重要性应用，但其判断和应用目的不同。

（1）在审计计划阶段运用。重要性概念在审计计划阶段的运用，主要是对财务报表层次和账户层次进行重要性水平的初步评估和判断，即确认被审计财务报表出现多大重要程度的错误才被认为不可容忍，以合理确定审计证据收集的工作量以及审计程序、时间和审计的重点范围。这个阶段的重要性水平也成为计划重要性水平。

（2）在审计实施阶段运用。审计师在审计程序的施行阶段同样会运用重要性原则，其主要体现在：在确认某一审计项目时，履行最重要的审计程序，当发现存在重大错误迹象时，审计师需扩大审计范围；获取重要的审计证据，根据具体项目重要性水平判断审计证据的多少，例如对于不重要的项目，可减少审计证据的收集；确定需要调整的会计差错，财务报表差错可能是由于计算错误、误用会计方法或忽视事实而引致的，然而审计师不是发现所有的差错都判定为需要调整，而是根据自身经验、重要性水平及被审计单位的相关环境作出判断，对于次要的、无关痛痒的差错可以不要求进行调整。

（3）在审计报告阶段运用。重要性概念在审计报告阶段应用主要体现于以下层面：第一，根据专业经验和审计结果，再次判断审计工作中是否存在重大遗漏或歪曲；第二，审计师对尚未调整的错报、遗漏的汇总，并考虑财务报表期后事项和或有事项是否进行合理的披露和处理；第三，影响恰当的审计意见的发表，审计师最终汇总所有审计差异构成的审计结果，并进行进一步评价。如果发现汇总的错报和遗漏超过重要性水平，被判断为重大的，则可能提请被审单位调整或者追加审计程序，以降低审计风险，在此基础上考虑出具何种类型的审计意见。

诚然，重要性也是审计理论的灵魂概念，贯穿审计工作的始终。重要性原则能否得到正确应用，体现了审计师的专业胜任能力以及受托责任履行，更是审计质量提升的关键所在。

3. 重要性判定在会计和审计中的主要差异。

（1）国内学者提出的二者差异的观点。国内学者对会计和审计重要性判断的关键差异进行过辨析，例如，林斌（1999）认为，会审重要性最大的差异是会计原则规范的是事前和事中的处理，而审计重要性原则规范的是事后会计处理结果的审核，这点根据信息传递链不同环节与作用是不难理解的。在其他学者观点中，夏静（1999）、纪丽伟（2003）、段兴民等（2004）主要从运用主体要求、性质和地位、运用范围、复杂程度以及风险责任承担等方面认为二者存在根本性差异。

在应用的实务范围方面，会计重要性判断主要运用于财务报表信息确认、计量以及披露等环节；而审计重要性判断关乎制定、执行和修正审计程序，以获得充分的审计证据来保证财务报表的真实和公允。

两者运用的主体和对主体的要求有所不同。在作审计重要性判断时，对审计师提出更高要求，审计师不仅要具备完善的会计、审计知识，还要掌握相关法律法规知识，审计环境变化因素，是否具备丰富的审计经验，以及较谨慎的执业态度也决定着重要性水平的确定。而会计人员懂得会计准则和会计制度即可进行实务操作。进一步来说，管理层是对财务报表的编制和发布负责任的。因此，管理层要竭力达到通用财务报表的决策有用性目标，在这个过程中，管理层运用重要性判断也是不可或缺的。基于判断，他们来决定是否列报和披露项目信息，以及选择合并列报或单独列报项目，形成强调性的解释，并决定是否提供额外信息。与此同时，管理层一定要评估被发现的任何错报，然后决定被视为重大差错的修正方案。

在风险责任承担方面，因审计师和会计人员的受托责任是不同的，相应承担的风险大小也存在差异。叶清辉（2003）认为，重要性概念运用不当，会形成“招讼缺口”。会计人员运用重要性相对简单，只要不存在故意舞弊动机，即使出现判断偏差，也不会严重至需要负法律责任，但审计师本身要为财务报表不存在重大会计差错负责，在财务信息传递链条中起到鉴定的作用，若出现重要性运用方面的错误，很可能导致审计失败并负相应法律责任。

以上基本上是从会计和审计重要性主体判定过程和后果的视角捕捉两者的差异，要分辨这两个判断运用上的本质区别，还需要抓住其主要矛盾，站在运用目的、基本前提视角加以辨析。

（2）基本前提和运用目的不同。审计重要性判断产生的基本前提是审计风险的存在和抽样技术的采用，侧重于运用计划重要性，通过抽样技术和审计证据收集选择控制审计风险，并评价审计剩余风险，最终发表恰当的审计意见。然而会计重要性判定更多是站在保证财务报告信息质量的立场，因此要确保重要会计信息产出合规合法，对于不重要事项则简化处理，使得在具有会计信息可理解性基础上，会计信息不会对信息使用者产生误导。审计人员需要对财务报表存在的差错是否超过会计重要性方面可以接受的数量界限予以证实，因此审计重要性量化水平和程度往往高于会计重要性判定①。基于此，审计重要性运用的目标是获取合理保证，会计重要性原则运用主要目的是满足主要使用者公共需求的决策有用性。

（3）重要性判断内在机制不同。不同的运用目的下，会计重要性和审计重要性判定内在机制大相径庭。前述以不确定性和风险视角分析重要性的判断机制，是适用于财务会计中的重要性判断的，审计重要性判断也存在与之截然不同的内在逻辑。

审计重要性判定最主要的部分是计划重要性水平的确定，重要性水平实质上是会计中的概念，审计重要性水平实质上是量化的审计重要性，是会计信息中可存在的错报漏报事项金额的最大容忍度，也是衡量是否构成错判的具体指标。在现代风险导向审计中，审计重要性水平的确定关键的内在机制是：如何看待和运用其与审计风险的关系。重要性与审计风险的关系被视为指导审计师进行职业判断的关键，如图 5－4 所示，可以较为清晰地阐释重要性水平与审计风险（这里用检查风险替代，因固有风险和控制风险大多情

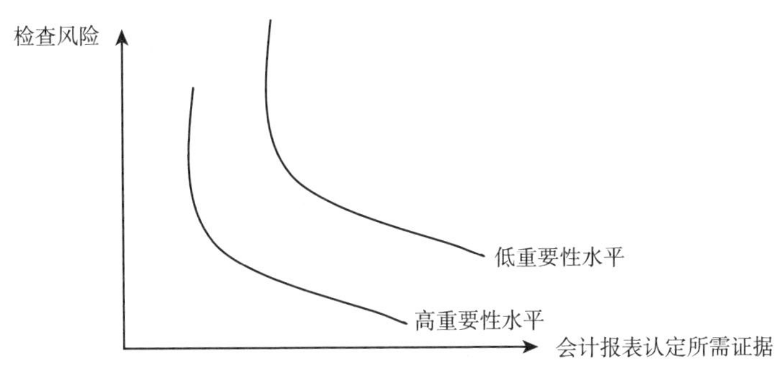

图 5－4　审计重要性与审计风险的关系

---

① 审计重要性量化指标包括报表整体层次重要性水平、账户认定层次重要性水平和执行重要性水平等。

况是内生的），曲线的位置决定于给定的重要性水平，重要性水平越低，曲线位置趋于上移；重要性水平改变，报表错报认定的证据搜集与审计风险之间的权衡也随之改变。

三、会计重要性判断的主要特征

（一）判断的目标性

职业判断过程也是会计准则或标准执行的过程，总会受到总体目标的牵制。重要性判断也有其特定的目标。根据前述分析结论，重要性原则应用须紧紧围绕决策有用性这一会计目标，因此职业判断的总体目标是提供有利于信息使用者决策的信息，并且对于错漏报等事项的判断，至少要达到不影响财务报表的整体表述的目标。

这一判断目标虽易于理解，但还是较为抽象。而在对具体的会计事项作出决策过程中，站在有利于主要使用者决策视角，对于同一时空下特定项目而言，客观重要性水平的真值只有一个①，是客观存在不以判断人员意志为转移的，会计人员的重要性判定过程就是向客观重要性水平的趋近。按照这一思路，我们可以人为设定公式形象地说明重要性水平判断距离判断目标的精确程度，即用重要性偏离度（materiality bias）来表示，即 materiality bias =（估计重要性水平 − 客观重要性水平）÷ 客观重要性水平，如果重要性偏离度的绝对值越趋近于0，则判断的实际结果与客观重要性真值就越趋近，也越趋近于判断应达到的目标。重要性偏离度在可容忍范围内是允许存在的，因为要管理层或会计人员作出完全符合客观重要性的目标几乎是不可能的，尤其对于依赖会计职业判断的不确定性的会计事项，例如或有事项及承诺等。

① 客观重要性水平是想象的目标概念，一整套财务报表对于依赖它的决策者而言，内心存在一个项目的重要与不重要程度的门槛。

（二）判断主体的有限理性

企业管理层对于编制财务报表负有首要责任（IASC，1989），在审核财务报表错漏报情况时，审计师也会运用会计重要性原则进行信息审核，他们都是作出重要性判断和决策的主体。整个决策过程在按照相应的会计准则、标准操作基础上，运用专业经验和知识，对不确定的事项进行分析、裁决和断定。由于每个人的经验、认知水平、专业素养以及参与程度都有所不同，对于一事项的认知和判断存在差异，具有一定程度的主观色彩。

西蒙在《管理行为》一书中提出，现实世界中的人都是介于“完全理性”和“完全非理性”之间“有限理性”的状态。管理层对于重要性事项的判断过程也处于有限理性状态的，这可以解释为判断主体获取信息、处理信息以及对以往经验的运用程度都是有限的。阿克尔（Aqel，2011）认为，运用重要性的难题之一是关于管理层和审计师如何作出重要性判断的信息有限。诚然，管理层对于复杂环境下会计信息使用者的公共需求的认知是不完备的，关于他们如何使用财务报表信息作出投资或贷款决策基本难以清晰地掌握，因此囿于有限理性以及成本效益约束，其判断结果也不能绝对地符合于财务报表的客观重要性标准。

（三）判断的不确定性偏差

重要性判断实质涉及精确度衡量问题。在财务报告中，允许一定容忍度界限内的不精确或不准确情况的存在。这种不精确被视为“偏差”。会计职业判断的构成要素是专业知识和专业判断能力。因其具有主观性、无形性以及实践性等特征，加上能力有大小，责任和动机不同等影响，会计专业判断应用会出现不确定性偏差。会计人员（或管理层）在运用重要性判断时，与潜在客观判断目标相比，会产生两种偏差：向上偏差和向下偏差。向上偏差可以被认为是夸大项目或事项重要性程度导致的判定偏差；在同种情况下，向下偏差则被视为缩小或规避事项判定的重要程度。向上偏差或可能源于管理层乐观自信，向下偏差或可能透露悲观态度，无论哪种偏差都与信息中立性特征是相悖的，使得确认的会计信息并非百分百符合中立性。

在列报和披露层面，是否设置合理的重要性水平是减少判断偏差的关键因素。在有关探索三种不同群体（信息提供者、审计师、信息使用者）重要性判断存在异质性的文献中，伯恩斯坦（1967）认为，实务中对重要性概念应用的差别的原因是审计师和编制者缺乏清晰的指南。在重要性水平的设定方面，审计师、管理层以及财报使用者难以达成一致性（Iskandar & Iselin，1998）。通常而言，信息使用者的重要性门槛要低于审计师和管理层，审计师的重要性水平设定很可能介于管理层和信息使用者之间（Messier & Eilifsen，2005；Firth，1979；Jennings，1987；Holstrum & Messier，1982）。管理层可能将重要性门槛设置相对较高，高于客观重要性水平，其职业判断的自由度也会相对更高。如若将重要性门槛设置较低，对会计信息控制就会越严谨，因此很小的偏差都会被责令更正。总之，重要性判断存在着不确定性，这种不确定性主要囿于有限理性的存在。劳伦（Lauren，1977）认为，面对重要性决策的不确定性，被测会计师55.3%是风险规避型，只有34.2%是风险追逐型，可以认为管理层判定偏差取决于执业风险态度。

故意错报属于管理层滥用重要性应用的另外一种行为结果。故意滥用包括放弃附注披露的重大信息，并援引重要性概念作为不披露的理由；滥用的方式还包括处于重要性门槛界限的错报，在IAS8（2014）准则清晰表述，如果为了收到账户某种特定效果而作出不重要错报，也应被视为是重要的错误。图5－5为管理层重要性专业判断的不确定性偏差表现。

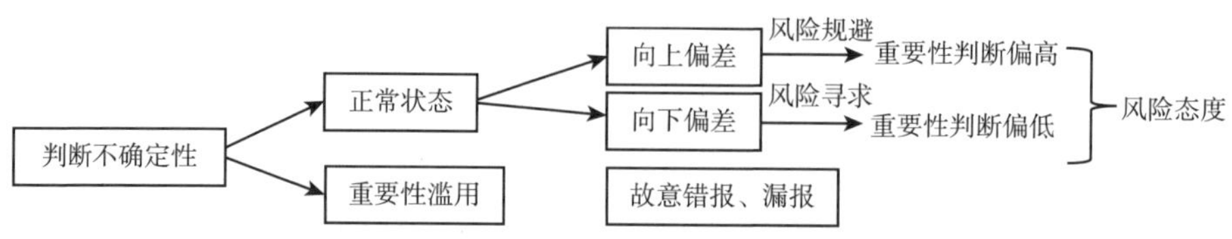

图5－5　重要性判定不确定性偏差

第二节　重要性判定的优化：程序理性视角

基于判断主体具有有限理性这一特征，达到客观重要性标准的目标是难以实现的。本节内容立足于重要性判断过程，从有限理性相关理论中的程序理性视角分析为何重要性判断会存在不确定性偏差，以及根据偏差不同类别提出几种提升判断绩效的思路。

一、程序理性与结果理性的权衡与替代

（一）程序理性与结果理性的权衡

赫伯特·西蒙在提出有限理性观后，还进一步明确程序理性和结果理性两个相对概念：程序理性指的是行为过程是在适当考虑结果条件下进行，结果理性是在一定限定范围内，当行为达到既定目标时，那么它就具备了结果理性。事实上，程序理性最早源于心理学领域，在美国心理学会（APA）编制的《心理学字典》中强调，程序理性是指作出决策过程中的理性，与决策本身的理性是不同的。程序理性强调的是行为过程的理性，因为结果总是一定行为过程的结果；而结果理性是指追求达到符合目标的程度，而不在意导致结果的行为程序。程序理性被认定为一个重要的信息处理过程和判断方法（Simon，1990；Dean & Sharfman，1996）。根据西蒙进一步分析，在不确定性环境之下，由于无法准确地预测未来，更多地以程序理性来减少不确定性程度，只要符合科学的规范和标准，那么结果理性理应是程序理性的结果。因此，他倡导更多地运用程序理性进行经济学研究。以上概念阐释与如何作出高质量的重要性判断密切相关。

任何现象都不是孤立存在的，事物的结果往往在程序运行进程中就已决定①。

① 财政部会计准则委员会．会计信息质量特征［M］．大连：大连出版社，2005.

会计重要性的正式定义就是根据对错漏报判定是否影响决策作为检验标准的，可以说其定义反映的是一种结果理性。本书结合重要性评估步骤，下面将对重要性判定与评估问题从程序理性和结果理性权衡的视角加以分析。为判断信息对用户的决策有用性，管理当局对客观重要性水平目标的追逐相当于对结果理性的探求，然而达到完全符合使用者公共需求的客观重要性是难以企及的目标，出现重要性判定偏差也是一个必然状态（可容忍度内），因为存在太多难以控制的不确定性因素影响。因此，为减少不确定性的判定偏差，追求程序理性可为逼近决策有用性判断这一结果理性提供一定程度的有效保证。

故而，应用程序理性观解释会计重要性判断这一难以量化和观察到的行为：对重要性评估和判断过程尽量诉诸程序理性，遵循特定的程序性指引，最大限度地缩小判断不确定性，从而提升判断绩效。

（二）程序理性对结果理性的替代

会计重要性的运用本质上是一种基于财务报表背景的价值判断。迪恩和沙夫曼（Dean & Sharfman，1993）后来重新定义了“理性程序”为：“决策过程包含与决策相关信息的收集和依赖于信息分析而作出选择的程度。”从概念可以看出，程序理性而不是结果理性是会计所可能实现的唯一目标。

表 5 - 2 是西蒙有限理性假设下关于结果理性和程序理性的可识别特征方面的差异。西蒙提出，程序理性更能帮助识别代理人所具备的显著的特征，事实上它构成了结果理性框架下，就接受预期行为的实际能力划分不同代理人类型的基础（Simon，1976）。

表 5 - 2　　程序理性和结果理性可识别特征比较

理性形式	代理人对目标具备的知识	情形的客观性描述	代理人特征方面知识	特定环境下对信息的主观性概念	基于给定信息得出结论的能力
结果理性	+	+	（ - ）	-	（ - ）
程序理性	+	（ - ）	+	+	+

注：“ + ”代表可识别特征；“ - ”代表不可识别性特征；“（ - ）”代表不能清晰识别性特征。

在考察代理人对判断目标认知方面，企业管理者和会计师的重要性判断所依据的会计目标是清晰的，即在财务会计系统中，对财务报表信息的一系列判定决策是一个根据会计准则和相关制度，趋向于客观重要性水平的过程。在西蒙提出的“客观性的情景描述”识别方面，程序理性注重判定的过程，结果理性更多体现出对具体情形的客观性表述，忽视了作出评估决策代理人本身的特征和行为心理（如管理层和会计师个人特征），主观不确定性没有被强调进来，所以在对判定过程的控制之中，主观判定性的因素都会被考量，因此得出正确判断的可能性也会大大加强，反映在会计重要性判断中，也即表示如果能够加强财务报表重要性应用的程序理性，会更有利于作出正确的职业判断。

二、程序理性视角判断偏差的产生

（一）程序理性的不同分类

在会计信息质量评估中，不仅要采用结果理性标准，更要采用程序理性，即会计信息的生产过程要合法合规，符合会计法、会计规范及会计准则的要求。在早期的会计研究中，有限理性观在会计信息失真问题的探究中运用较多①。例如，唐国平和郑海英（2001）提出，人的“有限理性”是会计信息失真的内在动因。阎达五和李勇（2002）运用“有限理性”寻找会计信息失真的切入点，分析认为，正是对追逐良好的结果状态过于偏爱，忽略会计信息生产过程，从而促进企业管理人员短期行为、会计造假、违规披露等问题，造成会计信息失真现象，因此他们强调会计信息生产要注重程序理性，加强过程控制。而具体应如何加强对程序的控制过程呢？吴联生（2003）提出了会计信息失真的“三分法”，即规则性、违规性以及行为性

① 广义而言，会计信息失真指会计信息大致能反映真实经营状况，并在一定范围内存在偏差，反映出较低的会计信息质量。如果根据是否符合相关会计法律、法规和制度，大致可分为违规性和非违规性会计信息失真。

失真，并分别从会计域秩序、信息不对称以及有限理性角度提出分类治理方案。刘圻（2005）提出，而会计信息失真源于三个层面的程序非理性：结构性、规则性以及行为性，所以要倡导对会计信息失真问题的治理应从对三类程序理性控制上考量以“对症下药”。

关于提供哪些会计信息、以何种形式提供给投资人、债权人等，间接地受到重要性原则的约束和控制。因此也可以说会计重要性原则影响着会计信息“公共产品”的生产方式。在财务报表编制过程中，对重要性原则不当使用也很可能造成披露虚假会计信息情形，包括虚假记载、误导性陈述、重大遗漏以及不正当披露等形式。为保证提供真实、可靠会计信息，判断主体重要性水平的确定及判断标准的建立理应是程序理性的构成要素。受到上述学者对会计失真分类观点的启发，在西蒙的结构有限理性假设和认知有限理性假设前提下，会计信息重要性判定的程序理性包括规则理性、认知理性以及行为理性。

1. 规则理性。规则理性指的是会计规则制定过程的程序理性。当在既定的结构理性框架下遵循会计规则进行职业判断时，人们更加关注的不是判断本身可以达到一个怎样完美的结果，而在于所遵循的会计规则是经过博弈过程制定出、大多数人认可的，是遵循程序理性思想而作出的。例如，会计准则中规定，要根据项目金额大小和性质进行判断，这就可以看作为一种重要性评估的正式规则。各国会计准则的制定都是一个各方博弈过程，均强调“充分程序”原则，其目的是确保利益相关各方充分发表意见，而不论按此程序的会计准则是否都能达到结果理性（满足主要使用者决策需要）的实现。

2. 认识理性。认识理性可被认为是与会计专业判断能力紧密相连的一种程序理性。所谓认识理性，就是代理人对现实情形下会计信息质量的公允判断。代理人作出一般会计判断时的认知过程可以分为五类：记忆提取、信息搜寻、问题表征①、生成假设以及假设评估②。记忆提取是指在以往经验中

---

① 根据安德森等（Anderson，2002）的观点：问题表征是决策者对一项判断与决策问题理解的思想框架，它为完成任务提供一个路线图。

② 邦纳和彭宁顿（Bonner & Pennington，1991）认为，在会计和审计判断决策中，虽然不一定经历所有过程，或不完全按照此顺序，但这是心理学和会计学研究人员假设的一般顺序。

搜索和判定相关的信息，而第二步是指从记忆之外的来源查找信息，比如前期公司财务报表；在此基础上，代理人会构建一种对判断情境的心理解释；在考虑信息线索基础上，生成对判断问题的可能解释或预测假设；最后，对代理人判断假设与其他假设可能性进行比较，确定最优合理解释，即作为最后判断结论。图5－6为认知理性视角下会计信息判断与决策过程。

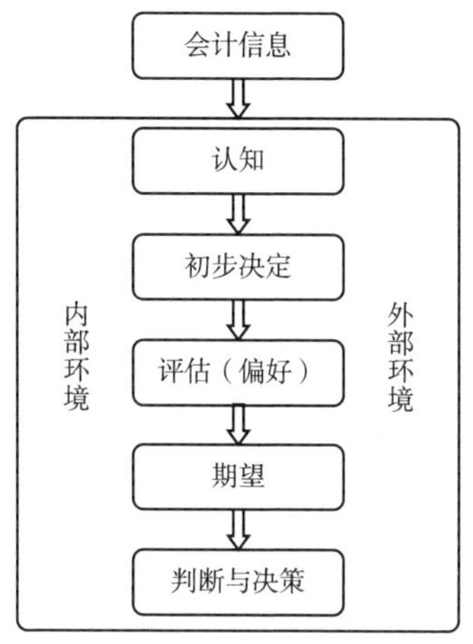

图5－6 认知理性下会计信息判断与决策过程

统一的企业实体重要性判断标准是难以建立的，除了按照通用会计准则规定来进行门槛信息取舍外，很多情形都是需要灵活性个人判断，例如对企业实体财务报告重要性水平确定。公允性体现不应过高地估计重要性水平，也不应过于谨慎过低估计重要性水平，然而因为执业经验、个人认知、习惯等因素对个人非理性因素约束①，完全的公允判断是不存在的。此外，处在重要性阈值“模糊地带”的特定主体财务报表错误和遗漏信息是否需要更正、如何披露和列报等微观层面决策问题，一定程度上都依靠于判定过程中的认识理性。

3. 行为理性。在评估会计信息质量时，行为理性主要指会计规则执行人按照会计规则进行会计信息生产的程序理性。反映在财务报表重要性判定

① 哈耶克曾提出的“个人理性”观点实质是，任何人都不能对另一个人所具有的利益或被允许实施的能力作出最终的判断，因为个人理性是一种根植于由行为规则构成的社会结构之中的系统。

上，就具体化为管理层或会计师的重要性原则应用和决策过程，是否有约束性地按照既定的会计规则进行“理性”判断的行动。经前述分析可知，代理人都是有限理性的，行为理性不可能贯穿于整个判断过程之中，但应注意的是，一旦偏离了理性一定范畴，不仅会造成财务报表精确度的下降，还可能出现会计舞弊等更严重情形，使得预期损失远远超过预期收益。

（二）程序非理性导致重要性判断偏差

如果不理解人类的有限性，也就不理解人的本性（巴雷特，1995）。我们需要意识到，会计恰恰是因为不确定性、人的有限理性、信息不完备和不对称性而存在（谢德仁，2000）。在会计信息系统中所涉及的确认、计量、记录与报告过程的重要性评估和判断，完全达到行为之理性是难以实现的。在这里，本文将不能完全达到程序理性的状态称为程序非理性，程序非理性程度越高，产生判定偏差越大，从而所提供会计信息价值相关性就越低，因此应尽量减少程序非理性。相应地可以分析，在特定主体财务报告环境下，规则非理性、认识非理性以及行为非理性都会导致判定偏差的出现，我们分别可以称之为规则性偏差、认识性偏差以及行为性偏差，也正是由于偏差的存在，从某种意义上讲，判断决策完美的结果理性也是不可能实现的。

1. 规则非理性导致判定偏差。高质量会计规则是生产高质量会计信息的基础。会计技术、会计程序与会计惯例都可以用会计规则来概括。“转换”“分类”“浓缩”等用词是在会计簿记系统框架下采取会计行动的动词描述，而对以上重复性的行动计划客观上产生了会计规则的需要①。因此，正如指南与期望行为相联系一样，会计规则与会计行动是紧密相关的，两者存在调整与依存关系。虽然我国会计准则体系日臻完善，但会计规则依然具有不完备性，这包括结构不完全性以及具体企业会计准则的不完善性，根据融合有限理性的观点，这种不完全性也可以体现为一种规则非理性状态。

---

① 许家林．西方会计学名著导读［M］．北京：中国财政经济出版社，2004.

根据谢德仁（2000）的观点，结构理性指关于会计规则制定权合约安排的程序理性。所以结构非理性是指会计规则制定权合约安排的程序非理性。存在结构非理性时，即会计规则制定权合约安排使合约的剩余控制权和剩余索取权不能良好对应，从而产生次优化会计规则。此外，会计规则的制定本身是多方博弈的过程，当规则制定过程知识交流不充分不协调时，会计规则本身会“漏洞百出”，不完备的会计准则就浮出水面。例如，从某种意义上讲，会计准则似乎都无法全面、精确而深刻地阐释什么是重要性这一会计信息质量特征，以及如何验证重要性的问题，一方面是囿于财务报表信息重要性应用的范围较广，另一方面能巧妙融合心理学、行为决策等会计规则制定是非常困难的，这更加能说明规则的不完备性。

我国会计准则规定从大小和性质两方面进行重要性判断，而西方国家会计规则更强调判定需要考虑数量因素和质量因素，虽然表面上看两种规定表达的核心要义异曲同工，但显然后者概念范围更广，囊括和延伸出更多的判定方法，一定范围减少规则非理性。然而重要性质量标准具体又应该包括哪些影响因素？很显然，有很多影响因素以致不能完备地罗列和制定成统一性规则。一国经济发展阶段和资本市场成熟度决定了会计规则完备性程度是有很大差异的，会计规则非理性是无法彻底消除的，从而决定了会计人员的重要性判定不可能完全具备客观性。

2. 认识非理性导致判定偏差。包括记忆提取、信息搜寻、问题表征、生成假设以及假设评估的认知过程都会受到代理人具有有限理性这一基本事实的影响（Simon & Newell，1972）。也就是说，人们的认知能力是有限的，即使代理人基于会计职业道德和价值信念尽最大努力作出的判定决策，但能有多高的判断质量也是受约束和限制的。米勒（Miller，1956）曾提出，人的短时记忆容量只有五至七个项目，实际上人们在短期能记住的信息更少，在面临和处理复杂、广泛信息情境时，判定和决策质量也会因认知约束而受到影响。除此，认知过程的另一个重要约束条件是代理人的信息处理能力（即计算速度约束），人脑的思维活动是有限制性的，人无法花费无限的时间精力进行一项判断，因此判定质量会受到影响。通常代理人会有意识地处理计算速度约束，例如在无法规避上述两种现实约束时，他们有时会在判定中从问题目的往后推导，从而找到解决方案，这些方法被称为弱势法（weak method）。认知过程的非理性也会考虑总认知成本和预期收益的关系，当判断问题本身因包含多个选项而要发生较大的认知成本时，人们就通常会把认知成本控制在收益之下，而不主动去考虑所有选项，从而实现判定问题的简化（Payne，1993）。

在会计重要性判断之中，经前述分析，代理人的重要性判定会产生两种效应，一种是夸大项目或事项重要性程度的向上判定偏差；另一种是在同样情况下，缩小或规避事项判断重要性程度产生向下偏差。这不仅是由管理当局的风险偏好所决定的，也很大可能归因于他们的认识非理性程序。具体而言，如果人们在生成假设后搜索，一般就会产生确认性偏差，也就意味着具有搜索可能支持所喜欢的假设信息的倾向，也可能是一项依赖系统化知识把它作为适应机制的成本（Arkes，1991）。在判断对被投资方是否具有重大影响的案例中，2018 年 3 月 20 日，雅戈尔公司向中信公司委派一名非执行董事，参与中信股份财务和经营政策决策，3 月 29 日，雅戈尔在二级市场上买入 0. 1 万股中信股份，雅戈尔对中信公司的持股比例由 4. 99% 增加至 5%。雅戈尔根据企业会计准则规定，由此判定公司对中信股份的经营决策具有重大影响，并对中信股份的会计核算方法由可供出售金融资产变更为长期股权投资，以权益法确认损益后增加当期第一季度公司净利润 930 210 万元。然而，在注册会计师监管工作过程中，却否定了它们的重要性判断，监管方认为 0. 1 万股并不会实质性增加对中信股份的重大影响，并且委派的一名执行董事只占中信董事会成员的 1/17，对其决策实施的影响非常有限，所以最终取消了会计核算方法的变更，致使 2018 年第一季度财务报表中净利润较上年同期减少了 7. 5 亿元，占当期财务报表净利润的 60%，可谓结果是“损失惨重”。透过这一会计判断案例可知，管理当局对与投资方关系的重要性判定过程存在着认知非理性，因为预期重要性判断结果会提供短期收益，使得雅戈尔管理当局很可能在假设评估阶段产生确认性偏差，最终导致偏离精确的重要性判断结果而后被审计师否决。①

3. 行为非理性导致判断偏差。相关代理人在进行会计判断和决策时没有准确遵守既定会计准则，此时就会产生判定偏差，这类偏差由行为非理性所导致。该类判定偏差无外乎以下两种情形：第一是会计规则执行人为达到某种隐秘目标故意违背会计规则；第二是执行人由于客观原因在执行会计规则进行会计信息判断时出现偏差，如疏忽导致的计算错误等。财务报表编制过程重要性判断具有很大灵活性，留给代理人“自由裁量权”越大，进行盈余操纵的“空间”也越大，也随之产生重要性判断的机会主义行为。比如说在报表编制过程中采用“印象管理”手法，故意在财务报表附注中增加形式化的冗余信息以掩盖真实的、利坏的会计信息，或故意不在财务报表中披露实质上可能性和发生金额均很高的或有负债项目，并“盖棺定论”地判定解释说：“这些会计信息并不那么重要。”而客观性行为判断偏差主要是由有限性的构造因素决定的，判定代理人作为一个有限理性的人，不可能对会计规则执行永远正确，具体可以反映在以下几个方面：首先会计规则本身的不完备性；其次对会计具体规则的理解总会出现偏颇，尤其是当涉及需要更多进行职业判断的、处于“中间地带”事项相关会计制度规定时，代理人不可能永远准确把握住经济活动实质。由此可见，行为非理性判定偏差是一定存在的。

（三）重要性判断偏差的结构分析

无论在结果理性的状态下，还是程序理性下的重要性判定，都是期寄趋近于客观重要性水平。经前述分析，会计信息重要性判定应建立在对程序理性的追求与完善上。如图 5 –7 所示，为了便于分析和理解，假设特定主体某年度财务报表的客观重要性水平为 M，但在实际的代理人具体判断中所确定的重要性水平难以准确到 M，这两者之间的偏差是通过三个程序理性的变量调节的，即规则理性、认识理性和行为理性，每一环节的程序非理性都会

① 根据雅戈尔公司网站及上交所披露信息整理所得。

致使现实中的重要性水平估计出现偏差。再假设三种类型偏差度分别为 a、b、c，那么如果重要性判定过程绝对理性，则我们认为该种情况下 a、b、c 均为 0；反之，如果信息重要性评估过程出现三个层次的程序非理性，那么现实估计的重要性水平将会是 M×(1－a)×(1－b)×(1－c)。

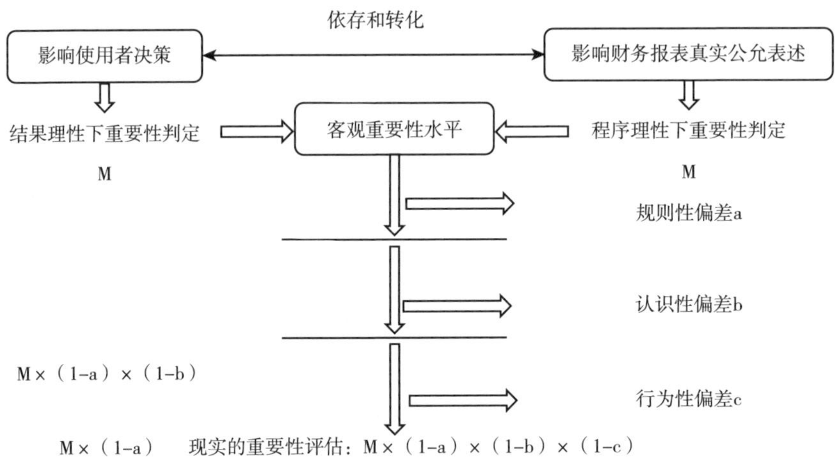

图 5－7　程序非理性状态下重要性判断偏差结构

三、提升重要性判断质量的途径

（一）重要性判断质量的含义

会计职业判断本身是一种有意义的选择[①]，它受到动机、约束、成本、收益、风险、环境等因素制约，不同因素都对判断过程产生影响。财务报告中会计判断由一系列信息处理活动组成，如收集和评价信息、确定问题、分析可选择方法以及评估最终效果等，那么整体最终效果的评估形成了判断质量问题。在程序理性视角下，会计重要性判断最终表现为一定的结果，即重

① 引自 1988 年加拿大特许会计师协会研究报告《财务报告中的职业判断》的摘要。这种职业判断选择的意义在于，选择可能是在问题存在重大不确定性的情况下作出的，也包括各种潜在行动的后果。

要性判断质量，表现为判断结果与实际客观重要性标准相符的程度。判断结果造成的偏差越严重，那么判断质量也相对越差。

（二）程序非理性偏差治理

1. 会计判断质量的五个维度。如前所述，三种程序非理性都不同程度地造成偏差从而影响判断质量，那么如何提升重要性判断质量呢？在邦纳（Bonner）关于会计判断和决策的研究中，他将会计判断与决策质量划分为五个维度，即判断的规范性理论和判断结果相关的数学预测模型、专业理论或标准、执行判断或决策任务的时间和成本、他人判断和决策以及个人先验判断与决策。

首先，完全按规范性理论的会计判断通常是很大程度“理性”的，因为规范本身就是经过实践检验可以达成共识的产物，例如心理学的前景理论，唯物主义认识论等都属于广义的规范性理论。其次，概率论、贝叶斯法则也是评估判断决策问题的重要工具，高质量的会计判断可以被定义为与数学公式输出相符合的判断。例如，帕特森和史密斯（Patterson & Smith，2003）就利用贝叶斯均衡的博弈理论分析了审计师和管理层两者关于错报和重要性水平高低判断的差异性策略。专业理论或标准是会计研究中判定和决策质量的关键维度，对会计事项重要程度的判定基于与会计、审计准则、内部控制规范的符合程度。偏差形成很大程度上源于执行判断的时间压力和偏好，时间和成本在会计环境中是衡量效率或质量的很重要的因素。最后，个体的判定与他人的判定决策的衡量也是会计判断质量的一个维度。例如一会计人员的判断与决策过程符合专家小组规定，那么就很可能认为是合理的。实际上，会计重要性判断很大程度上是一项集体决策过程，例如面对一项营业外费用是否纳入表内披露的判断时，它通常是在企业的部门或组织内进行，可能涉及很多相关专业人员或管理人员的讨论而确定，而后在审计师审查财务报告时又面临一次集体职业判断。研究表明，集体决策是优于个人决策的，而专家判断系统可以显著提升重要性判定质量（Steinbart，1987）。

2. 改善重要性判断质量的途径。当然，完全消除程序非理性导致的判定偏差是不可能的，只能尽量缩小判断偏差的边界。由于会计决策者一般面临多种利益相关者，而这些利益相关者具有不同的判断质量观，所以会计专业人员不能聚焦在重要性判定质量的某一个维度上，要减少重要性判定偏差，提升判断和决策质量还需要基于程序理性视角，并结合会计判断与决策质量的五个维度予以考虑。

加强规则理性，尽量完善专业理论或标准，减少规则的不完备性，例如制定和完善企业财务报告重要性判断指南，在分析和熟识不同商业环境基础上，充分运用主观期望效用理论、概率论等进行不同主体之间关于特定事项重要性程度的估计和判断。

在加强认识理性过程中，要通过学习和实践训练以弥补会计判断人员的“知识差”，以形成客观的、符合利益相关者预期的理性认知。在同行评议效应下，他人的判断（如会审专家等）也会影响判定的质量。因此还要借助于判断和决策辅助工具，如计算机模拟、大数据智能方法以及建立专家判断系统等，弥补认知能力的局限性，从而降低会计重要性判定的不确定性。

在行为理性提升和约束方面，时间和压力是从重要性判断的成本收益视角而言的一个质量维度，当实际花费的时间和成本与标准或预算差异越大时，重要性判断和决策质量就会降低。为避免严重的行为非理性造成的重要性判定偏差，需要制定严格的企业内部控制制度，并加强会计职业道德建设，保证管理层以及相关会计人员能够按照既定重要性判断程序，遵循会计和审计规范基础上保证判定的一致性和公正性。

这三种非理性程序判断质量的提升是有内在关联的。对于规则非理性产生的重要性判断偏差，可以通过认识理性的提高进行一定补偿，而规则理性又可以为认识理性过程的重要性判定提供制度和效率保障。二者互补共同减少会计重要性判断的不确定性，提升判断和决策质量，因此规则理性和认识理性存在一定替代和互补效应。时间和压力、他人判断以及会计师和审计师本身的职业素养共同影响行为理性，由此造成的判定偏差可以由制定高质量的会计准则和约束执业人员的法律法规加以弥补，对行为理性改善反过来又可以巩固规则理性和认识理性过程。

第三节　财务报告重要性判断框架构建

一、会计重要性应用的原则导向

（一）原则导向的会计准则依赖于职业判断

我国自2006年财政部颁布《企业会计准则》之后，表明了会计准则原则导向特征的建立（贺建刚和刘峰，2006）。与原则导向相对应的是规则导向，规则导向的会计准则相对较为复杂，它指用具体条文规则形式对会计行为加以约束，特点是泾渭分明，照规办事。相比于规则导向会计准则，原则导向相对简单明了，就是指明道理和逻辑方向，执行准则或标准时赋予更多的会计职业判断空间。正如美国SEC在《对美国财务报告体系采用以原则为基础的会计模式的研究报告》中，提出：（1）按照资产负债观确认和计量；（2）少量的补充性指南；（3）没有“明线门槛”，满足以上条件的会计模式就是原则导向①。

对于准则制定者而言，尝试在准则中提供涵盖所有情况和所有企业重大事项的标准是不切实际的，实际会计处理时，需将具体事项实际情形和相应准则结合起来，这也随之产生了对判断的潜在需求。会计职业判断在财务报告信息决策中发挥重要性作用，并带来一定的经济后果。刘峰和王兵（2006）研究发现，我国资本市场同时发行A和B股的公司的净利润差异主要源于会计职业判断而非会计准则。然而，职业判断和会计准则之间存在着互相作用关系。

首先，原则导向会计准则的充分有效执行更需要公允的职业判断。判断本身是一个选择、决策并引致行动的过程。由判断过渡到职业判断，又包

① 陈毓圭．原则导向还是规则导向——关于会计准则制定方法的思考［J］．中国注册会计师，2005（6）：26－31．

含了“有知识或经验的人”在“相关职业准则框架”下，以“关注性、客观性以及正直”等职业精神作出判断的要素，因此强调“公允性”体现了会计人员应有的价值观。梅森和吉宾斯（Mason & Gibbins，1991）研究了美国会计准则作用发挥对于会计师和审计师运用准则时的职业判断的依赖性，认为两者关系随着具体准则和应用环境不同而变化，特别是当每一条准则的适用性、意义和豁免条款适用情况不同时；而且他们发现，即使相当具体细致的会计准则也会留有一定的职业判断空间，会计标准制定者需提供有助于作出财务报告职业判断的指南。而原则导向性强的会计准则本身就是提供了准则施行的方向和引导，故而留给会计人员更大的主观判断空间。

其次，会计准则为职业判断提供保护机制。会计准则代表了集体判断之后而得到的共同知识，具有一定的技术性，由于个体职业判断面临从备选方案后果的不确定到作出决策信息缺乏等不同风险，以及有限理性导致的其他不可识别风险，这就致使公正独立第三方制定成文性会计制度，以给予职业判断者关于事项价值判断是否具有合理性的支持和保护，减少判断不确定性和风险。除此之外，作为一种集体判断的智慧，相比于任何会计事项决策都全然经由会计人员的二次判断而言，将分析问题和解决问题的会计决策直接拿来执行，显然会节约很多显性或隐性成本。韦伯斯特和桑顿（Webster & Thornton，2004）以加拿大资本市场为例，研究表明原则导向会计准则赋予的会计判断空间有助于提升财务报告信息质量，但这与会计准则体系完善密切相关。王跃堂（2003）基于盈余管理视角提出，建立健全会计准则执行机制会遏制专业判断滥用问题。会计准则作为一种客观约束机制，其制定和执行本身是一种法律程序（葛家澍，1996），尤其在司法效率和执行机制较好的国家，会计准则会得到更有效的执行（姜英兵，2012），很大程度保证了会计职业判断质量。

以上对会计准则导向以及与职业判断的作用关系的分析表明：没有任何一项会计准则规定了执行过程所涉及事项所有情形，因此进行会计职业判断是必要的，职业判断与会计准则存在相关依存的关系，对于原则性导向准则的应用，没有规定明线门槛，只提供了原则性指导，因此很大程度上依赖职业判断。这也为重要性准则原则导向性的分析和职业判断框架建立作铺垫。

（二）会计重要性的准则遵循原则导向

在我国相关会计准则中，涉及较为明确的规定重要性应用的准则是《企业会计准则——基本准则》以及《企业会计准则第 30 号——财务报表列报》，当然它们的规定仅仅是为会计重要性在具体判断事项上的应用提供了方向性和原则性指示，几乎没有具体的明线规定，而且也没有制定补充性应用指南。

在具体准则中，很多规定都体现着重要性原则导向。例如，在我国关于中期财务报告相关准则规定中，明确了在确认、计量和报告会计项目时，重要性程度依赖于基于中期财务数据的判断和估计，而且在财务报告附注中不能遗漏重大交易或事项，这些重大事项不同程度地影响着公司财务状况、现金流量和经营成果，除了信息披露规定中强制规定的重大事项外，实则还存在其他很多已发生、或预期将会发生的、需要进行职业判断的项目。在关于财务报表信息列报的准则中，涉及豁免性质的会计判断，即“一组类似交易形成的利得和损失应当以净额列示，但具有重要性的除外”，对于一项目究竟在财务报表还是附注中披露依赖于准则规定，也依赖于财务报告编制主体对重要性程度的判断。在资产减值问题规定中，发生重大资产减值时应披露其原因及确认的金额，分摊商誉账面价值的比重重大时也要额外在附注中披露其他信息，以上都涉及“重大性”没有明确的界限，需要管理层结合环境和实际情况进行判断和决策，凸显了会计准则的原则导向的特性。除此，分部报告中分部的确认、关联方关系中对重大影响的判断等许多准则涉及的规定都为职业判断留有很大的空间，此时的重要性水平的确定也是个人决策下的复杂综合判断。

由上述分析可认为，对重要性准则的应用是遵循原则导向的，在指导会计报告编制中更仍需依赖专业判断和决策。

二、财务报告重要性职业判断框架

在提供和编制企业财务报告、年度报告等相关财务文件过程中所运用的各类集体或单独的专业判断，就形成财务报告职业判断。会计准则和职业判断是财务报告编制和提供系统中的两个部分①。苏格兰特许会计师协会（ICAS）在2012年正式发布了《财务报告职业判断框架》，该框架明确指出将财务报告制定过程是以对特定交易事项、叙述性信息披露、具有不确定性的会计估计的职业判断为研究对象，目的是为财务报告编制者和审计师提供适应性指南②。在该判断框架中指出，在提供和编制企业财务报告信息时，重要性判断应用是非常普遍的，整体的职业判断框架也适用于重要性应用，但并未单独、深入地对如何作出重要性决策进行阐述和分析。然而，加强重要性职业判断过程的事前和事中指引，能够很大程度上保证对事后预期风险的约束和控制，从而减少判定偏差和机会主义行为。

会计职业判断是一个会计信息处理和认知过程，吉宾斯（1984）认为，会计职业判断是一个讲求实效的过程，受到日常经验、需求环境、组织动机系统以及决策反馈的影响。根据杨家亲和许燕（2003）提出的观点，会计职业判断内容上主要解决的是“是什么、在何时以及如何做”的问题，而判定难点在于会计处理方面的复杂、不确定性高的事项，并进一步建立会计判断遵循的通用步骤，即包括理解问题、确定目标、提出备选方案、收集资料、确定标准以及分析后得出结论。施穆特和邓肯（Schmutte & Duncan，2009）分析构建了会计和审计职业判断框架，其中包括职业判断主体、适用判断程序以及影响会计判断过程的不同因素等。王清刚（2012）尝试用规范分析的方法对会计判断构成要素和逻辑关系进行研究，提出了会计职业判断

---

① 迈克尔·杰宾斯，等. 财务报告中的职业判断［M］. 北京：经济科学出版社，2005.

② ICAS前任会长戴维·泰迪（2012）就此框架发表观点：该框架在职业判断背景和基本原则阐释基础上，分别对财务报告编制者（如财务人员、财务经理、董事等）、审计师、监管部门的评估建立相应判断适当性程序方面指引。

的框架。

相对于其他会计原则，如谨慎性、实质重于形式等，重要性更加贴近决策有用的主观判断特性，若要使得重要性准则得以发挥良好导向性作用，财务报告编制者的重要性分析决策很关键，因此对于财务报告重要性判断框架分析和构建是具有现实意义的。根据前述的重要性应用的理论分析，影响重要性运用的四种内外部环境构成了重要性判断的环境因素，此外特定主体环境所面临的公司治理结构也是判断所在的内部环境；判断过程参考《财务报告职业判断框架》中的判定程序并加以运用，体现了重要性判断的程序理性设计；判断主体的能力体系和职业道德素养会影响判断的过程，判断客体主要是需要进行重要性程序分析的那些不确定事项确认、列报和披露等；重要性判断标准建立，主要包含在基本准则的制约和指导下，对质量和数量标准的设定和运用。图 5－8 为财务报告重要性职业判断框架。

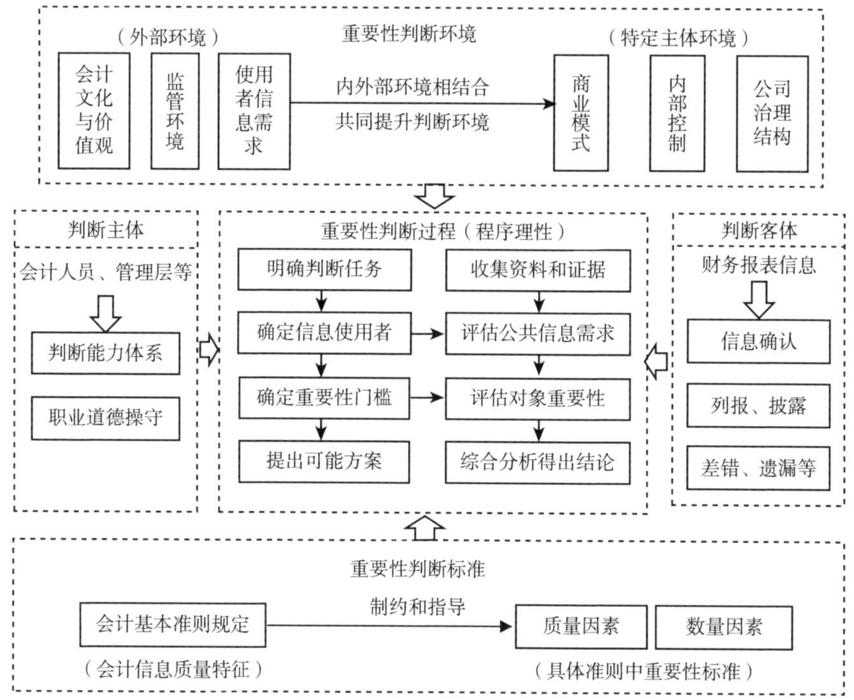

图 5－8　财务报告重要性职业判断框架

本章小结

本章系统性地分析了重要性判定相关理论问题。首先，分析数量和质量两方面的重要性判定标准，并结合风险和不确定性理论深入剖析了重要性判断内在机制和主要特征，以及审计和会计重要性判定的本质差异。其次，从程序理性视角分析认知非理性、规则非理性以及行为非理性的三类判断偏差，并提出提升重要性判断质量的途径。最后，提出准则中重要性是基于原则导向性的，职业判断在其中发挥着更关键的作用，基于上述理论分析，本章最后尝试构建了财务报告重要性职业判断框架。

| 第六章 |

重要性原则在财务报表中的应用

第一节　重要性原则应用的制度背景及研究路径

一、我国会计准则中重要性原则应用的制度背景

（一）重要性及其标准在准则中的设定

我国企业会计准则迟迟没有对重要性给出明确的定义。直至1999年才在《〈企业会计准则——会计政策、会计估计变更和会计差错更正〉应用指南》中给出了“重大会计差错”的定义，然而这仅是“重要性”的子概念。2006版企业会计准则颁布前，我国会计准则制定机构倾向于采用明确的指标作为“重要性”判断的统一标准。1996年，在《关于合并会计报表合并范围请示的复函》中首次明确重要性判断的数量标准：子公司资产总额、销售收入及当期净利润在10%以下可以不纳入合并范围。《企业会计准则——关联方关系及其交易的披露》指南（1997）对重大关联方交易给出了占本企业销售净收入10%及以上的标准，《〈企业会计准则——会计政策、会计估计变更和会计差错更正〉应用指南》（1999）对重大会计差错给出了占该类交易或事项的金额10%及以上的标准。2006年，我国发布的一系列企业会计

准则已经实现国际趋同，基于“原则导向”，尽量避免给出“重要性”的具体数量标准。例如，《企业会计准则第 30 号——财务报表列报》及应用指南（2014）只是给出重要性判断的原则。

前已述及，目前我国在会计确认与列报方面缺乏会计重要性判断实务指南，导致重要性可能被滥用，从而影响报表信息的决策有用性；此外，虽然我国审计的重要性实务指南较为全面，但是该标准是单一性的，并未针对不同行业不同类型企业进行必要的区分，因此其指导性有限。

（二）企业财务信息披露重要性水平设定

我国证监会自 2000 年开始制定并颁布一系列《公开发行证券公司信息披露编报规则》，于 2007 年颁布了《上市公司信息披露管理办法》，明确规定在编制和披露财务报告时应遵循重要性原则，并针对某些具体会计事项设立相关披露的重要性标准。会计重要性是“承认质量的起端，信息确认的门槛”①，但鉴于重要性判断的异质性及特定主体性，我们不可能对所有被监管上市公司制定同一个重要性信息确认判断门槛，也没有强制性要求上市公司个体层面对外公开信息披露重要性水平。

我国鲜见关于重要性水平披露与资本市场经济后果方面的研究文献，那么向资本市场披露重要性水平的信息，是否有助于提高资本市场效率？假设有两家上市公司的资产状况、盈利能力和面临风险都相同，一家公司设定的重要性门槛是 200 万元，另一家公司设定的重要性门槛为 600 万元，那么在一个有效的资本市场中，投资者很可能倾向于第一家公司，因为较低的重要性门槛可能对应的财务报表比后者更加“精确”。费舍尔（Fisher，1990）应用实验经济学的方法，把已毕业以及未毕业的学生作为投资人的代理变量，从证券价格、交易数量以及利润等方面，验证了重要性水平披露对信息使用者的效应，结果表明，披露重要性水平会导致更高的市场效率。

然而在这个问题上，印度证券交易管理局（SEBI）每年都修订《列示

① 汤云为，钱逢胜．会计理论［M］．上海：上海财经大学出版社，1997.

义务和披露要求制度》（以下简称《列示制度》），为上市公司向投资者提供合规信息披露提供保证。2015 年，SEBI 强制性规定了上市公司需要制定公司层面的会计信息或事项重要性决定的政策，此政策简称为《信息披露的重要性决定》。在 2018 年新增规定是，董事会必须负责制定适宜的、清晰的重要性门槛，并且至少每三年审查和更新一次。表 6－1 是印度可再生能源发展有限公司制定的《重要性决定政策》，规定由政策陈述、定义、政策目标、信息类型、事项或信息重要性指引、重要信息披露等十个部分构成，第五部分披露了上市公司层面董事会所制定的重要性门槛，并分别规定了重要性数量和质量判定标准。

表 6－1　　印度可再生能源发展有限公司《重要性决定政策》

序号	标题	内容
1	政策陈述	明确遵循《列示制度》（2015）而制定
2	定义	公司名称、董事会、重要性的界定
3	政策目标	（1）遵循信息披露义务和政策法规；（2）及时、透明；（3）保证准确、无错误表述；（4）信息质量和完整性；（5）一致性，降低选择性披露风险
4	信息类型	包含所有对投资者作出相关决策有重大影响的公司经营活动或表现的信息
5	事项或信息的重要性指引	（1）重要性确定的数量标准：交易金额或影响超过上年度审计税后净利润的 5% 或 10 千万卢比；（2）重要性确定的质量标准：遗漏会造成显著市场反应；负面报道；任何影响经营的政府政策重大变化等
6	重要信息披露	（1）证券回购决定；（2）财务结果；（3）股利或现金分红；（4）资金募集；（5）关联方交易等
7	重要信息披露过程	规定公司内部 CEO 和其他董事就重要性信息的协商与沟通情形
8	政策发布	政策在公司网站发布，并在公司年报提供地址链接
9	修订	若与新的政策法规等不一致，公司董事会主席或 CEO 有权作出修订
10	执行	此政策自在公司股票交易所上市之日起有效
11	附录	详细列明公司需要披露的重要事项和信息

资料来源：作者参考印度上市公司披露的《重要性政策》翻译整理。

二、监管方制定的信息披露重要性标准规定

（一）监管方行业信息披露指引

为提高我国上市公司定期财务报告信息披露的有效性，保护投资者合法权益，沪深交易所在研究我国不同行业特点，总结行业经验的基础上，制定了相关行业信息披露指引，截至2018年12月31日，深交所涵盖了22份行业信息披露指引，上交所陆续发布了28份行业信息披露指引（1项一般规定和27份行业指引），其中内容规定了所在行业上市公司满足履行信息披露义务较为详细的定性或定量的重要性标准。

举例来看，《深圳证券交易所行业信息披露指引第8号——上市公司从事零售相关业务》规定，自有品牌商品销售收入占总销售额5%以上的公司，应披露其类别、营业收入和占比情况等；而且对于零售平台模式也设定相应重要性门槛，即网络线上销售总额占营业收入的5%以下的可以只披露线上平台的交易额、营业收入，这潜在说明线上销售的重要性判断比例，没有达到定量水平，就无须进行过于详细的披露。除此，内容还涉及对于行业相关信息披露的定性的一些标准，例如第8号披露指引中规定，“上市公司收购同类公司股权，影响重大的，还应披露收购标的的经营业态、经营模式（直营、加盟或其他模式）、门店数量、地区分布、合同面积等其他相关信息。”由此可见，监管方所制定的行业信息披露指引规定了具有不同特质的行业定期报告信息披露的重要性标准，当然具有一定的强制执行力，如果不按照指引进行披露行为，则很有可能受到监管部门检查与处分①。

① 因违背信息披露指引的重要性标准要求而受到证监会处罚的公司近几年也屡见不鲜，例如，2018年8月新华联文化因未披露的公允价值变动损益占2016年经审计净利润的10%，违背了《行业信息披露指引第3号——上市公司从事房地产业务》第十三条关于重要性标准的规定，从而受到深交所发出监管函等违规处分。

（二）重要性标准制定的行业异质性

本文根据我国上海和深圳证券交易所制定的不同行业信息披露指引，逐一人工阅读从中筛选出关于每一行业规定的相关披露重要性标准，总结出31个行业主要基准指标及与基准相对应的比例①，如表6－2所示。首先从重要性主要基准的选取可以发现，营业收入、净利润是最常使用的比较基准，其次是资产类（总资产或净资产）、成本类指标，最后是合同收入、投资额度等比较指标；与基准相对应的比例通常是0.1、0.05、0.3、0.5以及0.2等几档，而且指标的选择个数和比例也存在很大行业差异。为了更透彻地分析信息披露中重要性应用的监管环境，监管方所设定的上市公司定量重要性水平是可以根据行业指引进行判断和估计的。根据表6－2的内容，并结合重要性判断的经验法则，设定了重要性水平高低的度量方法：如果设定的营业收入、利润基准的比例不大于0.1，则说明重要性水平设定较严格，赋值为2，否则赋值为1；如果选择的资产类基准的比例不大于0.3，赋值为2，否则赋值为1；成本费用类指标变动比例若不大于0.2，赋值为2，其他赋值为1。每一赋值的加总之和再除以基准选择个数而得到的就是行业披露重要性水平，其值越高，说明重要性水平设定越严格，反之则较为宽松。

表6－2　　监管部门行业信息披露重要性标准选取指标及比例

行业类别	具体行业	主要基准指标	相对应基准指标比例
A. 农林牧渔业	禽畜、水产养殖	净利润、净资产、营业收入、应收账款总额	0.1、0.1、0.3、0.1
	种业、种植业	净资产、净利润、应收账款总额	0.1、0.1、0.1
	农林牧渔	营业总收入	0.1
B. 采矿业	煤炭开采	营业总收入、净资产、总资源量或采储量	0.05、0.1、0.1
	石油和天然气开采业	各类单项指标	0.1

① 为具有行业可比性，主要筛选与财务指标相关的重要性比较基准进行说明，而忽略行业特质类定性标准。

续表

行业类别	具体行业	主要基准指标	相对应基准指标比例
C. 制造业	食品制造业	营业收入、毛利率、成本、相关费用	0.1、0.05、0.2、0.3
	酒、饮料和精制茶制造业	营业收入、毛利率、成本、相关费用	0.1、0.05、0.2、0.3
	服装业	营业总收入、净资产、毛利率	0.1、0.1、0.3
	家具制造业	营业总收入、毛利率、成本	0.1、0.05、0.3
	化学原料及化学制品制造业	总资产	0.5
	医药制造业	营业收入、营业成本、净资产	0.3、0.3、0.3
	金属冶炼及压延加工业	营业收入、营业利润	0.1、0.1
	汽车制造业	主营业务收入	0.1
	计算机、通信和其他电子设备制造业	主营业务收入	0.1
	铁路、船舶、航空航天和其他运输设备制造业	总资产、净利润、主营业务收入	0.5、0.5、0.1
D. 电力、热力、燃气及水的生产和供应业	水的生产和供应业	供应量和处理量（价格）	0.1
	电力、光伏产业	净资产、净利润、营业收入、装机量或发电量	0.1、0.1、0.1、0.1
E. 建筑业	建筑业	营业收入、净利润、合同收入金额、应收账款总额	0.1、0.1、0.3、0.1
F. 批发和零售业	零售业	营业收入	0.05
G. 交通运输、仓储和邮政业	航空运输业	净利润	0.1
	快递物流	营业收入、毛利率	0.3、0.05
I. 信息传输、软件和信息技术服务业	电信、广播电视和卫星传输服务	营业收入	0.5
	互联网相关服务	营业收入、净利润、交易总额、采购总额	0.3、0.3、0.5、0.5
	软件和信息技术服务业	营业收入、营业利润、合同收入	0.1、0.1、0.3
K. 房地产业	房地产业	总资产、营业总收入、净利润、净资产、预计投资额	0.1、0.1、0.3、0.1、0.5

续表

行业类别	具体行业	主要基准指标	相对应基准指标比例
N. 水利、环境和公共设施管理业	生态保护和环境治理业	营业收入、投资总额、垃圾处理收入变动	0.1、0.1、0.3
	节能环保服务	营业收入、营业利润、净资产	0.3、0.1、0.3
R. 文体娱乐业	广播、电视、电影和影视录音制作业	营业收入、净利润、投入成本	0.3、0.3、0.5
	文化艺术业	营业收入、净利润	0.3、0.1
其他	黄金、珠宝饰品	营业收入、净利润	0.3、0.3

资料来源：作者根据我国上交所和深交所信息披露行业指引手工筛选、整理。

图6－1中是根据上述重要性度量方法计算的不同行业信息披露的重要性水平，发现不同产业间存在差异性。深交所规定的禽类、水产养殖的重要性水平相对最高，其指数达到2.3，农林牧渔行业的重要性水平度量指数为2，

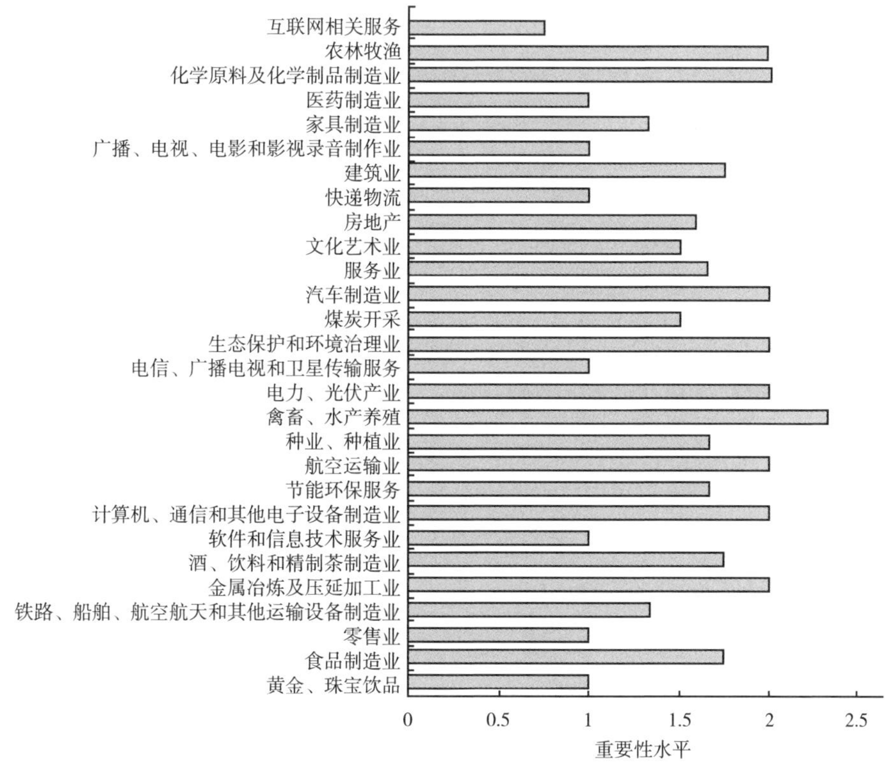

图6－1　不同行业信息披露重要性标准严格程度

也相对较为严格，意味着交易所对整体农业类上市公司财务报告信息披露的要求比较严格，相对指标较小的变动都被认为具有重要性。

计算机等电子设备制造业、电力光伏、金属冶炼和加工业以及汽车制造业的重要性水平度量指数均为2，这些行业具有显著的技术密集型特点，近几年来被列入我国部分战略性新兴产业重点发展。固定的重要性水平相对比较严格的还有节能环保类企业和生态环境治理业，其指数分别为1.66和2，这与我国倡导的可持续发展与循环经济发展战略和会计监督职能发挥是密切相关的。

建筑业、房地产业等资本密集型产业本身上市公司数量就较多，其重要性度量指数也相对较高，分别为1.6和1.75，而诸如广播、电视制作业、文化艺术产业的重要性标准要求最为宽松。

值得注意的是，互联网相关服务业的重要性水平最低为0.75，可能因为新兴商业模式在资本市场运行还没有达到成熟阶段，对于投资者等会计信息需求还不能完全确认和把握，相对披露规定约束也越少，然而随着数字技术的革新和商业模式的发展变迁，互联网相关服务业的信息披露规定会向精细化和严格化的方向修订。这些行业披露指引的规定为上市公司管理当局在编制报告时如何正确应用和判断重要性提供指南，构成了监管环境下合法合规进行会计行为的基础性要素。

三、制度背景下的研究路径

我国会计准则及资本市场关于报表项目重要性披露制度尚不健全和完善，缺少相应的统领指引。而企业应当在所有重大方面公允反映企业的财务状况、经营成果和现金流量，因此，重要性概念与标准在确定具体什么会计信息应该向公众披露时非常关键（谢盛纹，2007）。根据FASB及IASB的引领性定义，重要性秉承“决策有用”的理念，本质上是一种价值判断，去判断一项信息是否需要在会计上予以反映。本章实证研究从“决策有用”视角出发，归纳和分析不同类型使用者关于重要性原则在实务中的应用情况，基于档案文本分析的研究方法去探索两个问题：第一，哪些财务报表项目是重要的；第二，有没有具体的重要性应用的标准。本研究可能的贡献有如下两点：第一，通过第二章的研究综述，国内关于重要性原则运用方面的研究尚且稀少，那么本书基于档案研究，根植于“决策有用观”，从三类报表使用者的角度理解和归纳重要性原则在实务中的应用，可丰富国内关于会计重要性原则的研究文献；第二，本研究视角独特，总结不同类型报表使用者的重要性判断标准，可为资本市场相关方制定重要性判断及指引提供一定理论参考。

第二节　实证研究设计

基于对我国会计相关制度背景分析，本节采用档案研究方法，通过监管机构的官方网站、同花顺（iFIND）、国泰安（CSMAR）及万得（Wind）等数据库等公开渠道获取样本信息。在所搜寻的样本中将各类样本分别进行顺序编号，并使用统计软件生成随机数，使用不放回简单随机抽样方法选取样本进行分析，随机选择每类文件各200份进行分析，所使用方法为Python文本挖掘与人工阅读相结合。根据统计的数据频率来分析不同类型财务报表使用者、监管者、报表编制者对财务信息的需求及其如何作出重要性判断，进而找出重要性应用的差异性。表6－3为样本收集与选取的汇总表。

表6－3　　研究样本收集情况

不同的报表使用者	主要涉及的样本文件	样本期间	样本量
债权人	债券信用评级报告	2019年	200
股权投资人	股权评级报告和公司整体分析报告	2019年	200
股票投资人	股票评级报告	2019年	200
监管机构	A股IPO/新三板挂牌申请文件的反馈意见	2017~2020年	200
	公开发行公司债券申请文件的反馈意见	2017~2020年	146
	A股上市公司挂牌公司的年报问询函	2019年	200
财务报表编制者	年报信息披露重大差错责任追究制度	2017~2020年	200

对于探寻债权人所关注或使用的财务报表类项目信息，我们从 iFIND 及 Wind 数据库下载 2019 年债券信用评级报告，由于文件总体数量较大，因此根据随机抽样获得 200 份（包括银行间债券）；关于长期的股权投资人如何利用和关注财务报表信息，我们下载 2019 年股权评级报告和公司整体分析报告，根据随机抽样情况获得 200 份；以此类推，关于短期股票投资人，最终选取 2019 年股票评级报告 200 份。资本市场监管方利用关注的财务报表项目，进行会计监督管理，主要包括 IPO 及新三板挂牌的监管与反馈及对上市挂牌公司年报问询，因此本研究主要以 2017 ~ 2020 年 A 股公司相关申请文件的反馈意见及问询函为研究对象，最终确定了需要人工阅读的文件，其中，公开发行公司债券申请文件的反馈意见数量不大，样本量为 156 份，其余为 200 份。从财务报表编制者视角而言，下载年报信息披露重大差错责任追究制度，并确定样本量为 200 份。

第三节 研究结果及分析

一、债权人和投资者使用和关注的信息

通过本研究，归纳债权人、短期股票投资人及长期股权投资者在分析企业财务报表时主要关注的项目，这些项目的关注度越高，表明其对财务报表使用者作出经济决策就愈加重要。所统计的频数越高，即表示对该项目的关注度越高。

（一）债权人

债权人是财务报表的主要使用者之一，旨在评价企业偿债能力。由于银行等放贷机构对贷款人的财务报表分析资料不是公开信息，本部分主要分析可在公开渠道获取的企业信用评级报告。

债权人通常会较为关注下列指标：资产负债率、营业利润率、净资产收

益率、毛利率、EBITDA 利息倍数和过往债务履约情况等（王春飞，2019）。通过对随机抽样的200份信用评级报告进行阅读与数据摘取，对所涉及的财务报表项目进行统计，结果如表6－4和表6－5所示。资产负债表、利润表及现金流量表项目均有所涉及，资产负债表中，资产总额、所有者权益合计及负债总额，相对其他项目而言是对债权人最重要的项目，其重要性排序最高，其次是货币资金、非流动负债类项目，而使用和关注较少的是长期借款、应收票据等项目。在利润表项目中，债权人最为关注的是营业收入，其次是利润总额；在现金流量表中，我们发现经营活动产生的现金流量净额的重要性程度最高，即债权人会充分利用此项目来进行相应的信贷决策。分析结果表明，债权人关注的指标基本可以从三大报表获得，表明通用财务报表的内容基本能满足债权人的需求，也体现了重要性这一会计信息质量特征的内在逻辑。

表6－4　债权人和投资者关注的财务报表项目频数：资产负债表　单位：个

财务报表项目	债权人	长期股权投资者	短期股票投资人
资产总额	185	200	190
所有者权益合计	186	200	188
负债总额	180	194	190
货币资金	174	196	
流动资产合计	164	196	
应付票据	168		
交易性金融负债	168		
短期借款	168		
一年内到期的非流动负债	168		
流动负债合计	170	196	
长期借款	120		
应付债券	170		
应收票据	140	196	
应收账款	152	196	
其他应收款	142	196	
交易性金融资产	142	196	
固定资产		158	
存货		190	

表 6－5　　债权人及投资者关注的财务报表项目频数：利润表及现金流量表

单位：个

财务报表项目	债权人	长期股权投资者	短期股票投资人
营业收入	198	196	184
营业成本	134	196	
营业利润	146	118	
利润总额	158	160	
所得税费用	134	160	
净利润	144	200	192
每股收益		200	190
销售费用		160	
管理费用		160	
财务费用		160	
经营活动产生的现金流量净额	198		
投资活动产生的现金流量净额	180		
筹资活动产生的现金流量净额	178		
购建固定资产、无形资产和其他长期资产支付的现金		160	
现金及现金等价物		154	

（二）长期股权投资者

长期股权投资者是财务报告的重要使用者、阅读者，财务报表信息是他们作出重大决策的关键依据。我们从同花顺、万得数据库下载了 2019 年国外大型投资机构对我国 A 股上市公司或 A + H 上市公司出具的投资研究报告，以此为样本进行分析。研究发现，根据随机抽样的统计频数，对长期股权投资者而言资产负债表项目中最重要的指标有资产总额、所有者权益合计、负债总额、货币资金、流动资产合计、存货、应收票据、应收账款、流动负债合计及交易性金融资产等；利润表中的重要项目主要是营业收入、营业成本、净利润、每股收益以及三大费用等；现金流量表中重要的项目主要涉及购建固定资产、无形资产和其他长期资产支付的现金，现金及现金等价物。由此分析，长期股权投资者更关注公司的长期整体经营状况，因此更加关注资产负债状况、偿债能力以及营运能力和每股收益情况。虽然长期股权投资者关注的主要财务指标所需信息基本可以从财务报表主表或附注中直接获得，但阅读报告过程中发现，他们对于一些环境、社会和公司治理（ESG）方面的非财务指标也十分关注，认为对企业价值创造会产生一定影响，然而这部分信息在财务报表及附注中难以获取，需要进一步探寻企业 ESG 报告，因此关于重要性判断不仅停留在财务报表的数据，而且已开始延伸至非财务信息的编制与披露。此外，长期股权投资者在进行企业投资价值分析过程中通常采用近 5 年的数据，反映出对企业的历史经营情况及发展趋势的关注。

（三）短期股票投资者

与长期股票投资者相同，短期股票投资者对于公司财务信息的重要性判断也需要结合定性与定量方式。我们以短期投资所使用的股票评级报告作为研究对象，随机抽样选取 200 份进行分析，发现短期股票投资者更关注企业的盈利能力，包括净利润及增长率、每股收益、每股净资产及市盈率等，相比于长期投资者，他们所关注的报表项目数量较少。反映在具体报表项目中，资产负债表中对短期股票投资者最重要的项目是资产总额、负债总额以及所有者权益合计，利润表中重要项目是营业收入、净利润以及每股收益，这是符合他们关注企业盈利能力这一目标或意图的。研究发现，现金流量表中并没有其特别关注的特定项目，也较少关注企业资本结构、现金流及偿债能力，其原因在于短期股票投资者的主要意图是获取市场差价，而不必要关注企业长期整体的运营状况。

二、资本市场监管方所关注及使用的会计信息

资本市场监管机构同样是重要的财务信息使用者之一。本部分主要通过分析 IPO 及挂牌反馈意见、债券发行反馈意见、年报问询函及在其监管过程中重点关注的某些财务报表项目，根据统计频数来判断财务报表信息对监管

方的重要性，以认识和理解重要性原则在监管实务中的应用，其分析结果如表6－6及表6－7所示。

表6－6　　监管机构所使用的报表项目或事项：资产负债表　　单位：个

报表项目和事项	IPO及挂牌申请反馈意见	年报问询函	债券发行审查反馈意见	合计
存货及存货跌价准备	118	66	40	224
应收账款及坏账准备	110	94	18	222
无形资产及研发费用	60	38		98
固定资产及在建工程	74	32	24	130
应付职工薪酬	52	10		62
其他应收款	44	54	66	164
资产负债结构			20	20
其他资产负债表科目			32	32
投资性房地产			10	10
应收/应付票据			2	2
实收资本			4	4

表6－7　　监管机构所使用的报表项目或事项：利润表及现金流量表　　单位：个

报表项目和事项	IPO及挂牌申请反馈意见	年报问询函	债券发行审查反馈意见	合计
收入确认	162	82	28	272
毛利率及净利润变动	130	82	32	244
成本列报	98	26	6	130
管理费用及销售费用	84	44	4	132
营业外收支	60	48	20	128
投资收益	0	0	22	22
关联方交易相关	112	40	20	172
税费相关	118	10	4	132
现金流量表	76	56	42	174
企业合并及子公司	46	46	40	132
租赁相关	42	0	0	42
担保相关	0	0	18	18
会计政策变更及差错更正	0	0	4	4

在关于对我国A股上市公司2017～2020年IPO及挂牌申请反馈意见分析中，对于应收账款、存货、无形资产、固定资产及在建工程等直接与公司生产经营相关的核心资产，收入、成本及毛利率等体现公司经营成果的利润表信息，关联方交易等影响投资者利益的敏感信息，现金流量、政府补助及税收优惠依赖性等涉及企业持续经营能力的关键信息，监管机构均要求企业进行详尽披露相关报表指标，以保证投资者根据披露的重要信息而作出合理的经济决策。

在随机抽样的146份债券发行审查反馈意见中，监管方非常关注存货、其他应收款等反映公司营运资金周转速度的信息，当然同样强调发债公司的资产价值和盈利能力相关信息的重要性，这均是保护债权人利益的关键信息。除此，我们发现监管方还较关注反映偿债能力的财务指标。

在对年报问询函的样本阅读及分析中，监管机构对已上市或已挂牌公司审查所关注的重要财务信息包括收入确认、毛利率及利润变动、应收账款及坏账准备、存货及存货跌价准备、现金流量表信息及其他应收款等，对于企业合并事项也比较关注，说明监管方对于企业上市后审查过程侧重于企业经营风险和收益情况，及是否发生大型、风险性较高的交易事项，这些重要性判断背后所需的财务报表信息对于监管方履行其职责及行使相应职权是具有重要性应用特征的，因此企业应充分考虑并准确披露此类信息。

三、财务报表编制者使用的重要性标准

在随机选取的200份报告中，我们将上市公司《年报信息披露重大差错责任追究制度》中的重要性数量标准进行总结，所得到的关于财务报表编制者所使用的重要性标准统计结果如表6－8所示。其一，公司设定重要性通常基于四项基准：总资产、净资产、营业收入及净利润。其二，绝大部分公司的财务报表重大差错更正制度都采取了经验比例为5%的标准，总资产指标选取中，以小于5%的标准作为差错认定和追究的门槛的只有8个，介于5%～10%的有12个；净资产、营业收入及净利润指标也如此，选取恰好等

于5%为各指标百分比门槛的公司占绝大多数，其他比例的为相对少数。这一定程度反映并印证应用重要性进行差错更正及审计判断的“经验法则”在我国上市公司也同样适用。其三，研究中发现，公司披露的重要性的性质标准通常仅包括是否影响盈亏性质。

表6-8　财务报表差错重要性的金额标准　单位：个

选取基准	年报信息披露重大差错责任追究制度		
财务指标	S<5%	S=5%	5%<S<10%
总资产	8	180	12
净资产	12	176	12
营业收入	6	178	16
净利润	10	166	24

四、实证研究结论

通过上述实证检验和分析，首先，可以发现我国上市公司财务报告编制者在会计实务处理中主要将总资产、净资产、营业收入、净利润这四项基本指标作为重要性判断的主要数量基准，说明这是符合国外所提出的重要性判断的经验法则的。其次，重要性判断的基准还有定性标准，虽然在报告文本中并没有特殊的阐释和说明，我们总结定性标准通常与企业盈亏有密切关系。再次，通过对三类财务报表使用者所关注的项目进行归纳和分析，我们发现他们所关注的指标有所不同。通常除了将资产、负债及利润相关信息作为重要性项目外，建议公司对EBITDA、三种活动现金流以及非经常性损益也作为重要性基准列入判断方法，以拓宽重要性判断定量标准的选择范畴，增强重要性判定的规则导向性以及信息可比性。此外，关注财务报表附注相关信息，并对担保、关联交易以及合并等重大事项进行特定性说明，这些表外披露事项多次在各类报告中出现，足以见得它们对财务报表使用者非常重要。最后，根据分析可知，实务界很难设定一套适用于全部报表使用者的重要性标准，这是由于处处存在着“异质性”，包括行业制度差异性、使用者类型差异、判断标准选择差异以及在管理层制定相应重要性标准时的自由裁定性等。我们建议相关部门应制定重要性应用指引，且在制定重要性指引时，提示企业根据其行业特点、发展阶段、公司治理结构等因素制定适用于其自身的重要性标准。

本章小结

本章是关于重要性应用实证研究的第一部分，起到一定承前启后的作用。以我国资本市场 A 股上市公司相关研究报告为样本对象，检验了重要性原则基本定义，即从决策有用性视角归纳几类不同报表使用者对于重要性原则的应用，总结不同使用者的重要性判断标准具有差异性，进而提出构建我国资本市场会计重要性应用指引的必要性，为政策制定者提供参考依据。此外，本章内容为后面两部分重要性原则在差错更正及内控缺陷中应用的实证分析作出理论铺垫。

| 第七章 |

重要性判断对自愿性财务重述的影响

第一节　TD上市公司案例分析

本节着重分析TD公司重大会计差错更正的情况，并结合管理层的内部控制缺陷自我评价，提出TD公司会计差错的重要性程度的判断和自愿性更正行为之间存在某种关联，为关于重要性应用的实证检验问题作现实铺垫。

一、案例的基本情况

TD公司是一家主要致力于生态环保、房地产开发以及洁净能源等业务板块发展的综合性公司，于1996年在我国交易所上市，具备完善的公司治理结构。在2016年、2017年、2018年连续跻身“中国企业五百强”，具有较强的核心竞争能力。2017年年报数据显示，营业收入已高达190亿元，净利润总额为5.4亿元，基本每股收益是0.2元/股，如表7-1所示。

表7-1　TD公司近五年营业收入、净利润及资产情况　单位：百万元

年度	营业总收入	净利润	资产总额
2013	8 552.92	401.21	6 555.09
2014	6 443.71	603.09	23 478.66
2015	9 655.56	317.34	28 571.62

续表

年度	营业总收入	净利润	资产总额
2016	15 631.81	427.93	32 075.00
2017	19 023.45	545.63	32 809.76

资料来源：作者查阅 TD 公司年报整理。

TD 公司自上市 20 多年来，一直与甲会计师事务所合作。2014 年，在聘期未满的情况下，乙会计师事务所接替了甲会计师事务所进行 TD 公司的审计工作。2015 年 3 月 18 日，TD 公司召开董事和监事会议，于 3 月 20 日讨论并发布了《关于重大会计差错更正的公告》，决定对 13 项前期会计差错进行更正，并对 2013 年度财务报表进行重述。虽然上市公司发现前期报表存在错报而进行更正的情形在资本市场是常见的。然而，TD 公司这种刚刚更换一直以来聘用的审计事务所，然后就披露如此大范围的会计差错行为，引起相关监管部门和审计机构的质疑，并被采取了出具警示函的行政监管措施，公司高管和前后任审计机构的签字注册会计师先后被监管机构约谈。

2013 年，经甲事务所审计对其内部控制审计出具了否定意见，原因是审计师认为公司分支机构管控与担保业务存在重大缺陷，存在违规担保情形，而 TD 公司管理层持以担保已解除、自身融资以及不构成担保风险为由反对态度，并不认同担保存在违规情形，最终在内控自我评价中将其认定为存在一般缺陷而非重大缺陷，从而也没有采取对应整改措施。事实上，TD 公司及其子公司在担保业务事项中没有按照内控制度履行应有的审批程序，所以公司管理层的不采纳理由是不可靠的，也正因为内部控制的实质漏洞导致了管理层忽略了对重大会计差错的关注和纠正。在更换事务所后，乙事务所也对 2014 年 TD 公司内部控制审计出具了否定意见，针对重大错报情形认定 TD 公司内部控制存在着六个方面重大缺陷。

二、会计差错更正情况

（一）差错更正事项及调整幅度

在 TD 公司发布的《关于重大会计差错更正的公告》中，差错更正内容有 13 项。主要调整了资产负债表一些项目，如固定资产、在建工程、应付账款以及应付票据等报表项目。例如，固定资产由调整前的 51 759 万元更正为 32 536 万元，错报金额占调整后固定资产金额的 59%，应付票据调减 147 000 万元，调减比例为 86.86%，最终资产金额调增 54 315 万元，错报金额占调整后资产总额的 2.67%。对利润表的影响，主要同时调减营业收入和营业成本 159 096 万元，错报调整金额分别占调整后的 18.6% 和 20.6%，调减净利润 91.4 万元，其影响微小，错报金额只占调整后净利润的 0.23%。现金流量表中，经营活动产生的现金流量净额以及筹资活动产生的现金流量净额的调整金额分别为 313% 和 17.25%。

基于上述调整幅度比例，如果按照重要性经验法则来判断，TD 公司的财务报表差错调整是总体具有重要性的，其影响范围大、影响程度深，会对资本市场投资者、债权人等正确理解 TD 公司财务状况和经营成果产生重大影响。

（二）重要性判断的复杂程度

按照财务报表差错的重要性判断存在不确定性，可将发生的 13 项差错更正根据专业判断的复杂程度以及不确定性高低进行分类：对于第一类错报，相关业务处理需要相对复杂的专业判断，不确定性程度较高，公司管理层并没有及时发现，是根据审计师建议而进行更正，如（1）、（3）、（4）项，对部分贸易批发业务的处理来说，涉及对关联交易的识别和收入确认问题，而且对营业收入的影响比重也较大，达到了 18.2%；从披露的信息来看，对二级代建项目会计处理存有很大争议，前任审计师认为，TD 公司不直接提供建造服务，不能依据建造合同准则核算，但后任审计师认为应遵循实质重于形式原则，公司发挥的实际作用远远超过代理的作用；关于 BOT 项目会计处理重分类，该项差错涉及对未来现金流量是否确认的判断，具有较高不确定性。对于第二类财务报表差错，不确定性程度较低，只要会计人员遵循基本的企业会计准则，细致审核就可以发现并及时纠正，而不需要更复杂的专业判断，如（2）、（5）、（8）、（9）及（11）等差错事项，如表 7－2 所示。

表 7-2　　TD 公司重大会计差错调整情况

序号	报表错报项目	差错金额调整程度	判定依据
1	部分贸易批发业务会计处理	营业收入调减 18.2%	收入确认条件、关联交易识别
2	应付票据重分类	短期借款调增 21.54%	承兑票据合同未实际执行
3	对二级代建项目会计处理	存货调增 4.5%；营业收入调增 0.19%	实质重于形式原则
4	BOT 项目会计处理重分类	无形资产调减 41.5%；营业收入调减 0.45%	BOT 业务规定
5	补提应收账款坏账准备	应收账款调减 8.13%；资产减值损失调增 20.75%	重新估计应收款可回收性
6	土地出让金重分类为预付账款	存货调减 6.1%；预付款调增 28.6%	企业会计准则
7	负债列报项目的重分类	长期负债调增 0.05%	项目重分类
8	营业收入和利息收入的重分类	营业收入调减 1.6%	利息收入误计
9	对在建工程转固定资产的会计处理	在建工程调增 28.79%	企业会计准则
10	一级土地开发项目会计处理调整	存货调增 13.2%	存货确认
11	补提可供出售金融资产减值准备	可供出售金融资产调减 0.19%	企业会计准则
12	现金流量表调整	筹资/经营活动现金流量净额调减 17.25%/313%	企业会计准则
13	所得税调整	所得税调减 0.18%	企业会计准则

资料来源：根据 TD 公司《关于重大会计差错更正的公告》的财务报表数据计算整理。

三、内部控制缺陷认定情况

实际上，上市公司所存在的漏洞会以内部控制缺陷的形式反映出来。内部控制缺陷的披露会影响上市公司价值。哈默斯利（Hammersley，2008）研究发现，上市公司的内部控制缺陷越严重，尤其存在重大缺陷时，则投资者的反应就越强烈。根据杨清香等（2012）关于我国投资者对上市公司内控信息披露的反应研究，上市公司披露其内部控制有效会引起股票价格的上涨，而披露内控存在重大缺陷则会导致股票价格的下跌。换言之，没有谁愿意向资本市场暴露自己的重大缺点，这一点可进一步解释为什么 TD 公司不认可前任事务所出具的否定意见内控审计报告，并竭力辩解他们在担保事项中不存在重大缺陷。

通过查阅 TD 公司 2013 年及以前年度《内部控制自我评价报告》发现，在内控缺陷的重要性认定标准方面，并没有确认和披露报告中所述的“已设定比率”究竟是多少，这无疑会给信息使用者带来困扰，也说明管理层在内部控制信息披露层面没有做到严谨合规，进而可能造成 TD 公司管理层没有及时意识到会计差错重大性的影响。直到 2015 年 4 月，发布关于 2014 年的《内部控制自我评价报告》，才具体披露重要性定量标准，如表 7 - 3 所示，据此判定标准，虽然错报信息对净利润的影响比例为 0.23%，但仅营业收入的错报金额达到了 18.6%，绝对金额也远远超过 1 000 万元，说明 2014 年公司内部控制的确存在着重大缺陷。

表 7 - 3　　TD 公司内控重要缺陷认定定量标准

内部控制缺陷认定	2013 年重要性的定量标准	2014 年重要性的定量标准
重要缺陷	对于影响财务报告的内部控制缺陷，需要计算缺陷一旦发生，可能导致的潜在错报对于公司资产总额以及营业收入总额的影响是否超过了已设定比率来加以判断	总资产的 0.5% < 错报金额 < 总资产 10%
		净资产总额的 0.5% < 错报金额 < 净资产总额 10% 且绝对金额 < 1 000 万元
		营业收入的 0.5% < 错报金额 < 营业收入 10% 且绝对金额 < 1 000 万元
		净利润的 3% < 错报金额 < 净利润 10% 且绝对金额 < 100 万元

资料来源：TD 公司 2013 年、2014 年《内部控制自我评价报告》。

四、案例分析结论及问题提出

（一）案例分析结论

1. 公司需要完善内部控制缺陷认定制度。田高良（2010）和齐堡垒（2010）的实证研究表明，内部控制建设的完善有利于降低会计风险。在上市公司内部控制制度的建立、评价和审计中，内部控制缺陷的重要性标准设定都是最基础的问题。2011 年，我国证监会首次强调上市公司需在《内部控制自我评价报告》中明确适合自身的缺陷认定的定性和定量标准①，由试点推行逐步过渡至 2014 年的全面推行。

TD 公司被要求更正上述财务报表重大错报，最终内部控制审计和内部控制自我评价都认定，2015 年前公司存在六项内部控制重大缺陷，并决定加以整改。TD 公司直到 2015 年才在《内控控制自我评价报告》中正式确认和披露完整的内控缺陷重要性标准，因此上市公司内部控制制度的不健全可能会引致重大错报风险。

2. 错报重要性水平设定。在确定财务错报程度是否重大时，确定错报的重要性水平（阈值）标准有助于降低判定存在的不确定性，将风险可控制在可容忍度之内而减少不必要的损失。内部控制缺陷重要性的定量标准，实际上反映的就是内部控制评价的重要性水平。

财务报告内控缺陷重要性标准的认定是根据某项潜在错报的“可能性”和“导致的后果”判定的，可以分为一般、重要和重大缺陷，当然，其内在认定机制与财务报告审核时对差错的判定是异曲同工的，只是认定目的与运用环节不同。通过查询在我国上市公司内控缺陷认定标准发现，重要性定量标准与重要性水平息息相关，有的上市公司就直接以重要性水平作为内控缺陷认定门槛。

---

① 参见 2011 年中国证监会发布的《关于做好上市公司内部控制规范试点工作的通知》。

通过TD公司这一案例可以看出，内部控制缺陷重要性定量标准是由公司董事会设定的，本质上也属于重要性原则的灵活运用，一定情形下可粗略地代表和反映公司董事会确定的财务报告重要性水平。

3. 管理层和审计师缺乏充分有效沟通。基于前述案例情况，TD公司管理层与前后任事务所之间的沟通都是不充分的。根据公司资料显示，此次更正的财务报表部分重大会计差错显然在2014年之前早已存在。然而合作时长之久、对公司经营和内部控制情况较为熟悉的前任事务所竟然没有发现如此大范围的重要会计差错，经其手的审计报告依然被出具标准无保留意见，这不禁令人质疑其审计质量。此外，管理层和审计师可能对于错报重要性判断存有不一致的情形，尤其对于不确定性程度较高的错报项目，公告中特别强调了是“接受审计师建议”进行更正，对于不确定性低、容易辨别出的会计差错，则特别强调了“未及时发现……本年度公司根据……准则的规定，再进行调整”。

（二）问题的提出

真实、可靠的会计信息是财务报告使用者作出正确经济决策的基础。FASB在2005年提出，上市公司修正前期财务报告以反映差错更正的过程就是财务重述。TD公司案例中的差错更正公告的发布，意味着管理层进行了财务重述行为。对于管理层是否发现差错以及重述意愿方面，可能存在三种情形：第一种是公司自查已经发现了部分会计差错，并根据重要性判断差错不重要，根据成本效益原则没有及时进行重述；第二种是公司发现了部分重要会计差错，但管理层存在故意隐瞒以前期间重要会计差错的动机；第三种是公司管理层在审核财务报表时确实没有发现错报的存在，这也反映了内控实质性漏洞的严重性，例如，2012～2014年，TD公司高管CEO变更就发生三次，其他高管管理也较为混乱，公司治理结构出现问题，很可能对下层级的财务会计人员产生影响。在这种情况下，除了前任注册会计师负有一定的审计责任外，管理层需要负相应的会计责任。根据周旭卉（2006）对会计责任和审计责任的相关辨析的观点，即两者不能相互替代和转嫁，有审计责任就伴随会计责任的承担。

因此，TD公司的管理层也是不能完全“撇清关系”的，管理层是主动披露差错更正信息，还是被动更正（审计要求、监管要求等）并重述财务报表，这与对财务报告错报重要性程度判断之间是否存在一定关联呢？而两者关系是否受到来自审计非标意见的影响，这也是后续要实证检验的主要问题。

第二节 实证研究的理论分析与假设提出

近年来，我国上市公司进行财务重述的情形屡见不鲜，一定程度上反映出我国上市公司会计信息质量有待进一步提高。真实、可靠的会计信息是资本市场参与者作出正确经济决策的基础。通常情况下，发布财务重述公告是资本市场参与者确认公司财务信息错报具体情形的主导方式。按照上市公司财务重述行为发生的意愿（主动或被动），可将财务重述行为划分为自愿性财务重述和非自愿性财务重述①。由于发布重述公告可能会引起公司市场价值下降、融资成本上升以及管理层降薪等一系列负面经济后果，在没有监管者约束和监督情形下，管理当局很可能会规避财务重述。

根据自愿性信息披露假说，当信息披露收益超过成本时，公司更愿意披露非强制性信息（Verrecchia，1983），上市公司自愿披露一项信息的可能性会随着披露此项信息专有成本上升而下降。而自愿性信息披露动机一定要考虑重要性对于信息披露决策的作用（Heitzman，2009）。重要性原则的应用贯穿会计确认、计量、列报及披露整个会计信息处理过程，在会计信息错报、漏报以及更正方面发挥着关键的判断、约束等作用。财务报表误述的重要程度越高，披露所引致的专业成本会越高。因此下面试图考察的是，公司

① 2007年，中国证监会颁布的《上市公司信息披露管理办法》规定：“因前期已披露的信息存在差错、未按规定披露或者虚假记载，被有关机关责令改正或者经董事会决定进行更正的，要以重大事件临时报告的形式在资本市场上进行披露。”

自愿披露差错信息是否受到财务报表错报重要性判断的影响。

一、财务重述相关文献回顾

上市公司是否发生财务重述是衡量财务报表可靠性的途径之一，将关于财务重述的研究可划分为影响因素和经济后果两大类，下面分别对这两大类研究文献进行回顾和评析，以说明本章实证研究的主要目的。

（一）影响财务重述发生的主要因素

国内外学者关于财务重述影响因素的研究成果是相当丰富的，研究文献大多聚焦于董事会特征、公司股权结构、外部审计以及盈余管理动机对于财务重述的影响。有国外学者研究发现，经营和投资活动中的应计与盈余重述有关，财务重述概率与总应计有显著正向关联（Richardson，1998）。张为国和王霞（2004）利用 1999 ~2001 年我国上市公司进行会计差错更正的样本为对象，研究发现管理层更易利用高报盈余差错来进行盈余管理。根据曹强（2010）的研究，公司内部控制缺陷是财务重述产生的最主要原因，除此之外，进行盈余管理、准则的模糊性以及业务复杂性也是导致重述的因素。

在众多关于财务重述的研究中，关注于上市公司自愿重述的影响因素系统性研究非常少。有实证检验发现，新任 CEO 更倾向于自愿重述以前年度不严重的财务报表误述，并且倾向于进行自愿重述（Chan & Huang，2016）。而陈丽英（2018）从管理层财务报告披露环节的策略选择视角出发，实证表明了重述重要性程度越高，公司越倾向于进行隐晦重述。

（二）财务重述的经济后果

财务重述背后可能隐藏的是公司经营或管理上存在问题，并且可能会增加未来经营的不确定性及风险。财务重述公告发布后可能导致公司融资成本上升以及市场价值的波动。托德和特里（Todd & Terry，2009）利用法马（Fama）和弗伦奇（French）三因子模型检验了财务重述和信息风险定价之间的关系，发现发布重述公告后，要素载荷的增加导致估计资本成本上升。赫里巴尔和詹金斯（Hribar & Jenkins，2004）研究表明，财务重述后的一个月内，公司股权资本成本平均上升 7% ~19%。然而其负面效应不止于此，格雷厄姆（Graham，2008）研究发现重述后银行贷款需要更短的期限、更高的利率以及更严格的契约规定。安德森等（Anderson，2002）发现公司发生财务重述后，股票买卖价差的范围会加剧。我国学者也进行了财务重述市场反应方面的研究，例如，魏志华和李常青（2009）运用事件研究法对我国上市公司财务重述公告效应进行了系统性实证，最终发现投资者关注的重心是财务重述是否会影响公司价值判断，如会计问题引致的重述、涉及核心会计指标以及调低公司盈余的带有“坏消息”性质公告，其市场反应显著为负；而极少具有“好消息”性质的重述公告，市场反应显著为正。这些研究都能反映出公司发布重述公告后，投资者或债权人等对公司经营状况和盈余不确定性的担忧。

（三）主要评析

梳理以前学者研究文献发现，影响财务重述行为发生的系统性因素的研究较为丰富，公司财务重述行为具有很强的负面经济后果，正常情况下公司也不会期望主动进行财务重述，这里存在着管理当局对于进行重述行为的成本收益的权衡。当管理层作出公开披露错报决策符合成本收益原则时，则会自愿重述以前年度财务报表，这种行为就构成自愿性财务重述；反之，由上市公司监管方强制其进行财务重述的，则构成非自愿财务重述。然而，鲜有文献基于管理层重要性判断探究其对自愿性财务重述是否造成影响。本章以此视角另辟蹊径，从管理层自利动机层面探索错报重要性程度与自愿性财务重述之间是否存在显著关联。

二、研究假设的提出

基于信息披露的专有成本假说：负面的专有信息披露可能会削弱公司的

竞争优势，产生专有成本，导致对信息披露内容自由裁定。重述公告的发布会降低公司财务报表的可靠性，使得投资者或债权人对公司未来经营性现金流预期变得不确定，从而降低市场价值（Desai et al.，2006），因此财务重述会引致专有成本的产生。而信息披露门槛存在表明，随着专有成本的上升（下降），信息披露的门槛水平也上升（下降），披露的信息也越少（多）。斯考特（Scott，1994）的实证研究发现，更低的专有成本可能降低披露门槛。依此推断，当重述产生更高的专有成本时，管理层可能更倾向于战略性选择不主动披露差错信息。

海茨曼（2009）的研究表明，自愿性信息披露动机一定要考虑重要性对于信息披露决策的作用。进一步从重要性门槛层面加以分析，根据重要性判断的自身特征，会计信息错漏报重要程度的直接判断准绳是是否影响理性使用者作出正确经济决策。然而由于无法剥离其他因素的影响去直接观察并检验投资者或债权人决策变动的真实原因，那么此时便需要管理层和审计师的职业判断确定重要性门槛，当公司错报信息的严重程度超过重要性门槛时，表明财务报表误述会对使用者产生影响，因此管理层必须加以更正和披露。然而公司财务报表是否存在差错，以及财务报表差错重要性门槛的确定属于管理层的专有信息，管理层为避免对竞争地位和优势产生不利影响，通常会倾向于减少专有成本较高的信息披露，而资本市场中并无披露重要性水平的强制规定，由此此时的错报信息是否得以更正及披露可能构成重述意愿选择的影响因素。

理查森和舒尔茨（Richardson & Scholz，2004）的研究认为，公司财务报表错报信息重要性程度越高，市场股票收益率负向波动越明显。这说明错报重要性对于投资者决策产生一定影响，从而提高了错报信息披露的专有成本，那么管理层不愿主动重述的动机也越强；相反推之，错报信息重要性程度越低，自愿披露信息的专有成本越低，即管理层会意识到不严重的错报对公司竞争能力造成的影响“无关痛痒”，因此相对而言会选择去主动重述。图7-1描述了错报重要性判断对重述方式的影响路径。基于上述分析，提出假设7-1：

H7－1：其他条件一定，当公司存在财务报表错报时，错报重要性程度越低，公司越倾向于进行自愿重述。

考虑一项关于财务报表错报重要性评估主要依赖数量和性质两大因素，从数量因素来分析，提出假设7－1a：

H7－1a：其他条件一定情况下，当公司存在财务报表错报时，错报定量重要性水平越低，公司越倾向于进行自愿性财务重述。

另外，从财务报表错报重要性判断的性质因素视角分析其对于自愿重述的影响，提出假设7－1b：

H7－1b：其他条件一定情况下，当公司存在财务报表错报时，错报性质重要性程度越低，公司越倾向于进行自愿性财务重述。

在考虑是否主动更正前期差错时，还有什么因素迫使管理层忽略错报信息的重要性程度而自愿重述呢？本书将发生重述公司前一年度财务报告是否被出具非标审计意见这一因素纳入研究之中。瓦茨和齐默尔曼（Watts & Zimmerman，1983）很早之前就提出，外部审计是降低代理成本的重要途径。根据信号传递理论，被出具非标准无保留审计意见的公司，投资者可能认为其财务报表未能客观、公允地反映公司真实财务状况。李增泉（1999）实证研究表明，审计意见会对投资者产生重要影响。朱凯等（2009）的研究表明，被出具非标审计意见的公司会获得更高的债务融资成本。当公司发现财务报表存在会计差错时，无论差错调整金额或对盈余的影响数多大，出于财务表信息可靠性和谨慎性的考虑，前一年度财务报表被出具过非标准无保留审计意见的压力可能促使管理层更严格地遵守相关规定，而主动重述以前期间差错信息，从而将减弱数量重要性程度对重述意愿的影响，基于此，本文提出假设7－2：

H7－2：其他条件一定的情况下，若在重述公告的前一年度财务报表被出具非标审计意见，则会显著减弱错报重要定量程度与自愿性财务重述之间负相关关系。

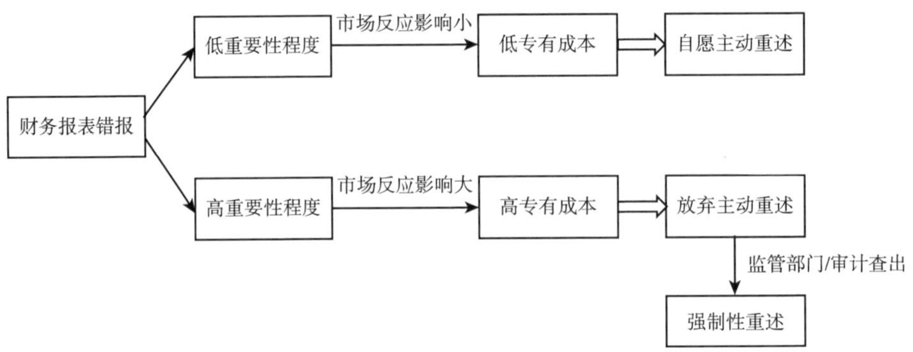

图 7－1　错报重要性对自愿性重述的影响路径

第三节　实证研究设计

一、研究样本与数据来源

通过以“差错更正”“追溯调整”“补充更正”为关键词，手工收集了 2008～2017 年我国沪、深两市 A 股公司以重大事项临时公告的形式披露的差错更正公告，共计 1 008 份。参照曹强（2010）的做法，为保证重述意愿研究准确性，样本筛选过程如下：（1）剔除掉金融保险行业的公司样本；（2）剔除掉实质上涉及会计政策变更、会计估计变更以及合并或分立导致的追溯调整的样本；（3）因本书研究主要解释变量是错报重要性程度的影响，其度量涉及对财务报表项目的调整和对损益是否产生影响，所以剔除掉公司以前期间发生的非财务报表重述的相关样本后得到财务报表重述样本 712 个；（4）剔除掉无法判断其性质是否属于自愿重述、未明确说明差错性质以及未披露财务报表具体如何调整的样本，得到最终研究样本 679 个。其他数据均来源于中国股票市场研究数据库（CSMAR）。回归分析中加入年度和行业虚拟变量控制固定效应；为消除极端值对回归结果的影响，本书对所使用到的所有连续变量按照 1% 比例进行缩尾处理。

二、变量的选取

（一）解释变量的选取

在国内外研究关于重要性判定指标的度量中，有人将错报重要性考虑因素分为数量因素、质量因素以及公司背景因素，并分别建立度量指标体系（Andrew & Jeffrey，2009）；在研究管理层、审计师的错报调整动机与重要性判断的内在关系时，有国外学者将衡量重要性错报因素分为数量和性质因素分别进行实证检验（Marsha & Karla，2012）；我国学者陈丽英（2018）在信息披露方式与重要性判断研究中也构建了重述重要性定量和定性因素的指标体系。参考上述学者对于重要性判断因素的代理变量指标的选取，选取两个变量构建重述的重要性判断数量因素（Quantitative Factors）以检验假设 7－1a：第一个指标是错报金额的重要性水平（Quan_Level），以重述对净利润影响金额占重述前公司利润总额的比值绝对值度量，若重述没有涉及损益表科目，则以资产负债表错报金额占重述前公司利润总额的比值绝对值度量；若重述年度不止一年，则差错金额的重要性水平取均值计算；因每次重述可能涉及不同年份或同年不同会计期间财务报表，则将重述调整所涉及的会计报表期间数量（Num）作为第二个衡量指标。选取三个变量构建性质重要性的衡量（Qualitative Factors）以检验假设 1b：第一个变量度量是发生的差错性质，广义而言，财务重述的根源包括错误和违规，将违规性差错视为性质重大的差错，而由于计算错误、疏忽或会计方法的错误应用与不恰当判断视为性质不严重的差错。本书借鉴借鉴马晨、张俊瑞和杨蓓（2016）的研究，将违反会计准则或其他制度规定、存在虚增收入以及虚构利润等视为违规性差错，若检查重述原因属于违规性差错（IRR），则 IRR 取 1，其他则取 0；第二个度量变量是重述是否涉及收入、成本等核心报表科目（Core），若涉及以上会计科目调整则取 1，不涉及则取 0；调增还是调减盈余对于错报性质的度量也是不容忽视的①，因此第三个衡量性质重要程度是盈余重述的方向（Direction），若调减净利润则为1，其他则为0。以发布重述公告前一会计年度的审计意见类型（Audopi）作为调节性变量检验假设2。

（二）其他变量的选取

本章旨在研究上市公司自愿性重述是否受到财务报表错报重要性判断因素的影响，被解释变量设为RES，若发生自愿性重述（Voluntary），即公司经自查主动发现差错并进行更正和披露，则RES取1；若发生非自愿性重述（INVoluntary），即公司经监管部门（证监会、财政部或税务部门等）和会计师事务所审查并要求其进行重述，则RES取值为0。参考财务重述影响因素方面的研究，选取公司规模（SIZE）、资产负债率（LEV）、企业成长性（ROA）、企业性质（SOE）、董事会规模（Boardsize）、独立董事占比（Indep）等公司治理特征变量作为控制变量。此外，根据陈（Chen，2016）的研究，本研究还控制了管理层变更（Manturnover）这一变量。值得注意的是，因公司特定主体环境因素也是影响重要性程度判定的考量因素，或可能也会间接影响财务信息披露决策，因此本研究加入发生重述当年公司是否处于亏损状态（Loss）以及在重述年度公司财务报表是否经四大审计（Big4）作为其余控制变量。变量名称及定义具体如表7-4所示。

表7-4　主要变量与定义

变量类型	变量名称	变量符号	变量定义
被解释变量	重述方式	RES	公司自愿更正前期差错，则取1；公司非自愿更正，取值为0
定量因素	重要性数量水平	Quan_Level	ABS（净利润调整金额/利润总额）；ABS（资产负债表错报调整金额/资产总额）
	重述年度数量	Num	重述涉及的定期财务报告数量

① 财务重述可能会增加或减少损益，而降低盈余这种状况会对公司声誉、管理层业绩产生较大影响，因此引起负面的市场反应，因此公司更倾向于不愿意自愿披露财务重述信息。

续表

变量类型	变量名称	变量符号	变量定义
定性因素	违规重述	IRR	若涉及违规重述，则取1；否则取0
	核心内容	Core	若重述涉及成本/收入核心科目的调整，则取1；否则取0
	重述盈余方向	Direction	若重述调减净利润，则取1；否则取0
调节变量	前一会计年度审计意见类型	Audopi	若公司重述公告前一年度被出具非标审计意见，则取1；否则取0
控制变量	公司规模	SIZE	重述公告年度公司总资产的自然对数
	公司杠杆	LEV	重述公告年度公司资产负债率
	成长性	ROA	重述公告年度公司资产收益率
	管理层变更	Manturnover	公告日前一年内董事长或总经理变更，则取1，否则为0
	董事会独立性	Indep	重述公告发布年度公司当年独立董事占董事会人数比例
	盈余亏损	Loss	若公司重述年度为亏损，则取1；否则取0
	董事会规模	Boardsize	重述公告年度公司董事会人数取自然对数
	企业性质	SOE	若在公告年度为国有企业，则取1；否则取0
	是否四大审计	Big4	若重述年度公司财务报表经四大审计；则取1，否则取0

资料来源：作者整理。

三、回归模型的选择

我们运用 Logistic 回归分析以检验错报重要性的数量、质量因素以及前一年度审计意见类型对二者关系的可能影响，建立如下回归模型：

$$RES(Voluntary = 1) = a0 + a1 * Quan\_Level + a2 * Num + a3 * Direction + a4 * IRR + a5 * Core + a6 * Controls \quad (7.1)$$

$$RES(Voluntary = 1) = a0 + a1 * Quan\_Level + a3 * Auopi + a4 * Audopi * Quan\_Level + a5 * Controls \quad (7.2)$$

第四节　实证检验与结果分析

一、描述性统计

（一）样本分布情况

如表7－5所示，上市公司自愿重述的样本共475个，占样本总数的69.9%，非自愿重述样本共204个，占样本总数的30.1%。2008～2017年十年间，2008年以及2015年的样本数量占比较少，均占样本总数的8.84%；2009年的样本数量最多，占比11.49%，由此可见，每年重述样本的数量差异并不是很大，分布偏向于均衡。

表7－5　样本重述类型分布情况

年度	重述公司（个）	重述公告（个）	重述类型（个）		占比（%）
			自愿重述	非自愿重述	
2008	60	60	41	19	8.84
2009	78	78	55	23	11.49
2010	73	73	51	22	10.75
2011	74	74	51	23	10.90
2012	65	65	40	25	9.57
2013	67	68	50	18	10.01
2014	72	75	50	25	11.05
2015	60	60	41	19	8.84
2016	53	53	39	14	7.80
2017	73	73	57	16	10.75
合计	—	679	475	204	100.00

资料来源：作者根据样本数据整理。

（二）主要变量差异性检验

表7－6呈现的是自愿重述和非自愿重述样本主要变量统计特征的对比

情况，并运用 t 检验以检查自愿重述和非自愿重述样本各变量均值差异。由表 7 – 6 可见，衡量错报定量重要性水平的两个变量在两组样本中均值分别为 35. 7% 和 79. 3% ，中位数分别为 7. 3% 和 10. 1% ，t 检验在 1% 水平上显著为负，说明自愿重述相比非自愿重述而言，财务错报的定量重要性程度较低；从 Num 这一变量来看，两组样本间发生一次重述所涉及调整定期报告平均数量分别为 1. 347 和 1. 681，t 值为 –4. 304，在 1% 水平上显著，由此可见自愿重述组错报定量水平依然显著低于非自愿重述组。代表重要性程度的性质因素的各个变量特征也具有组间显著性差异，性质重大的违规性误述的两组均值分别为 0. 067 以及 0. 324，即说明更多比例违规性误述通常而言是被监管部门检查出并要求更正的，管理层自愿更正的违规性误述非常之少；同理而言，自愿性重述所涉及的核心账户或科目数也相对较少，均值为 0. 248，小于非自愿重述组的 0. 529；在盈余重述方向方面，其均值分别为 0. 488 和 0. 625，说明非自愿重述组调减净利润的比重较大。三个变量的 t 检验均通过 1% 显著性，因此具有组间显著差异。整体而言，自愿重述组平均错报重要性程度显著低于非自愿重述重要性程度，假设 7 – 1a 和 7 – 1b 得到初步验证。在控制变量中，高管变更这一变量在两组间通过 5% 水平的 t 检验，即公告前一年度发生高管变更的公司更倾向于自愿性重述，ROA 组间差异在 10% 水平上显著。

表 7 –6　　自愿重述和非自愿重述样本的主要变量描述统计对比

主要变量	自愿重述			非自愿重述			差异性检验
	均值	中位数	标准差	均值	中位数	标准差	T 检验
Quan_Level	0. 357	0. 073	1. 169	0. 793	0. 101	3. 061	–2. 685 ***
Num	1. 347	1. 000	0. 776	1. 681	1. 000	1. 208	–4. 304 ***
IRR	0. 067	0. 000	0. 251	0. 324	0. 000	0. 469	–9. 225 ***
Core	0. 248	0. 000	0. 433	0. 529	1. 000	0. 500	–7. 394 ***
Direction	0. 488	0. 000	0. 500	0. 652	1. 000	0. 478	–3. 958 ***
Audopi	0. 198	0. 000	0. 399	0. 152	0. 000	0. 360	1. 416
Manturnover	0. 566	1. 000	0. 496	0. 495	0. 000	0. 501	1. 710 **
Indep	0. 368	0. 333	0. 053	0. 056	0. 333	0. 053	–0. 295

续表

主要变量	自愿重述			非自愿重述			差异性检验
	均值	中位数	标准差	均值	中位数	标准差	T 检验
SIZE	21.622	21.507	1.325	21.571	21.497	1.253	0.469
LEV	0.537	0.530	0.284	0.545	0.567	0.280	-0.342
ROA	-0.002	0.020	0.359	-0.228	0.014	3.385	-1.439*
Loss	0.232	0.000	0.422	0.196	0.000	0.398	1.022
Boardsize	2.161	2.197	0.208	2.147	2.197	0.194	0.819
SOE	0.463	0.000	0.499	0.466	0.000	0.500	-0.061
Big4	0.034	0.000	0.181	0.020	0.000	0.139	0.993

注：*、**、*** 分别代表在0.1、0.05 和0.01 的水平（双侧）上显著；利用 Stata15.0 计算整理。

二、主要回归结果

表7-7 呈现的是本文假设7-1a、假设7-1b 的实证回归结果，采用分步和整体回归分别列示。回归结果（1）至回归（5）呈现单独每一项错报重要性程度对于自愿性重述决定的影响，回归（6）是综合模型的分析结果。在整体回归中，模型的 $LR\chi^2$ 结果值为 184.56，且在1%水平上显著（P<0.000）。在回归结果列（1）中代表错报重要性判断的数量因素的两个变量的估计系数显著为负，其中，错报调整金额的定量重要性水平（Quan_Level）在5%的水平上显著，估计系数为-0.150，说明公司倾向于自愿重述较低的定量程度的错报；在列（2）中，一次重述所涉及的定期报告数量（Num）在1%的显著性水平下显著为负，估计系数为-0.484，表明重述所涉及的定期报告数量越少，公司越倾向于进行自愿重述；同时定量重要性的度量在回归模型（6）中也全部负向显著，因此进一步验证了假设7-1a。由（3）~（5）列可见，代表错报重要性判断程度的性质因素的三个变量（IRR、Core 及 Direction）的估计系数全部显著为负，符合符号假设预期，说明在发生违规性错报越少、涉及的核心报表科目越少以及调减盈余比重越小

的报表误述情况之下，公司越愿意自行更正差错并公开披露，假设 7－1b 在此得以验证。概言之，回归结果整体，错报重要性程度较低，意味着重述的专有成本较低和披露的重要性门槛较低，这便会增加管理当局进行自愿重述的可能性，此时也佐证了管理当局在错报重要程度判定方面存在战略选择的机会主义行为。

表 7－7　　主要回归结果 1

变量	假设 1					
	定量因素		定性因素			综合
	(1)	(2)	(3)	(4)	(5)	(6)
截距项	－0.0698 (－0.028)	－0.281 (－0.111)	－1.811 (－0.680)	－1.259 (－0.476)	－0.387 (－0.153)	－0.067 (－0.023)
Quan_Level	－0.150** (－2.202)					－0.157** (－2.039)
Num		－0.484*** (－4.486)				－0.373*** (－2.938)
IRR			－2.378*** (－7.906)			－2.052*** (－6.527)
Core				－1.368*** (－6.643)		－1.032*** (－5.221)
Direction					－0.683*** (－3.485)	－0.592*** (－2.673)
Manturnover	0.367* (1.85)	0.393* (1.95)	0.466** (2.201)	0.400* (1.945)	0.340* (1.71)	0.527** (2.364)
Indep	0.913 (0.431)	0.799 (0.374)	1.854 (0.807)	1.029 (0.465)	1.186 (0.555)	1.907 (0.788)
ROA	0.0739 (0.744)	0.0878 (0.715)	0.0343 (0.339)	0.0705 (0.695)	0.0893 (0.612)	0.0468 (0.372)
SIZE	－0.0535 (－0.580)	－0.0319 (－0.342)	－0.0419 (－0.425)	0.0325 －0.338	－0.0389 (－0.420)	－0.0276 (－0.260)
LEV	－0.237 (－0.616)	－0.206 (－0.531)	－0.231 (－0.573)	－0.357 (－0.886)	－0.149 (－0.383)	－0.318 (－0.737)

续表

变量	假设1					
	定量因素		定性因素			综合
	(1)	(2)	(3)	(4)	(5)	(6)
Loss	0.37 (1.473)	0.359 (1.414)	0.286 (1.051)	0.619** (2.367)	0.37 (1.473)	0.587** (2.028)
Boardsize	0.562 (0.985)	0.67 (1.157)	0.89 (1.455)	0.635 (1.069)	0.714 (1.252)	0.66 (1.018)
SOE	0.0425 (0.19)	0.100 (0.439)	0.00539 (0.023)	-0.0228 (-0.098)	-0.035 (-0.156)	0.00723 (0.029)
Big4	0.672 (1.036)	0.567 (0.892)	0.21 (0.317)	0.712 (1.111)	0.727 (1.126)	0.211 (0.324)
YEAR & IND	Control	Control	Control	Control	Control	Control
Pseudo R^2	0.103	0.099	0.164	0.130	0.112	0.230
$LR\chi^2$	82.51	79.35	131.71	104.50	95.67	184.56
N	679	679	679	679	679	679

注：(1) *、**、*** 分别代表在0.1、0.05和0.01的水平（双侧）上显著；(2) 括号内为z值。

在控制变量的结果中发现，公告前一年度公司存在高管变更（Manturnover）时，更倾向于对以前年度存在的财报差错进行自愿性重述，整体回归中的系数为0.527，通过5%水平下的显著性检验，意味着新任高管在任期的第一年内，可能出于卸责动机及满足利益相关者的新任期待的目的，倾向于对以前高管时期存在误述的财务报表进行自愿性重述，而非“坐以待毙”地等待监管部门进行强制性审查。

公司重述年度是否亏损（Loss）这一变量通过10%的显著性水平，在整体模型中显著，一定程度上说明发生亏损的公司对于自愿重述更敏感，在可能处于财务困境的环境下，更需要主动披露差错信息以防止被监管部门查出。其他控制变量都不显著，因为所涉及样本都是进行重述的公司，所以可能说明他们都具有类似的公司特征。

表7-8呈现的是关于假设7-2的回归结果，回归分析（8）和（9）列示了公司重述的前一年度是否被出具非标审计意见对于重要性定量因素影响

自愿重述的调节效应。由列（9）可见，加入前一年度是否被出具非标审计意见以及数量因素交乘项可见，Audopi 与 Quan_Level 的交乘项与重述方式显著正相关，估计系数为 0.374，且通过 5% 的显著性水平，说明在重述的前一年度若公司被出具非标审计意见，则错报定量重要性水平对于自愿重述正向影响越显著，减弱了假设 1 中错报定量水平对自愿性重述的负向影响；Audopi 与 Num 的交乘项在模型中虽不显著，但系数呈现正相关关系。综合而言，一定程度上，在前年度被出具非标审计意见的压力下，可能不再以低披露成本和低重要性门槛来作出自愿重述决策，因此 Audopi 对于错报定量重要性水平影响管理层自愿重述具有一定调节效应，假设 7 -2 得到验证。

表 7 -8　　　　　　　　　　主要回归结果 2

变量	假设 2		
	（7）	（8）	（9）
截距项	1. 513 （0. 681）	0. 890 （0. 499）	1. 652 （ -0. 737）
Quan_Level	-0. 169 ** （ -2. 270）	-0. 364 *** （ -3. 033）	-0. 402 *** （ -3. 063）
Num	-0. 510 *** （ -4. 713）	-0. 398 *** （ -4. 401）	-0. 589 *** （ -4. 507）
Audopi	0. 548 * （1. 858）	0. 309 （1. 121）	-0. 0717 （ -0. 145）
Audopi × Quan_Level		0. 324 ** （2. 284）	0. 374 ** （ -2. 45）
Audopi × Num			0. 232 （ -0. 981）
Manturnover	0. 330 * （1. 42）	0. 321 * （1. 38）	0. 193 （0. 828）
ROA	0. 344 （0. 743）	0. 195 （0. 839）	0. 309 （ -0. 745）
SIZE	-0. 0553 （ -0. 609）	-0. 0125 （ -0. 160）	-0. 056 （ -0. 623）
LEV	0. 106 （0. 817）	0. 059 （0. 559）	0. 110 （ -0. 808）

续表

变量	假设 2		
	(7)	(8)	(9)
Indep	0. 201 (0. 097)	0. 708 (0. 384)	0. 469 (-0. 224)
Loss	0. 256 (0. 998)	0. 138 (0. 586)	0. 298 (-1. 154)
Boardsize	0. 0579 (0. 927)	0. 0387 (0. 667)	0. 0517 (-0. 822)
SOE	0. 156 (0. 700)	0. 110 (0. 576)	0. 157 (-0. 700)
YEAR & IND	Control	Control	Control
Pseudo R^2	0. 107	0. 055	0. 117
LR chi^2	86. 10	45. 71	93. 68
N	679	679	679

注：(1) *、**、*** 分别代表在 0. 1、0. 05 和 0. 01 的水平上显著（双侧）；(2) 括号内为 z 值。

三、内生性问题处理

(一) 内生性问题分析

本书研究的核心问题是我国上市公司财务重述的自愿性意愿是否受管理层自利性动机或压力的影响，作为对比的非财务重述样本组是强制性财务重述行为发生的样本。在样本筛选时虽然剔除了会计政策变更或无法明确差错性质的模糊样本，以确保研究样本中均已意识到财务报表出现的差错。而进行盈余操纵的所有公司都很大可能性面临着重述盈余的风险（Pfarrer et al. , 2008），当管理层意识到财务报表存有错报时，具有盈余操纵动机的公司管理当局很可能不愿意主动进行重述，也即未发生财务重述的公司也会作出不主动更正的选择。毋庸置疑，此时以强制性重述样本作为公司管理当局决定不主动重述的对照样本是受限的，会产生样本选择偏差。综上而言，参考陈（Chan，2016）的做法，本书对自愿性重述样本匹配未发生重述公司样本，

对匹配后的所有样本重新回归，在模型（7.1）中的衡量错报重要程度的变量替换为|DA|，若|DA|与自愿性重述存在显著正向关系①，则说明更倾向于对已有错报进行更正并重述，排除了盈余管理动机因素的干扰，若|DA|与自愿性重述存在显著负向关系，则说明上市公司存在可操控性应计较高时，公司会主动选择不进行重述，前述分析存在样本选择偏差问题。

（二）PSM 方法的步骤

1. 样本匹配方法。在总体未发生财务重述 22 155 个公司全样本中，采用倾向匹配得分方法为自愿性财务重述的公司样本寻找可能重述特征相似的对照样本，发生重述的公司往往具有股权分散、盈利能力较弱、面临的经营风险较大的特点（周晓苏，2011；于鹏，2007），因此，我们选择匹配的协变量包括公司规模（Size）、净资产收益率（Roe）、企业成长性（Growth）、市账比（Bm）、公司前三大股东持股比例之和（Stock3）以及前三名高管薪酬（Lnpay），并在逐步回归中控制行业和年度效应。考虑未发生财务重述的样本量较大，因此按照1：2 近邻匹配方法，为每1 实验组样本寻找到2 个配对样本，最终得到成功配对样本 940 个。

2. 平衡性检验。在进行模型估计之前，对配对效果进行了平衡性检验，其结果列示如表 7 -9、表 7 -10 所示，对每一变量匹配后的标准化偏差都小于 5，且都无明显差异；整体样本匹配后的标准化偏差均小于 5，因此可以判断，匹配之后的实验组和对照组在协变量匹配方面已无明显差异。

表 7 -9　　平衡性检验结果（分变量）

变量	U 未匹配/M 匹配	平均值		标准化偏差%		T 检验	
		处理组	控制组	偏差	偏差减少额	T 值	P 值
Roe	U	0.01843	0.04072	-31.2		-7.64	0.000
	M	0.01843	0.01642	2.8	91	0.38	0.703
Growth	U	0.3228	0.22051	12.3		3.48	0.000
	M	0.3228	0.3335	-1.3	89.5	-0.16	0.871

① 本书中对可操控性应计（DA）的计算以修正的琼斯模型分行业和年度回归得到。

续表

变量	U未匹配/M匹配	平均值		标准化偏差%		T检验	
		处理组	控制组	偏差	偏差减少额	T值	P值
Size	U	21.641	21.998	-26.8		-5.74	0.000
	M	21.641	21.69	-3.7	86.2	-0.58	0.562
Bm	U	0.90854	0.95435	-4.7		-0.95	0.341
	M	0.90854	0.91754	-0.9	80.3	-0.15	0.884
Lnpay	U	13.835	14.208	-49.4		-10.82	0.000
	M	13.835	13.826	1.2	97.5	0.19	0.848
Stock3	U	43.219	48.264	-31.5		-6.82	0.000
	M	43.219	43.053	1.0	96.7	0.16	0.874

资料来源：根据Stata15.0计算整理。

表7-10　　　　平衡性检验结果（整体）

样本	Ps R^2	LR chi^2	$p > chi^2$	MeanBias	MedBias
未匹配	0.214	971.45	0	19.5	15.3
匹配后	0.070	8.91	1	2.8	1.5

资料来源：根据Stata15.0计算整理。

3. 匹配核密度图形。图7-2和图7-3所示为样本匹配前后控制组和实验组的倾向值得分的核密度图，核估计是非参数估计，由图形可以看出，具有一定的匹配效果。

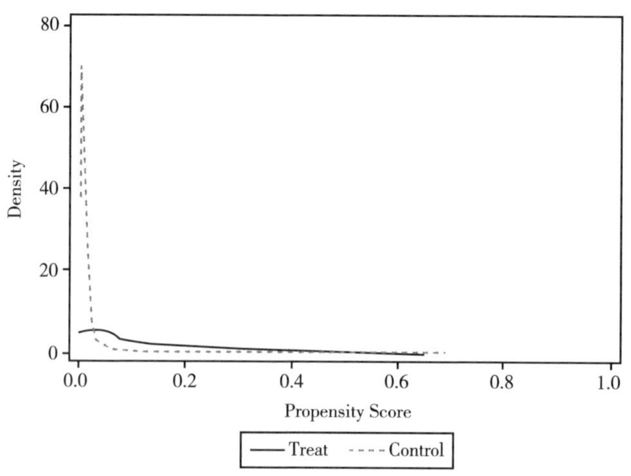

图7-2　匹配前核密度

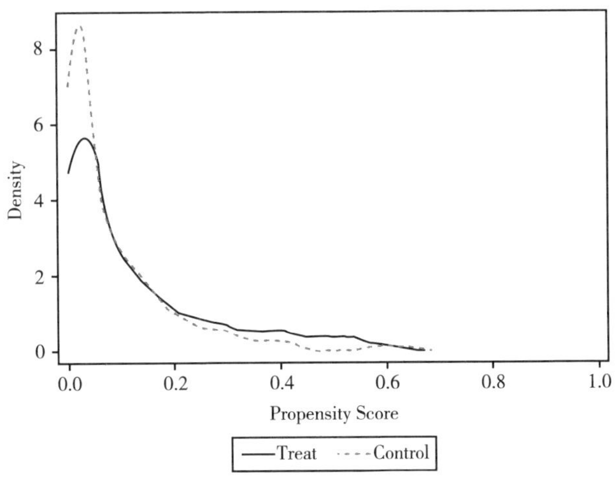

图 7－3　匹配后核密度

（三）匹配后样本的实证检验

下面对匹配之后的控制组样本以模型（7.3）进行实证检验，与主要模型（7.1）相比，仅仅将错报重要性程度的五个变量替换为 DA 的绝对值，其他解释变量和控制变量均保持不变。

$$RES(Voluntary = 1) = a0 + a1 * |DA| + a2 * Controls \qquad (7.3)$$

根据模型（7.3），其回归结果如表 7－11 列示，第（1）和（3）列显示回归结果可知，无论在单独回归还是整体回归组中，|DA|的系数分别在 1% 和 5% 水平下显著为正，则说明盈余管理程度与财务重述发生概率正相关，与以往研究结论保持一致（周晓苏，2011），并排除了盈余操纵动机对自愿重述意愿的干扰，模型（1）不存在严重样本选择偏误问题。

表 7－11　　匹配控制组样本后整体回归结果

变量	(1)	(2)	(3)
Constant	−1.18 (−0.613)	−0.753 (−0.393)	−2.155 (−1.096)
Absda	1.624*** (2.683)		1.492** (2.456)

续表

变量	(1)	(2)	(3)
Controls	Control	Control	Control
YEAR & IND	Control	Control	Control
Pseudo R^2	0.0482	0.0649	0.0724
$LR\chi^2$	90.59	96.19	106.29
Observations	1 410	1 410	1 410

资料来源：根据 Stata15.0 计算整理。

四、稳健性检验

为了进一步提高结论的可靠性，进行了如下稳健性检验。(1) 考虑非自愿重述的样本中可能含有自愿重述样本情况，反之亦然；我们对研究样本的重述类型进行再次划分：如果公司在发布自愿重述公告年度前两年内有被监管部门或审计师要求财务重述的情形，则将该年度自愿重述公告划分为非自愿重述类型；发布非自愿重述公告的公司，若公告期和报表差错发生期都属同一年度内，则将该年度非自愿重述重新划分为自愿重述类型。重划分后最终得到 212 个非自愿重述样本和 467 个自愿重述样本，重新进行模型回归。(2) 剔除掉重述盈余为 0 的样本 53 个，重新对剩余样本进行回归。(3) 重述公告前一年度是否被出具非标审计意见的变量更换为滞后一期情形；更改高管变更（Manturnover）的度量方式，即为若公司截至重述公告日新任高管（董事长或总经理）任期小于两年时，Manturnover 则取 1，否则取 0，综上变换后重新进行回归分析，此时剔除掉错报发生在高管新任之后的样本 18 个，对其余样本进行回归分析。表 7－12 呈现了稳健性检验的主要回归结果。由表可知，稳健性检验结果与前述主要回归基本一致，从而再次支撑了本研究提出的假设 7－1 和假设 7－2。

表 7-12 稳健性检验结果

变量	（1）重划分重述类型	（2）剔除重述盈余为0	（3）更改变量方式
截距项	1.023 (0.365)	0.538 (0.184)	0.193 (0.068)
Quan_Level	-0.316*** (-3.123)	-0.140* (-1.801)	-0.152** (-2.002)
Num	-0.352*** (-2.778)	-0.374*** (-2.941)	-0.387*** (-3.056)
IRR	-1.927*** (-6.158)	-1.802*** (-5.564)	-1.984*** (-6.344)
Core	-1.068*** (-4.722)	-1.084*** (-4.635)	-1.122*** (-4.912)
Direction	-0.496** (-2.260)	-0.601*** (-2.607)	-0.589*** (-2.672)
Audopi × Quan_Level	1.101** (2.231)	0.470** (2.073)	0.454* -1.922
Controls	Control	Control	Control
YEAR & IND	Control	Control	Control
Pseudo R^2	0.228	0.216	0.226
LR chi^2	184.78	161.14	182.39
N	679	626	661

注：（1）*、**、*** 分别代表在0.1、0.05和0.01的水平上显著；（2）括号内为z值。

五、实证研究结论及启示

以上实证检验以2008~2017年我国沪深两市A股上市公司发布的财务重述类公告为样本，从管理层自利动机视角实证检验了自愿性财务重述是否受到错报重要性程度的影响。研究表明，当财务报表存在错报时，基于自愿性信息披露的专有成本假说，上市公司更倾向于主动更正调整金额较小、所涉及更正的定期报告数量较少的财务报表错报；与此同时，相对性质严重的错报而言，管理当局更愿意去重述差错性质相对缓和的误述，从而说明上市公司可能存在有错不报，并存在隐藏违规性差错、调减盈余等性质因素重大的报表差错的机会主义行为，从侧面验证了在公司自愿性重述行为过程中可能存在错报重要性门槛判断问题。进一步根据研究发现，重述前年度财务报告被出具非标准无保留审计意见，一定程度上会减弱数量重要性判断对于管理层自愿重述的影响。

此研究结论带来一定启示：对于监管机构而言，从保护投资者视角出发，应加强“有错不报”或“只报小错”情形上市公司的前期财务报告的检查力度，以防管理层可能故意隐藏重大会计差错的舞弊行为。对于上市公司而言，应完善和提升内部控制制度及董事会监督职能的有效性，并接受严格高质量的外部审计，定期主动自查前期财务报表是否存在重大差错，将数量因素和性质因素结合起来作出合理的重要性判断。

本章小结

首先，本章由 TD 公司 2015 年发布《关于重大会计差错更正的公告》的案例作出分析，提出需要进一步检验的问题：管理层是主动进行差错更正，还是被动更正（审计要求、监管要求等）并重述财务报表信息，这与财务报告错报重要性程度判定是否存在一定关联。其次，本章主要立足我国上市公司财务重述意愿视角，检验了自愿性重述和非自愿性重述的差异是否受制于错报重要性程度判断的影响。基于自愿性信息披露的专有成本假说，研究发现，管理层更倾向于自愿更正影响金额较小、涉及的定期报告数量较少的错报；与此同时，也倾向于主动重述性质相对并不严重的报表错误，从而说明上市公司可能存在有错不报，并隐藏违规性差错、调减盈余等性质重大的报表差错的机会主义行为。在重述公告的前一年度财务报表被出具非标审计意见，则会显著减弱错报重要定量程度与自愿性财务重述之间负相关关系。实证检验主要意义在于迄今国内鲜有文献对此进行深入探讨，参考国内外关于重要性及判定标准的制度规范，建立财务报表错报重要性程度的度量指标体系，检验了我国上市公司管理层重要性判断是否为管理层提供机会主义空间。研究结论的启示是：对于上市公司而言，应完善和提升内部控制制度及董事会监督职能的有效性，定期主动自查前期财务报表是否存在重大差错，将数量因素和性质因素结合起来合理地作出重要性判断；对于准则制定机构来说，应考虑制定更加详细的重要性应用指引，以帮助管理层在具体的财务信息披露决策中更准确地进行重要性判断，减少不确定性。

| 第八章 |

内部控制缺陷重要性定量标准与财务报告舞弊

第一节　制度背景与研究路径

一、我国内部控制缺陷认定制度

企业内部控制的有效性与财务报告可靠性之间存在重要的因果关系，它对于企业财务报告和公司经营以及风险管控的重要性是不言而喻的。自 2002 年起，塞班斯法案第 404 条款（SOX－404）要求美国公众公司管理当局评价并披露内部控制有效性，而我国相关监管部门直至 2010 年才联合发布《企业内部控制基本规范》及配套指引，正式规定企业对内控有效性进行评价并披露内部控制自我评价报告。

认定内部控制有效性的核心要件是内部控制缺陷的分级和识别（杨有红和李宇立，2011）。内部控制缺陷重要性认定标准是由企业自行设定的，董事会具有重大缺陷重要性门槛制定的自由裁量权（谭燕，2016）。如果将企业内控缺陷的识别归属为技术层面问题，那么缺陷认定标准设定更多涉及管理层面的问题。随着我国企业内控评价制度实施进程的不断深化，自 2011 年起我国上市公司陆续制定并披露内控缺陷重要性认定标准，设定认定标准公司占当年沪深 A 股上市公司数量的比重由 2011 年的 3% 逐步扩大至 2017 年占比 78%①，这足以体现出内控缺陷认定问题越来越受到上市公司及相关监管部门重视，同时为深入研究我国上市公司管理当局关于内控缺陷重要性标准设定行为及效果检验提供了广阔空间。

国内外对内控缺陷程度的具体认定是按其缺陷“发生可能性”和“导致后果的程度”来划分的，并在此基础上划分为三类：一般缺陷、重要缺陷和重大缺陷。缺陷严重程度的识别属于技术层面问题，而缺陷认定标准的设定属于管理层面的问题。与美国公众公司没有具体强制规定制定重要缺陷具体判断标准情况不同，我国规定上市公司针对财务报告内部控制缺陷需制定并披露定性和定量的判断标准，内控重大缺陷的定量判断标准也可被视为重要性水平②。重要性水平通常意味着存在一个明确的临界点，判断缺陷的重要性程度就需考察（潜在）财务报告错报程度是否超过临界点，同时也是对错报风险容忍度的替代，提供的是企业内部控制执行过程的一种约束机制。

在内部控制评价中，内控缺陷的认定是关键的，同时也是执行力最薄弱的环节（王慧芳，2011）。因此内部控制缺陷重要性标准的制定和披露究竟是动作遵循还是实质执行，仍是一个需要深入研究的问题。

二、内控缺陷重要性认定标准的治理作用

内部控制本质上是一项产生于企业需求的管理活动，主要体现在牵制与约束、防护与引导、监督与影响等管理职能的发挥，并为企业财务报告目标的实现提供合理保证（COSO，2013；樊行健，2014）。第一个影响路径是基于好的内部控制是一种可以提高财务报告质量的有效内部监督机制。财务报

---

① 我国沪深两市披露内控缺陷认定重要性标准公司的年度占比是经作者根据研究数据手工计算得到。

② 重要性水平是量化重要性判断的主要形式，财务报告审计工作都需要在确定重要性水平基础上完成。在筛选和整理内部控制缺陷重要性认定标准过程中发现，很多公司都直接将重大缺陷定量认定标准称为重要性水平，甚至明确表明重大缺陷的定量标准采用的就是审计重要性水平。

告可靠性被认为是企业内部控制有效性的函数（Hollis，2008），内部控制对财务报告应计质量、疏忽错报和故意错报程度等方面都具有显著的影响。根据“标准”的含义，是为了在一定范围内获得最佳秩序和效率，经协商一致制定并由公认机构批准的共同使用的技术规范或其他精确准则。内控缺陷认定重要性标准，是公司结合自身情况，判断和评估内部控制缺陷存在性及重要性程度的技术规则，以满足对企业内部控制有效性进行评价的现实需求。因此，一定层面而言，内控缺陷重要性标准制定的目的是维护公司内部控制体系正常运行，帮助企业追踪内部控制风险的具体路径并指明持续改进的方向（施赟，2019）。正常情况下，一项标准越严格，那么所起到的约束或监督作用就越强烈，反映在内控缺陷认定方面，制定严格的重要性定量标准一定程度上可降低代理成本（谢凡，2018）。

如果缺陷认定标准可以发挥其应有作用，当管理当局设定符合内控制度规范且偏于严格的缺陷认定重要性标准时，在符合与股东利益一致条件下，预期会一定程度地抑制后续财务报告舞弊的发生。

三、管理层重要性标准设定的机会主义动机

如果考虑缺陷认定标准可能出现设定与执行相背离情形，严格的重要性标准还会起到约束和抑制作用吗？两权分离制度使得管理层有动机违背股东利益为个人谋求私利（叶建芳，2012）。重要性标准裁定是管理当局决策制定思维的显性表达，而具体执行效果如何却是不可直接观测到的隐性变量。企业管理当局（董事会）负责制定内控缺陷重要性的认定标准，他们既是制度或标准的最终裁定者，也是内部控制制度的执行者，当企业内部和外部治理机制不完善时，内控缺陷有效性的认定标准是否很可能成为管理层滥用以隐蔽机会主义行为的工具？正如崔志娟（2011）提出，内部控制信息披露是管理层向外部利益相关者释放内控质量信号的过程，这种信号传递可否反映出企业内控的真实信息还取决于管理层的动机选择。印象管理最初源于高夫曼（Goffman，1959）提出的社会心理学概念，并解释为通过控制对方对自

己行为的理解而作出符合自己计划的行为反应（刘娟娟，2006）。随着印象管理理论应用发展，越来越多的研究聚焦于上市公司非财务报告信息披露行为中的印象管理动机（Cho，2010）。放置于内控缺陷标准设定背景下，基于信号传递理论及印象管理视角，管理层可能存有利用内控缺陷认定重要性标准的自利性动机。

第二节　理论分析与研究假设

中国上市公司实施内部控制评价披露制度是逐步、分批进行的，内控缺陷认定整个过程包括识别、严重程度评估以及认定。当公司根据重要性标准认定内控缺陷，并在内控自我评价报告中予以披露时，这是上市公司管理当局履行关于自我评价报告真实性披露责任的基本体现。内控缺陷重要性认定标准实质上是为公司提供缺陷认定过程中的检验和约束，同时也是为外部使用者对公司内部控制评价提供清晰依据。然而，在中国内部控制评价中，内控缺陷的认定环节是关键的，同时其执行力是相对薄弱的（王慧芳，2011）。我国规定，上市公司必须设定并披露财务报告内部控制缺陷定性和定量认定标准，借鉴审计重要性理论，内控重大缺陷的定量认定标准严格程度可用重要性水平表示[①]。重要性水平通常意味着存在一个明确的临界点，判断缺陷的重要性程度就需考察财务报告（潜在）错报程度是否超过这个临界点，超过重要性水平则意味着公司内部控制存在重要缺陷。重要性水平的选择取决于董事会或管理层的"自由裁定"，显然属于公司内控缺陷认定制度的设计，而在内部控制有效性认定环节上，设计有效要服务于执行有效（王东升和吴秋生，2015）。内控缺陷重要性标准对财务报告舞弊的影响可分为以下两种情形。

① 重要性水平是量化重要性判断的主要形式，财务报告审计工作都需要在确定重要性水平基础上完成。在筛选和整理内部控制缺陷重要性认定标准过程中发现，很多公司都直接将重大缺陷定量认定标准称为重要性水平，甚至明确表明重大缺陷的定量标准采用的就是审计重要性水平。

1. 第一种情形：内部控制缺陷标准设定越严格，后续的财务报告舞弊行为越有可能发生。

考察以往文献发现，制定严格的内控缺陷重要性定量标准可缓解股东和管理层之间的第一类代理问题（谢凡，2018）。

首先，由于严格的认定标准有助于企业发挥内部控制治理作用，如果又同时处于严格且规范的内控环境之下，对企业相关人员关于财务报告的编制、审核及监督就会越严格，公司会对财务错报的潜在原因进行认真评估，并进一步注重风险和控制活动的设计和实施，以减轻财务报告编制过程中的重大风险，将产生的例外情况及时传达给各个部门以及时纠偏，从而保证财务报告的信息质量。

其次，内控缺陷实质上是超过可容忍度的风险暴露，内控缺陷认定行为就是风险暴露和风险承受度之间的比较（郑石桥，2017）。内控缺陷重要性定量标准越严格，意味着董事会及大股东对公司财务报告风险容忍度越低，对衡量风险发生可能性及大小影响程度的识别意识也更为强烈，在与股东利益一致的情况下，也会及时纠偏以遏制已发生的或潜在的财务报告违规行为。此外，重要性标准设定更严格可提高管理层追求个人效用最大化的执行成本，这会使得管理层和股东利益更加趋于一致，从而相应减少或抑制财务报告舞弊情形发生。

2. 第二种情形：内部控制缺陷标准设定越严格，越有可能抑制后续的财务报告舞弊行为发生。

内部控制缺陷认定是一个发挥能动性的过程。虽然我国内控自我评价信息披露已基本进入强制阶段，但由于认定重要性标准存在自由裁量权，使得上市公司管理层认定行为可能存在着机会主义和相机选择行为（林斌，2012；杨婧和郑石桥，2017）。以往研究表明，内控缺陷重要性标准披露与盈余管理程度有显著关联（尹律，2016），而新上任管理层会更青睐于制定宽松的重要性标准（王俊和吴溪，2017）。

基于对外部信息使用者影响这一视角，崔志娟（2011）提出，内部控制信息披露是管理层向外部利益相关者释放内控质量信号的过程，这种信号传递可否反映出企业内控信息的真实性还取决于管理层的动机选择。出具内部控制评价报告目的是公司管理当局对内部控制质量作出自我评价和信息传递，让投资者、债权人等利益相关者了解企业的内部控制设置和运行情况，从而更好地掌握财务报告信息。因此内控评价信息披露呈现了公司内部控制创建和维护的自我形象，在存有同等数量和严重程度内控缺陷条件下，管理层很可能通过设定并披露更严格的重要性水平，以博取外部利益相关者或监管者对公司内控质量把控严格的“好感”，此外也较容易通过公司内部控制审计的评估和审查。进一步而言，在缺乏内部和外部有效监督机制的情况下，这种影响路径可能更为明显。因此，倾向于设定较严格内控缺陷重要性标准的公司，后续发生财务报告舞弊的概率也可能更大，从而反映出公司缺陷认定标准设计和执行过程中存在着机会主义行为。

基于上述对两种可能情形的分析，本研究提出假设 8 - 1：

H8 - 1：在其他条件不变的情况下，内部控制缺陷重要性标准的严格程度与财务报告舞弊之间存在相关关系。

根据前述分析，重要性概念运用贯穿整体财务会计信息处理和报告流程，影响有关企业经济活动数据的收集、分类、计量和汇总，以及影响着有关财务信息列报和披露的决策。定量重要性标准指标设定通常涉及两种主观决策：一是选择适当的基准；二是选择乘以该基准的百分比率（Steinbart，1987）。定量重要性标准设定的两个要素（即财务基准和重要性水平）均受管理当局自由裁量的选择和限制。门槛数值越低，说明缺陷标准设定越严格，反之越宽松。由于内控缺陷重要性标准的设定具有行业异质性（杨婧和郑石桥，2017），且不同的规模企业其重要性水平绝对金额还是有很大差异，因此主要回归变量的选取主要利用设定的重要性定量标准严格程度的相对测量指标的影响方面，而没有采用公司每年绝对的重要性水平。基于基准和百分比两类相对指标来衡量，提出假设 8 - 1a 和假设 8 - 1b：

H8 - 1a：在其他条件不变的情况下，上市公司设定内部控制缺陷重要性水平高低与财务报告舞弊存在显著性关系。

H8－1b：在其他条件不变的情况下，上市公司设定内部控制缺陷重要性标准所应用的财务指标数量与财务报告舞弊存在显著性关系。

第三节　实证研究设计

一、研究样本与数据来源

本章研究对象为2011～2017年强制披露内控缺陷定量认定标准的沪深A股上市公司。内控缺陷定量标准数据系结合爬虫软件进行手工整理自上市公司披露的内部控制自我评价报告，其余数据来自CSMAR股票市场研究数据库。如表8－1所示，2011～2017年共有11 481个披露内控重大缺陷定量标准的样本，对初始样本筛选和处理的过程如下：（1）剔除掉金融和保险业的上市公司；（2）由于IPO公司当年的会计盈余、公司治理特征与后续年份差异较大，因此剔除了当年IPO的公司；（3）剔除掉数据缺失的样本；（4）剔除掉上市公司后续重要性标准发生变更的样本1 835个，经过最终筛选得到主要研究样本9 646个，回归分析中用Robust进行调整以消除可能的异方差问题，并加入年度和行业虚拟变量控制固定效应。为消除极端值对回归结果的影响，对使用到的所有连续变量按照1%比例进行Winsorize缩尾处理。

表8－1　　内控缺陷定量重要性标准的样本选择过程　　单位：个

项目	2011年	2012年	2013年	2014年	2015年	2016年	2017年	合计
披露重大缺陷定量标准	66	352	1 626	1 862	2 311	2 546	2 718	11 481
首次使用定量标准	66	308	1 274	354	442	277	225	2 946
后续使用定量标准	0	44	352	1 508	1 869	2 269	2 493	8 535
后续定量标准发生变更	0	15	86	268	411	462	593	1 835
首次使用且未发生变更	66	337	1 540	1 594	1 900	2 084	2 125	9 646

资料来源：作者根据数据利用Stata15.0整理。

二、变量选取

1. 财务报告舞弊。由于较低水平的内部控制机制通常难以有效威慑和遏制财务报告舞弊，财务报告舞弊通常与管理层凌驾于内部控制之上有关（Harrast & Mason - Olsen，2007）。本章参考陈等（Chen，2005）以及岳殿民等（2009）研究中关于上市公司会计舞弊的分类，将财务报告舞弊实施的手段分为除侵占资产之外的：（1）会计信息违规披露，包括虚假披露、延迟披露以及不完整披露等；（2）财务报表舞弊，包括虚增利润、虚增资产以及少计负债等；（3）非程序性披露，主要包括会计处理不当等。设置虚拟变量 Fraud，若样本公司自首次建立重要性定量标准之后（包括当年）截至 2017 年度末之前任意年度，被证监会或交易所等监管部门发现存在财务报告舞弊的情形，且舞弊事件首次发生年度是在公司首次披露重要性标准的年度及以后，则 Fraud 赋值为 1，否则为 0。

2. 内控缺陷重要性定量标准高低。内控缺陷定量重要性标准的设定形式大致可分为三类：第一类是基准百分比法，通常采用利润类、资产类、收入类以及所有者权益类等财务指标作为基准，同时确定一个百分比并乘以选取基准来作为重要性水平，再将财务报表潜在错报或损失金额与重要性水平比较，据以划分缺陷严重程度，这是绝大多数上市公司所采用的方式。第二类是绝对金额法，通常设定具体的金额作为重要性水平标准。第三类是百分比法与绝对金额法相结合。上市公司采纳第二种方法相对很少，绝大部分都采纳第一类和第三类方法设定重要性水平。参考谭燕等（2016）衡量内控缺陷定量标准的方式，本研究使用内控缺陷重大缺陷度量的基准指标个数（Amount）以及相应百分比重要性水平（ThresholdR）来衡量内控缺陷重要性标准的设定情况：根据样本公司 2011 ~ 2017 年的内控自我评价报告中选择最多的重要性判断的利润类、收入类、资产类以及权益类基准指标分别设置虚拟变量，若选择四个基准中任何一个标准则取 1，否则为 0，并将各个虚拟变量加总得到变量 Amount，当 Amount 取值越大时，说明重要性标准设定越严格。根据经验法则，分别按错报金额大于或等于利润基准的5%、收入类基准的1.5%、资产类基准的1.5%以及权益类基准的2%认定为重大缺陷，当上市公司设定的内控重大缺陷下限等于或低于上述百分比时，赋值为1，定义为严格的（较低）重要性水平，否则赋值为0；ThresholdR 为四类指标的虚拟变量之和，ThresholdR 取值越大，说明上市公司在采用多类别指标度量方面所认定的重要性水平越低。

3. 控制变量。根据财务报告舞弊三角形的分析框架（Albrecht，1995；Hogan，2008），以及参考以前学者关于舞弊影响因素研究（韦琳和徐立文，2011），笔者从动机/压力、机会和公司特征三个方面选取如下控制变量。

首先，选取代表动机/压力因素的四个控制变量：发生亏损的企业具有避免被 ST 的动机进行舞弊，因此控制上市公司前一年度是否发生亏损（Loss），发生亏损赋值1，否则为0；计划进行融资的公司都有可能发生盈余操纵（Dechow，1996），因此控制是否发行证券（Equityfin）这一变量，若公司当年进行了融资则取值为1，否则为0；净资产收益率（Roe）；资产负债率（Lev）。其次，关于机会这一维度，本文主要参考的研究，因为企业控制或监管不足，内控缺陷给管理层提供了舞弊机会，所以选取在当年是否被报告存在公司内部控制重要或重大缺陷（ICW），若存在则取1，不存在则取0；与审计师的沟通不畅、纠纷等都会给管理当局机会主义行径创造条件，因此选择样本公司当年和前一年度是否存在审计师更换（Audchange）这一控制变量，若存在更换审计师则取1，否则为0。公司治理特征也会影响财务报告舞弊发生概率（Farber，2005；Chen et al.，2006），因此选取如下公司特征作为控制变量：企业规模（Size），取当年年末总资产的自然对数；企业性质（SOE），若控股股东为国企则取1，否则取0；董事长和总经理是否两职合一（Both），两职合一时取1，否则取0；独立董事比例（Indep），为年末独立董事人数与董事会总人数比值；当年度财务报告是否经当年度全国排名前十大会计师事务审计（Big10），若是则取1，否则取0；企业成长性（Growth），若年营业收入增长率高于行业平均水平取 1，否则取 0。最后，实证模型设定年度和行业虚拟变量。

三、回归模型设定

回归模型的设置借鉴舞弊影响因素模型，并根据本章欲研究的问题进行变化和调整，具体为如下：模型（8.1）主要检验内控缺陷重要性基准选择数量对舞弊存在的影响效应，以验证假设 8－1a；模型（8.2）主要检验内控缺陷重要性百分比高低对舞弊的影响，以验证假设 8－1b。

$$Fraud_{i,t} = \beta_0 + \beta_1 Amount_{i,t} + \beta_2 Controlvariables_{i,t} + \beta_3 \sum Year + \beta_4 \sum Ind + \varepsilon \tag{8.1}$$

$$Fraud_{i,t} = \beta_0 + \beta_1 ThresholdR_{i,t} + \beta_2 Controlvariables_{i,t} + \beta_3 \sum Year + \beta_4 \sum Ind + \varepsilon \tag{8.2}$$

第四节　实证检验与结果分析

一、描述性统计

主要解释变量的描述性统计结果如表 8－2 所示。在内控缺陷重要性标准度量的两个变量指标方面显示，Amount 的均值是 2.043，最小值是 1，最大值为 4，标准差为 1.002；ThresholdR 均值为 1.407，最小值为 0，中位数为 1，最大值为 4，标准差为 1.095，说明上市公司对内控缺陷定量重要性水平指标的选择存在较大差异，指标数量选择区间较窄，选择百分比也相对较为宽松，代表的重要性水平也相对较高。

表 8－2　　　　　　　　模型变量的描述性统计结果

变量	均值	25% 分位数	中位数	75% 分位数	最小值	最大值	标准差
Fraud	0. 158	0. 000	0. 000	0. 000	0. 000	1. 000	0. 365
Amount	2. 043	1. 000	2. 000	3. 000	0. 000	4. 000	1. 002
ThresholdR	1. 407	1. 000	1. 000	2. 000	0. 000	4. 000	1. 095
St3	48. 750	37. 140	48. 560	59. 960	16. 020	85. 130	15. 550
Lev	0. 435	0. 264	0. 423	0. 593	0. 055	0. 935	0. 211
Size	22. 160	21. 300	22. 010	22. 870	19. 590	26. 000	1. 259
Roe	0. 062	0. 028	0. 068	0. 116	－0. 688	0. 364	0. 129
SOE	0. 387	0. 000	0. 000	1. 000	0. 000	1. 000	0. 487
Indep	0. 376	0. 333	0. 364	0. 429	0. 333	0. 571	0. 053
Loss	0. 095	0. 000	0. 000	0. 000	0. 000	1. 000	0. 294
Growth	0. 292	0. 000	0. 000	1. 000	0. 000	1. 000	0. 455
Both	0. 256	0. 000	0. 000	1. 000	0. 000	1. 000	0. 437
ICW	0. 156	0. 000	0. 000	0. 000	0. 000	1. 000	0. 363
Boardsize	2. 133	1. 946	2. 197	2. 197	1. 609	2. 708	0. 199
Equityfin	0. 309	0. 000	0. 000	1. 000	0. 000	1. 000	0. 462
Audchange	0. 621	0. 000	1. 000	1. 000	0. 000	1. 000	0. 485
Big10	0. 535	0. 000	1. 000	1. 000	0. 000	1. 000	0. 499

资料来源：作者根据 Stata15. 0 计算整理。

二、单变量检验与相关性分析

（一）单变量检验

表 8－3 列示了按照上市公司当年是否发生财务报告舞弊分组检验定量重要性标准组间差异。结果显示，在 1 522 个发生财务报告舞弊的样本组中（15. 8%），Amount 的均值为 2. 090，在 10% 的显著性水平下高于未发生财务报告舞弊的样本组（84. 2%）的均值 2. 049；ThresholdR 在财务报告舞弊组均值为 1. 468，在 5% 的显著性水平下高于未发生财务报告舞弊样本组的均值 1. 408。单变量组间检验的结果初步验证了原假设不成立，首次制定的

内控重大缺陷重要性水平高低对财务报告舞弊存在正向影响，重要性水平越低（宽松），越可能发生财务报告舞弊，且重要性水平基准百分比的影响相对较强，而选取基准数量的严格程度的影响较弱。

表 8－3　　　　财务报告舞弊的分组 T 检验

变量	（1）Fraud＝1	（2）Fraud＝0	（1）—（2）
	均值	均值	T 值
Amount	2.062	2.039	0.808
ThreshlodR	1.469	1.408	1.908 **
St3	45.644	49.348	－8.460 ***
SOE	0.328	0.398	－5.195 ***
Lev	0.475	0.430	6.945 ***
Size	22.060	22.176	－3.224 ***
Boardsize	2.126	2.134	1.412 *
Loss	0.179	0.079	12.152 ***
Growth	0.283	0.294	0.866
Indep	0.374	0.376	－0.691
Both	0.267	0.254	1.031
Equityfin	0.273	0.316	－3.324 ***
ICW	0.242	0.139	10.129 ***
Big10	0.523	0.537	1.026
Roe	－0.158	0.066	4.015 ***
Audchange	0.646	0.615	2.264 **
N	1 522	8 124	

注：***、**、* 分别表示在 1%、5%、10% 的水平上显著。

（二）相关系数分析

由 Pearson 和 Spearman 相关性检验结果表 8－4 可知，Amount 及 ThreshoIdR 与 Fraud 均为正向相关关系，说明首次选取的重要性基准越多，设定的重要性水平越低，就越可能发生财务报告舞弊。此外，虽然大部分控制变量的相关系数在 5% 的水平上显著，但各变量的方差膨胀因子均小于 5（Mean VIF＝1.38），因此也不存在严重的多重共线性问题。

表 8-4　变量的 Peason（Spearman）相关系数检验

	Fraud	*Amount*	*ThresholdR*	*SOE*	*Size*	*Boards~e*	*Loss*	*Indep*	*St3*	*Lev*	*Both*	*Roe*	*ICW*	*Equityfin*	*Big10*	*Audchange*	*Growth*
Fraud	1	0.013	0.018 *	-0.051 ***	-0.024 **	-0.014	0.126 ***	-0.013	-0.090 ***	0.067 ***	0.019	-0.114 ***	0.116 ***	-0.031 ***	-0.019	0.026 **	-0.012
Amount	0.015	1	0.610 ***	0.003	-0.018 ***	0.006	0.006	-0.028 ***	0.014 **	0.003	0.000	0.004	0.039 ***	-0.022 **	0.004	0.011	0.010
ThresholdR	0.019 *	0.661 ***	1	0.069 ***	0.102 ***	0.036 **	-0.008 *	-0.022 **	0.045 ***	0.068 ***	-0.025 **	0.013 **	0.011	0.045 ***	0.021	0.012	-0.008
SOE	-0.051 ***	0.009	0.079 ***	1	0.325 ***	0.264 ***	0.055 ***	-0.075 ***	0.083 **	0.285 ***	-0.287 ***	-0.090 ***	0.098 ***	0.224 ***	0.070 ***	-0.013	-0.134 *
Size	-0.024 **	-0.029 ***	0.101 ***	0.339 ***	1	0.255	-0.093	-0.031	0.161	0.491	-0.160	0.157	0.014	0.502	0.109	0.002	-0.007
Boardsize	-0.013	0.007	0.044 ***	0.272 ***	0.272 ***	1	-0.020	-0.576 ***	0.014 **	0.145 ***	-0.188 ***	0.029 *	0.043 ***	0.155 ***	0.029 **	-0.013 *	-0.023 ***
Loss	0.110 ***	-0.004	-0.018 *	0.045 ***	-0.090 ***	-0.014	1	0.025 ***	-0.099 ***	0.177 ***	-0.026 **	-0.500 **	0.119 ***	-0.036 ***	-0.010	0.005	-0.111 ***
Indep	-0.013	-0.027 ***	-0.022 **	-0.071 ***	-0.002	-0.541 ***	0.029 ***	1	0.040 **	-0.016	0.102 ***	-0.026 *	-0.009	0.016	0.011	0.007	-0.016
St3	-0.079 ***	0.024 **	0.051 ***	0.077 **	0.188 ***	0.021 **	-0.096 ***	0.053 ***	1	-0.021 **	-0.013	0.188 ***	-0.037 ***	0.006	0.059 ***	-0.005	0.011
Lev	0.064 ***	0.006	0.064 ***	0.294 ***	0.488 **	0.151 ***	0.188 ***	-0.007	-0.023 **	1	-0.114	-0.072 ***	0.101 ***	0.149 ***	0.050 ***	-0.010	-0.024 **
Both	0.014	-0.011	-0.041 ***	-0.289 ***	-0.159 ***	-0.183 ***	-0.025 **	0.106 ***	-0.016	-0.119 ***	1	0.034 ***	-0.050 ***	-0.099 ***	0.008	0.004	0.047
Roe	-0.105 ***	0.004	0.020 **	-0.071 ***	0.127 ***	0.022 **	-0.669 ***	-0.018 *	0.150 ***	-0.180 ***	0.038 ***	1	-0.116 ***	0.118 ***	0.056 ***	-0.013 *	0.176 ***
ICW	0.095 ***	0.036 ***	0.004	0.099 ***	-0.001	0.038 ***	0.105 ***	-0.016	-0.030 ***	0.090 ***	-0.057 ***	-0.112 ***	1	0.011	-0.023 **	0.023 **	-0.034 ***
Equityfin	-0.034 ***	-0.026 **	0.047 ***	0.236 ***	0.524 ***	0.166 ***	-0.037 ***	0.016	0.007	0.161 ***	-0.104 ***	0.098 ***	0.006	1	0.085 ***	-0.036 ***	-0.080 ***
Big10	-0.015	0.01	0.026 ***	0.070 ***	0.133 ***	0.039 ***	-0.004	0.014	0.056 ***	0.047 ***	0	0.035 ***	-0.021 **	0.081 ***	1	-0.020 **	0.027
Audchange	0.024 **	0.006	0.012	-0.009	0.007	-0.018 *	0.014	0.012	0	-0.008	0.003	-0.018 *	0.030 ***	-0.032 ***	-0.022 **	1	0.017
Growth	-0.007	0.004	-0.006	-0.138 ***	-0.020 *	-0.026 ***	-0.110 ***	-0.007	0.012	-0.029 ***	0.053 ***	0.162 ***	-0.032 ***	-0.084 ***	0.031 ***	0.008	1

注：***、**、*分别表示在 1%、5%、10%的水平上显著。

三、实证回归结果

表8-5列示了实证模型（8.1）和（8.2）的Logistic回归结果，第（1）列、第（2）列列示的是首次制定并披露重要性标准且未发生变更的样本回归结果，第（3）列、第（4）列列示的是后续变更内控缺陷重要性标准的样本组回归结果。第（1）列显示，Amount的回归系数为正但不显著（z=1.105，P=0.102），说明董事会在首次披露重大缺陷定量标准时，所选取重要性基准的数量与公司后来发生财务报告舞弊并无显著性关系；回归结果第（2）列显示，ThresholdR的回归系数在1%的水平上显著为正（z=2.656，P=0.000），表明董事会在首次披露重大缺陷定量标准时，所选取重要性水平越低（严格），自建立定量重要性标准后公司发生财务报告舞弊的概率就越大，同时或可说明上市公司对内控缺陷定量标准存在执行不力或滥用基准选择以达到管理层自利动机的目的。相比较而言，后续发生重要性标准变更的样本公司中，由第（3）列、第（4）列结果可知，Amount和ThresholdR的回归系数为负，但不显著，说明在我国监管部门不断规范内部控制缺陷信息披露的进程中，发生标准变更后的公司内控缺陷认定制度可能逐步走向正规化，约束和限制管理当局滥用重要性标准的自利动机。进一步分析控制变量对财务报告舞弊概率影响可知，无论哪一组中的回归结果，绝大部分控制变量的方向和显著性结果与以往文献基本一致：若公司处于当年权益收益率较低、资产负债率较高以及前一年度与当年发生亏损情形下，管理层更倾向于进行财务报告舞弊；若存在当年报告了内控缺陷以及发生审计师变更的情形，发生财务报告舞弊可能性越大。

表8-5　内控缺陷定量重要性标准与财务报告舞弊的回归结果

变量	首次制定重要性标准且未发生变更		后续重要性标准发生变更	
	(1)	(2)	(3)	(4)
	Fraud	Fraud	Fraud	Fraud
Constant	-3.531*** (-2.982)	-3.471*** (-2.947)	0.263 (0.142)	0.175 (0.095)
Amount	0.0323 (1.105)		-0.035 (-0.540)	

续表

变量	首次制定重要性标准且未发生变更		后续重要性标准发生变更	
	(1)	(2)	(3)	(4)
	Fraud	Fraud	Fraud	Fraud
ThresholdR		0.070*** (2.656)		-0.023 (-0.390)
St3	-0.012*** (-5.813)	-0.012*** (-5.833)	-0.013*** (-2.842)	-0.013*** (-2.830)
SOE	-0.384*** (-5.089)	-0.388*** (-5.131)	-0.315* (-1.931)	-0.317* (-1.940)
Lev	0.710*** (2.668)	0.711*** (2.668)	0.555 (1.348)	0.553 (1.341)
Size	0.032 (0.862)	0.026 (0.693)	-0.104 (-1.379)	-0.103 (-1.358)
Boardsize	-0.031 (-0.167)	-0.031 (-0.165)	0.259 (0.665)	0.263 (0.675)
Loss	0.601*** (5.992)	0.601*** (6.004)	0.518** (2.570)	0.517** (2.567)
Growth	0.031 (0.458)	0.033 (0.488)	-0.154 (-1.006)	-0.155 (-1.016)
Indep	-0.465 (-0.689)	-0.462 (-0.685)	1.501 (1.171)	1.511 (1.175)
Both	-0.00331 (-0.048)	-0.002 (-0.035)	0.322** (2.028)	0.318** (1.997)
Equtiyfin	-0.203** (-2.496)	-0.206** (-2.530)	-0.191 (-1.208)	-0.190 (-1.200)
ICW	0.590*** (7.940)	0.592*** (7.981)	0.765*** (5.035)	0.762*** (5.023)
Big10	0.028 (0.467)	0.024 (0.409)	-0.179 (-1.345)	-0.176 (-1.321)
Roe	-0.171 (-1.292)	-0.173 (-1.321)	-0.402* (-1.715)	-0.404* (-1.727)
Audchange	0.107* (1.773)	0.106* (1.752)	0.235* (1.747)	0.234* (1.738)
Year/Ind	Control	Control	Control	Control
Pseudo R^2	0.0583	0.0590	0.1092	0.1091
N	9 646	9 646	1 835	1 835

注：***、**、*分别表示在1%、5%、10%的水平上显著。

四、截面测试与进一步分析

（一）截面测试

表8－6报告了不同的企业性质、两权分离度是否会对重要性水平设定和财务报告舞弊之间关系产生不同影响。表中的第（1）列、第（2）列结果表明，无论在国企还是非国企中，Amount的效应检验都不显著，说明无论企业类型如何，首次选取重要性水平基准的数量对后续舞弊发生无显著影响。然而第（3）列、第（4）列结果显示，相对于披露内控缺陷定量标准的国有企业而言，首次制定重要性标准的非国有企业，其基准百分比的重要性水平越低（严格），公司后来发生财务报告舞弊的可能性越大（z＝2.83，P＝0.005），其可能原因是，非国企控股公司其治理结构和监管环境与国企改制的上市公司存在很大差异，因政府控制背景使其有能力基于企业发展利益目标影响公司高管行为和决策（刘启亮等，2012），董事会受到监督和约束机制更强，因此在裁定和执行内控认定标准时会更符合股东利益最大化，滥用重要性基准选择的机会主义行为也会相应受到抑制。表8－6中的第（5）至第（8）列列示了在两权分离度（Sepera）高低两组中的实证模型回归结果，在两权分离度较高的组（Sepera＝1）的Amount和ThresholdR的回归系数都在1%水平下显著，而两权分离度较高的组（Sepera＝0）的结果系数为负且不显著，说明在两权分离程度较大的公司一旦制定的内控重要性基准选择越多、重要性水平越低，则发生后续财务报告舞弊的概率就越大，原因可能是这家公司的代理问题相对更为严重，对管理层权力的监督和约束作用较弱，从而导致上述结果。

为进一步考察实证结果所显示的内控缺陷重要性标准制定与财务报告舞弊之间的这种异常关系是否受到企业内控有效性和外部治理机制的影响，本章从外部审计质量和企业内控环境视角进行分析。首先，良好的内部控制是防止会计信息失真的有力制度保证。早有研究表明，内部控制环境越薄弱，

表 8-6　不同企业性质、两权分离度下内控缺陷重要性定量标准与财务报告舞弊

变量	(1)	(2)	(3)	(4)	(5)	(6)	(7)	(8)
	SOE = 1	SOE = 0	SOE = 1	SOE = 0	Sepera = 1	Sepera = 0	Sepera = 1	Sepera = 0
	Fraud	Fraud	Fraud	Fraud	Fraud	Fraud	Fraud	Fraud
Constant	-1.330 (-0.854)	-3.078** (-2.348)	-3.166* (-1.822)	-3.130* (-1.899)	-2.875* (-1.741)	-2.986* (-1.785)	-2.618 (-1.586)	-3.110* (-1.867)
Amount	0.024 (0.503)	0.057 (1.478)			0.103*** (2.595)	-0.048 (-1.093)		
ThresholdR			0.012 (0.248)	0.104*** (3.148)			0.136*** (3.794)	-0.011 (-0.280)
Year/Ind	Control	Control	Control	Control	Control	Control	Control	Control
Pseudo R^2	0.0649	0.0639	0.0717	0.0686	0.0725	0.0668	0.0741	0.0666
N	3 736	5 910	3 736	5 910	4 837	4 809	4 837	4 809

注：***、**、*分别表示在1%、5%、10%的水平上显著。

发生财务报告舞弊的概率就越大（Bell & Carcello，2000），而且高质量的内部控制可以提高财务报告应计质量（董望和陈汉文，2011），并一定程度上抑制盈余管理活动（方红星，2011）。不同企业的内控环境是有显著差异的，那么处于不同水平下的内部控制环境，内控缺陷重要性标准对财务报告舞弊的影响也可能存在显著差异。本研究预期内部控制环境较好的上市公司可形成对管理层的有效监督约束机制，减少管理者的道德风险，有效地执行内控缺陷重要性标准使得符合股东利益，而内控制度环境不健全时，则更可能发生滥用重要性标准以隐藏财务报告舞弊。表 8-7 的第（1）至第（4）列呈现的是企业在高低两类内部控制环境下，重要性标准设定对财务报告舞弊影响的实证结果。本章采用迪博企业内部控制指数来衡量内控制度环境的优劣，内部控制指数越大表明公司当年内控环境就越好，内控质量越高，并按照年度中位数将样本公司内控环境分为强弱两组，当 ICE = 1 时，表示企业内控质量较高，当 ICE = 0 时，代表内控质量较低。由表 8-7 可知，Amount 无论在哪种内控环境下均不显著；在良好的内部控制环境下，ThresholdR 对财务报告舞弊无显著性影响，而当公司的内部控制环境较差时，ThresholdR

在5%水平下对财务报告舞弊呈现正向显著影响（Z = 2.430，P = 0.015），说明首次设置基准百分比的重要性水平越低（严格），公司后来发生财务报告舞弊的可能性越大，以上结果表明在内部控制制度环境较弱的上市公司中很可能存在滥用重要性标准以达到财务报告舞弊目的的情形。

外部审计作为一种降低代理成本的重要担保机制（Jensen & Meckling，1976），与内部控制存在替代和互补效应（杨德明等，2009）。本文以 Big10 来作为外部审计质量的代理变量，即当公司当年的财务报表是由国内前十大会计师事务所审计的，则代表着较高的外部审计质量（Audit = 1），相反则代表较低的外部审计质量（Audit = 0）。表 8 – 7 中第（5）至第（8）列结果显示，Amount 无论在哪种外部审计质量下均不显著；而当 Audit = 0 时，ThresholdR 在 5% 水平下与财务报告舞弊呈现正向显著关系（Z = 2.080，P = 0.037），结果表明，外部审计质量较低的上市公司首次设定的重要性水平越低（越严格），管理层越倾向于进行财务报告舞弊。

表 8 – 7　　内外部治理、内控缺陷重要性定量标准与财务报告舞弊

变量	(1)	(2)	(3)	(4)	(5)	(6)	(7)	(8)
	ICE = 1	ICE = 0	ICE = 1	ICE = 0	Audit = 1	Audit = 0	Audit = 1	Audit = 0
	Fraud	Fraud	Fraud	Fraud	Fraud	Fraud	Fraud	Fraud
Constant	−2.796 (−1.425)	−4.535** (−2.855)	−2.620 (−1.349)	−4.436** (−2.789)	−0.933 (−0.591)	−6.219** (−3.108)	−0.960 (−0.611)	−6.206** (−3.115)
Amount	0.068 (1.379)	0.025 (0.670)			0.001 (0.027)	0.010 (0.227)		
ThresholdR			0.051 (1.137)	0.081** (2.430)			0.030 (0.805)	0.082** (2.084)
Year/Ind	Control	Control	Control	Control	Control	Control	Control	Control
Pseudo R^2	0.0582	0.0549	0.0580	0.0560	0.0652	0.0818	0.0653	0.0828
N	4 798	4 848	4 798	4 848	5 161	4 485	5 161	4 485

注：***、**、* 分别表示在 1%、5%、10% 的水平上显著。

（二）进一步分析

综上回归结果可见，内控缺陷认定重要性水平基准的数量与公司后来财务报告舞弊并无关联，但是首次制定的重要性基准的百分比高低，在不同的内外部治理环境下，会对管理当局的财务报告舞弊行为产生显著性影响，同时也说明企业管理层存在利用设定更严格的内控缺陷重要性标准以掩盖自利或违规行为的情形。按照利润、资产、收入以及所有者权益四种重要性选择基准百分比高低分别纳入模型（8.2）中进行分组回归，以进一步探究企业管理当局更倾向于通过操纵何种基准进行机会主义行为，表8－8列示了分组回归结果：第（1）列结果表明，在制定重要性标准时选择利润基准的5 817 个样本中，利润百分比重要性水平在10%的水平下显著为正，说明利润基准重要性水平设定越低，那么发生财务报告舞弊的可能性越大；同理可分析，在第（2）列选择资产为基准的6 881 个样本中，资产基准百分比重要性水平在1%的水平下显著为正；第（4）列选择所有者权益基准的样本中，利润基准百分比在5%水平下显著正相关。经过分析，可能是因为投资者、债权人经济决策对于利润和资产类指标的反应敏感程度更高，在审计重要性水平选取过程中也属于常见指标，利用或操纵价值相比其他基准也就较高。总体而言，一旦首次设定内控缺陷重要性标准，选取重要性水平更低的资产和利润类基准的上市公司更有可能发生财务报告舞弊。

表8－8　　内控缺陷定量重要性基准的选择对财务报告舞弊影响

变量	(1) Profitbase	(2) Assetbase	(3) Revenuebase	(4) Equitybase	(5) All
	Fraud	Fraud	Fraud	Fraud	Fraud
Constant	－2.231 (－1.630)	－4.227*** (－2.904)	－15.82*** (－12.668)	－14.21*** (－4.989)	－2.978** (－2.572)
ProfitR	0.157* (1.661)	0.094 (1.236)	0.087 (0.988)	0.525** (2.110)	0.047 (0.753)
AssetR	0.022 (0.227)	0.220*** (2.644)	0.079 (0.883)	－0.221 (－0.940)	0.162** (2.465)
RevenueR	0.062 (0.553)	－0.138* (－1.706)	0.024 (0.256)	0.341 (1.190)	－0.06 (－0.369)

续表

变量	(1) Profitbase	(2) Assetbase	(3) Revenuebase	(4) Equitybase	(5) All
	Fraud	Fraud	Fraud	Fraud	Fraud
EquityR	0.120 (1.010)	0.142 (1.278)	0.064 (0.549)	-0.046 (-0.157)	0.105 (1.005)
Year/Ind	Control	Control	Control	Control	Control
Pseudo R^2	0.0702	0.0612	0.0630	0.1513	0.055
N	5 817	6 881	5 724	1 282	9 646

注：***、**、*分别表示在1%、5%、10%的水平上显著。

五、内生性和稳健性检验

（一）内生性问题处理

考虑所有上市公司并非在同一年度首次披露内控缺陷重要性标准，因此可能存在样本选择偏误。本研究采用赫克曼（Heckman，1979）二阶段方法解决样本选择偏差导致的内生性问题。具体而言，在第一阶段回归中，以上市公司当年是否首次披露内控缺陷重要性标准为因变量，并将当年度同行业首次披露重要性标准的公司比例作为解释变量纳入回归方程中，计算首次披露重要性标准的逆米尔斯比率（lambda），再将lambda作为控制变量纳入模型（8.2）的回归中，结果显示，在控制样本自选择问题之后，ThresholdR的回归系数在1%水平下显著为正，表明一旦首次制定内控重要性标准后，基准百分比衡量的重要性水平越低，越可能发生财务报告舞弊。

由于舞弊调查时间上存在局限性，往往被发现存在舞弊行为的第一年是在实际舞弊行为之后，最后一年通常也不一定是实际舞弊的最后一年，因此采取滞后一期的财务报告舞弊替代原回归中的当期指标做法以控制可能的反向因果问题，其结果依然接受原假设8-1a，拒绝原假设8-1b。内生性检验结果如表8-9所示。

表 8 – 9　　内生性和稳健性检验实证结果

变量	稳健性检验（1）ThresholdR = $ThresholdR^2$	稳健性检验（2）ThresholdR = Mateff	内生性检验（1）Heckman	内生性检验（2）Fraud 滞后一期
	Fraud	Fraud	Fraud	LFraud
Constant	−1.591 * (−1.659)	−2.580 ** (−2.356)	−3.741 *** (−2.984)	0.336 (0.349)
ThresholdR	0.0673 ** (2.099)	−0.0646 ** (−2.499)	0.0690 *** (2.662)	0.0683 *** (2.658)
Size	0.0138 (0.402)	0.0954 ** (2.281)	0.0254 (0.774)	−0.0346 (−1.020)
SOE	−0.418 *** (−5.572)	−0.409 *** (−5.397)	−0.385 *** (−5.159)	−0.343 *** (−4.666)
Boardsize	−0.0923 (−0.488)	−0.165 (−0.857)	−0.0599 (−0.335)	−0.218 (−1.168)
Loss	0.433 *** (3.637)	0.476 *** (3.878)	0.582 *** (6.080)	0.462 *** (3.855)
Indep	−0.781 (−1.125)	−1.129 (−1.609)	−0.660 (−1.011)	−1.335 * (−1.958)
St3	−0.0109 *** (−5.316)	−0.0104 *** (−4.975)	−0.0116 *** (−5.733)	−0.0088 *** (−4.450)
Lev	0.947 *** (5.412)	0.820 *** (4.632)	0.870 *** (5.139)	1.039 *** (6.017)
Both	−0.00718 (−0.104)	0.00766 (0.110)	0.0243 (0.351)	0.142 ** (2.137)
Roe	−0.770 *** (−2.750)	−0.513 (−1.643)	−0.0869 (−1.115)	−0.614 ** (−2.043)
Big10	0.0358 (0.602)	0.00493 (0.082)	−0.0226 (−0.384)	0.0493 (0.854)
ICW	0.579 *** (7.869)	0.546 *** (7.302)	0.582 *** (7.896)	0.530 *** (7.305)
Equtiyfin	−0.175 ** (−2.171)	−0.229 *** (−2.819)	−0.229 *** (−2.871)	−0.231 *** (−2.925)

续表

变量	稳健性检验（1）ThresholdR = $ThresholdR^2$	稳健性检验（2）ThresholdR = Mateff	内生性检验（1）Heckman	内生性检验（2）Fraud 滞后一期
	Fraud	Fraud	Fraud	LFraud
Audchange	0.109* (1.798)	0.104* (1.698)	0.109* (1.809)	0.0608 (1.043)
Growth	0.0307 (0.453)	0.0458 (0.665)	-0.0128 (-0.191)	-0.000773 (-0.011)
lambda			-0.370*** (-3.206)	
Year/Ind	Control	Control	Control	Control
Pseudo R^2	0.0586	0.0640	0.0558	0.0660
N	9 646	9 646	9 646	9 646

注：***、**、*分别表示在1%、5%、10%的水平上显著。

（二）稳健性检验

通过改变模型中变量的度量方式对实证模型（8.1）和（8.2）的回归结果进行稳健性检验。首先，本文设置变量 Amount2 以及 $ThreshlodR^2$，当上市公司选取重要性基准数量大于 2 时，Amoun2 取值为 1，否则 $Amoun^2$ 为 0，按照四种不同基准百分比的行业中位数再次划分重要性高低程度，将四类标准加总得到 $ThreshlodR^2$。其回归结果依然是 Amount2 回归系数不显著，$ThreshlodR^2$ 在 5% 水平下显著。其次，参考王俊和吴溪（2017）的稳健性检验方法，虽然内控缺陷重要性基准的选择不止一个，通常采取业绩影响金额孰低原则确定一个有效的重要性基准，因此结合当年度财务数据推断公司实际有效重要性水平（Mateff），将其纳入回归模型中，结果表明，实际有效重要性水平越低，越可能发生财务报告舞弊，佐证了原实证结果依然稳健。最后，调整和增加控制变量来检验实证结果的稳健性，用前十大股东持股比例衡量股权集中度，增加总资产收益率（Roa）指标，以及增加公司当年是否发生重组（Restructure），其主要变量的显著性结果基本保持不变。

六、实证研究结论与启示

本章关于重要性标准应用的实证研究是基于委托代理理论和会计重要性相关理论，实证检验了我国沪深 A 股上市公司 2011 ~2017 年度财务报告内控缺陷重要性定量标准的设定对后续财务报告舞弊的作用，结果表明首次制定内控缺陷重要性认定基准的数量选择对财务报告舞弊无显著影响，而以基准百分比衡量的重要性水平制定得越低（尤其是利润和资产类基准），则公司后来发生财务报告舞弊的概率越大。进一步分析发现这种情况多发生在非国企性质的上市公司，以及两权分离度相对较高的企业中，当企业内控环境较差以及外部审计质量较低时，较低的重要性水平对财务报告舞弊发生的促进作用更为显著。

研究结论说明：第一，作为评价企业是否存在重大缺陷及其严重程度的“量尺”，我国上市公司关于内部控制缺陷重要性标准设定很可能存在设计与执行有效性二者相背离的“两张皮”现象，导致我国内控缺陷认定标准制度没有发挥一项强制性标准应所具有检验和约束作用。第二，在缺乏内外部有效监督机制以及存在较高代理成本情况下，倾向于首次设定更严格的重要性标准的公司，后续发生财务报告舞弊的概率更大，因此管理层很可能存在重要性标准设定方面的机会主义行为。

研究结论为投资者、债权人以及监管机构等市场参与者及时意识到公司舞弊风险提供新的思考方向，尤其当公司披露的重要性标准比经验法则的基准百分比更为严格时，不一定就意味着公司财务报告信息就具有更高的可靠性。因此，我国相关监管部门不应仅看到严格内控缺陷重要性标准的积极治理效应，如抑制代理成本等，也应当看到重要性标准很可能成为管理当局操纵工具以掩盖真实的自利行为。缺陷认定属于公司管理问题，监管部门应该采取强有力规制手段来弥补制度执行缺陷，提高资本市场相关制度运行效率，例如要求以原则和规则导向相结合以制定更合理的重要性标准，并建立健全内控缺陷标准设定的企业高管追责制度，赋予不同管理层级对不同等级内控缺陷认定权限和整改责任，并将其嵌入内控评价体系当中，以压缩内控缺陷重要性标准制定的主观裁定空间，从而达到真正完善内控缺陷认定标准制度的目的。最后，应鼓励企业加强内部控制监督机制和接受更规范的审计监督，为内控缺陷重要性标准设定和执行趋于透明化和规范化提供外部保证。

本章小结

本章是我国上市公司管理层关于重要性标准应用的另一实证探索。基于我国沪深 A 股上市公司 2011 ~ 2017 年度财务报告内控缺陷重要性定量标准的数据，设定回归模型检验了其对后续财务报告舞弊的影响。研究结果表明，管理当局制定内控缺陷重要性认定基准的数量选择对财务报告舞弊无显著影响，而以基准百分比衡量的重要性水平制定得越低（尤其是利润和资产类基准），则公司后来发生财务报告舞弊的概率越大。进一步分析发现这种情况在非国企性质的上市公司以及两权分离度相对较高的企业中较为明显，当企业内控环境较差以及外部审计质量较低时，较低的重要性水平对财务报告舞弊发生的促进作用更为显著。本章实证检验可能的贡献在于：（1）实证研究上市公司管理当局首次设定内控缺陷定量认定标准的严格程度与财务报告舞弊是否存在显著性关系，并进一步分析内外部治理环境对上述两者关系的影响，对我国内控缺陷重要性认定标准制度执行效果方面的研究进行补充，具有一定创新性；（2）以前国内外学者的研究大都聚焦于审计师的重要性水平判断研究，很少从管理层视角来探究重要性标准设定与自利动机之间的关系，这为完善我国内控缺陷认定重要性标准制度设计提供了新的经验证据。

| 第九章 |

制定我国重要性应用指引的必要性及建议

基于前述关于重要性及应用的理论研究发现，重要性原则早已应用于会计实务工作中，并起到提升管理效率、约束指引会计信息编报等关键作用。在现有财务会计概念框架下，关于重要性原则可以尝试建立相对系统、连贯、协调的理论框架，与西方 IASB、FASB 以及 ASB 等组织正式制定重要性相关准则或指引相比，我国关于重要性原则应用的正式指引也亟待进一步探索以及确立。根据前述观点，加强程序理性是减少实务应用中职业判断不确定性的主要途径，因此制定应用指引以规定运用重要性所遵循的程序就体现出程序理性的作用。本章首先从理论层面分析我国制定上市公司财务报告重要性应用指引的必要性；其次提出重要性应用指引构建的基本原则、涵盖内容等相关建议。

第一节　制定重要性实务应用指引的必要性

IASB（2017）明确了制定重要性应用指引的具体原因：首先，管理层在编制财务报告时的重要性职业判断过分地依赖定量标准门槛；其次，重要性这一概念虽然是很好理解的，但重要性应用和判断的核心问题涉及管理当局的行为决策，会受到管理层风险厌恶程度和时间压力因素影响；最后，财务报表对单独列报项目判断和附注信息的重要性判断的差异不明确，也会导致在财务报表中纳入非重大信息，因此制定一份财务报表重要性指引很可能促使决策行为向有利于恰当、公允判断的方向发展。

隐含或明确的重要性应用伴随于很多会计准则和披露制度当中①。由于重要性判断存在的不确定性和风险，制定相关应用指引可以给予会计判断者关于一重要事项的价值或合理性支持和保护。现今我国商业模式迅猛发展、金融工具不断创新的环境，呼唤着更精确的会计职业判断，同时对财务报告重要性的判断标准和判定程序等都有了更深层次的需求。我国基本准则中关于重要性的规定是原则性质的，在具体实际的应用仍需要大量的个人判断。由此重要性判断是具有很强的原则导向性，下面将从会计准则、重要性判断与应用指引三者关系、提升利益相关方之间共同知识、确保隐性知识传递三个层面分析建立重要性应用指引是一个必然的选择。

一、重要性判断、会计准则与应用指引的内在关系

借鉴布莱克和克拉克曼（Black & Kraakman，1996）提出的关于公司法制度规则的自我执行理论，在相对较弱的司法执行环境中，制度安排应更强调自我执行特点。会计准则没有使用“明线门槛”，而只有一些原则性规定时，那么为了更有效和充分地执行，就需要制定包含强有力的详细的解释说明或应用指南等。很多研究表明，我国法律法规体系尚不完善，司法的执行机制不够健全，我们应该制定强有力的重要性应用实务指引。

尼尔逊（Nelson，2003）评价，实际上规则导向可视为原则导向的一种增量，即在阐释了基本原则基础上，逐渐增加例外条例、应用指南以及定量、定性的“明线门槛”（bright – line thresholds）或“启动机制”（on – off switch）等条文性规定，以保证准则在执行过程中得到更好应用；而且财务报告决策激进程度会随相关会计准则的不精确度而上升，因此增量规则可以

① 迈克尔·杰宾斯，等. 财务报告中的职业判断［M］. 北京：经济科学出版社，2005.

限制财务报告决策激进行为。正如前述分析，在管理当局差异性的风险态度和自由裁量空间下，在作出重要性判断时会产生向上或向下的判断偏差，这可视为一种财务报告决策激进行为表现，因此或需要制定增量规则加以约束。

基于对准则原则导向和重要性职业判断的分析，我们发现，关于我国会计准则执行、重要性职业判断和建立应用指引三者之间是存在双向逻辑互动关系的：基于重要性准则应用的原则导向，假定以财务报告中重要性会计职业判定为逻辑起点，良好的会计职业判断有利于我国企业准则的充分、有效执行，基本会计准则为重要性应用指引构建提供制度支持和理论前提，实务应用指引指导正确的判断和决策，降低判断的不确定性和风险；从另一个方向而言，实务经验升华而来的对重要性职业判断认知，约束着重要性指引的设计原则和思路，同时，重要性应用指引的建立是对我国现有会计准则重要性原则规定的增量补充，并且完善的会计制度体系可以帮助提升职业判断质量，如图 9 – 1 所示。

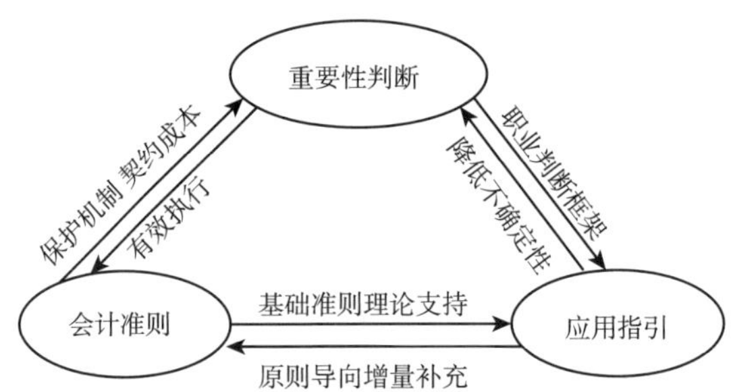

图 9 – 1　会计准则、财务报告重要性判断、重要性应用指南三者互动关系

概言之，我国的会计制度环境、投资者保护环境以及司法体系的完善程度都和西方发达资本主义国家存在一定差距，相关准则制定部门应以提升财务报告信息质量为主要目的建立重要性实务应用指引。

二、建立会计重要性判断的共同知识

（一）会计准则提供了“不完全共同知识”

共同知识是指对于某事项，如果 A 知道该事项的知识，B 也知道此事项的知识，A 知道 B 知道该知识，B 也知道 A 知道该知识，如此循环下去，该事项知识就构成了二者的共同知识（Aummann，1976）。共同知识概念反映的是“由人及己，再由己推人”的循环推理过程，所能涵盖的参与个体数可以趋于无穷。当在几个群体之间就某件事项形成共同知识后，任意一个体对此事项的判断和了解程度，与他所认为他人对此事项的判断及他人所认为的自己对此事项的理解都形成了统一性的认识，因此具有完全的确定性（张圣平，2001）。共同知识，作为理性推理的逻辑起点，越来越被广泛地用作经济学、博弈论及统计学等领域的分析工具。

率先将共同知识概念应用于会计学领域的是桑卓（Sunder）教授。每个组织视为参与者个人或群体之间的一组合同，在缔约方之间提供共享信息有助于设计和实施这些合同，从而保证组织能够有效运行。共同知识思维模式应用可以显著提升对财务报告、证券分析和估值、管理控制、审计和会计信息系统的理解。根据桑卓的研究，任何在正式系统之外提供的“共同知识”可以以最低成本解决契约组织系统内的冲突。我们可以分析，企业是一系列契约的结合体，也具有广泛的经济后果（泽夫，1978）。会计反映的是企业一系列契约的制度安排（谢德仁，1997），会计和控制系统可以产生有利于各方缔结契约的共同知识。然而，形成共同知识的基本条件一定是各方都理解的、且不存在任何误解、且每一方都知道其他方理解此事项，由于会计假设和会计技术性特征的存在，不同的利益相关者对于同一项会计信息难以达成客观一致性认识和理解，因此一项会计信息本身难以成为企业各方契约缔结的共同知识。

桑卓（2002）还提出这样的观点，会计准则有利于制定模板合同、节约交易成本，一定层次上构成准则制定利益相关方的共同知识。然而，朱国泓（2006）提出了不同的观点，分析认为我国《企业会计准则——基本准则》不仅具有会计规则价值，还具有提升公众会计规则制定参与程度、增强会计信息需求者的会计博弈能力的内在社会价值，《企业会计准则——基本准则》构成了公众会计参与者之间更加基础的共同知识，而技术门槛较高的具体会计准则，如金融衍生工具准则，只能成为专家和少数专业人士的共同知识。

如果将会计作为决策信息支持系统，此时假定作为共同知识的准则可以帮助参与各方了解“游戏规则”，认识和分析关于企业的经济事项信息，从而作出各方行为决策。如将会计准则作为企业一项企业制度和结构安排时，通常只有信息提供一方（会计人员、管理层）更加掌握全面的关于企业经济交易或事项的信息，那么在不完全信息状态下，会计信息监管方和使用者依赖于“不完全知识”参与行为决策的不确定性将会大大提高，从而无法作出与预期一致的正确判断。前者可能会更多地利用信息优势进行虚增利润或平滑盈余等自利行动，损害其他方的利益，从而产生冲突。因此，我们可以得出这样的观点，努力提升会计准则中共同知识的比重，可解决此类冲突及其相应的损失。

（二）重要性实务应用指南提升相关方共同知识比重

重要性职业判断通常被形容为隐形的、难以被开启的“黑箱”，我们需要依赖“黑箱”的输入值和输出值的分析来推测管理层重要性决策中的各类参数。会计规范中关于重要性应用指引的建立，一定程度会提升相关各方关于财务报表重要性应用问题的共同知识比重，减少会计人员、审计师或监管者判断的不确定性程度。转化为共同知识的途径主要是提出一致意见、选择突出特点和遵守领先惯例（Sunder，2002），实务应用指引可看作是对会计重要性理论的补充和诠释。在美国和很多其他国家，制定会计准则或规范的进程是旨在促进它们成为一项共同知识的过程，这些程序包括会计准则咨询委员会议程，项目小组工作意见，征求意见稿，公开听证会，关于会计准则优点的公开讨论，以及在发布会计准则时的广泛传播。经历上述过程，可以就判断目标、判断主体、判断特征以及应用主要内容形成关于相关人员重要性概念认知和应用的具有公信力的标准文件，规范执业判断过程，节约沟通和交流成本，最终旨在共同服务于财务会计目标。制定我国重要性实务应用指南可提升相关方共同知识比重，具体情形如下。

1. 重要性实务应用指南或可形成管理层和审计师之间的共同知识。管理层和审计师之间就财务报告信息提供和审核的博弈是无处不在、无时不在的。而且审计师和管理层对财务报表信息重要性水平的确定也存在明显差异，关于这一点，帕蒂略（Pattillo，1976）早已进行实证研究。从法律责任认定视角而言，若会计相关法律认定的错报重要性判断标准低于审计师认定标准，那么公司管理人员就要承担虚假披露的相关法定责任。关于计划和执行审计重要性应用，我国早已制定了相应的应用指南。而财务报告信息供给方面的重要性应用问题却始终没有相应成为共识。制定会计重要性判断框架性指引，会形成审计师和管理层（报表编制者）之间共同知识，审计师在审核过程中运用重要性概念时，就有更多的审核管理层行为动机的会计标准依据，有助于审计师保持职业怀疑，从而提出更高质量的信息要求，例如对于管理层报表差错的判断的审查更加精确，缩小二者沟通分歧等。这种情况下，管理层也就不能随意忽视或违背指引中的判断程序和规则，或臆想以“我知道你不知道”的假设提供虚假的会计信息。两者之间的博弈机制一定程度抑制滥用重要性标准的行为。

2. 重要性实务应用指南形成会计信息提供者和主要使用者的共同知识。实务应用指引的建立，除了是对重要性相关会计准则的增量补充，也给予了财务报表信息提供者和使用者更多的共同知识。从经济学供求理论分析视角，会计信息作为一种公共产品，其客观上信息质量的高低由供求双方共同决定的。供应方决定会计信息质量的影响因素主要是管理层或相关人员的自利动机、对主要信息使用者需求的判断和把握能力、对会计准则认知和应用能力等，关于重要性应用的共同知识可以使得管理层更好地理解重要性概念，掌握重要性决策过程和方法，坚定相信信息使用者对于财务报告重要性概念和判断应用逻辑也有充分的理解，从而规范自身职业判断，提升会计信息质量。影响主要使用者对有用信息需求的主要因素是需求者的决策动机、对财务信息的认知和理解能力以及对供给方知识掌握和职业判断能力，而实务指引类共同知识形成，使得会计信息主要使用者减少最终判断决策信息搜寻成本，理解供给方是如何在实践活动中应用重要性概念的，因此在博弈过程中会提出更高质量的信息需求，供给方和需求方可以形成良性交互互动关系，减少企业契约签订和沟通成本，共同提升会计信息质量。

3. 重要性实务应用指南形成上市公司监管者和被监管者的共同知识。吴联生和王亚平（2003）通过建立有效会计监管均衡模型，证明了最优事后会计监管目标不是要杜绝会计舞弊行为，而是将其控制在一定范围内，而控制当期会计舞弊行为的有效途径在于把握监管的时效性，并区分舞弊管理人员可以感知的违规处罚。施佩尔（Schipper，2003）认为，详细的准则应用指引可帮助减少监管者针对某一会计处理，事后进行的与财务会计人员的争论。我国证券监管部门以“影响投资者决策”作为重要性判断标准，但目前我国通过法律裁决进行有关财务信息虚假陈述的重要性认定经验还较少，近年来我国证监会、财政部等监管部门加大对会计信息违规的检查力度，而且受到违规处罚的虚假信息案件性质非常严重，远远超过了错报漏报的重要性判断门槛。当监管方发现信息质量问题时的重要性标准也远远高于管理层认定的门槛，并存在时滞效应。

重要性滥用可构成严重的财务报告舞弊问题。形成一项共同知识，有助于上市公司监管部门了解一项重要性决策何以作出，结合事前和事中可获知事实评估管理层解释是否恰当，而非仅仅依赖事后认知和询问，提升了时效性。从集体理性视角考虑重要性指引制定，就等于是把可以转化为共同知识的制度或规范性信息以有效制度供给的方式加以公布，使得会计人员、管理层等个体重要性决策能够一定程度遵循监管部门的预期程序目标，形成公平和合理的职业判断目标，节约监管过程的交易费用，降低沟通成本。

三、应用指引确保隐性知识的有效传递

下面继续从认识论维度来分析建立重要性应用指引对提升会计信息质量的作用。会计重要性的应用本质上是基于原则导向的价值判断。原则导向性的会计准则往往提升了隐性知识的比重（李刚等，2011）。“隐性知识”是1958 年波兰尼在《个体知识》文中提出的从哲学领域出发的概念，根据可否被清晰地表述和转移，将知识分为显性知识和隐性知识，前者是可以被人类以语言、文字、图形等编码系统完整表达出来的，而后者则意味着在行动

过程中得到的难以完整表述出来的知识。波兰尼（1958）认为人类的大部分知识都具有不易表达和缄默的特征，因为人们总是“知道的多于可以表达出来的”。与显性知识相比，两者的主要差异在于获取使用的方法不同，显性知识产生于逻辑推理和演绎，易于通过书面方式传递而被完全掌握，然而隐性知识难以被完全正确和清晰地表达，更多基于“干中学”的自身实践经验和行动而获得，其传递需要授予方具有较高的权威性和被信任性，接受方需要较高的理解力。

规则导向性的会计准则因被详细描述和规范，并具有一定量化标准，因此是显性知识的呈现，例如对于不同类别的资产要求按照准则规定的明线比例进行资产减值。而原则性依赖职业判断的准则包含大量缄默知识，且无法精确传递，例如如何根据发生的可能性作出预计负债确认和披露的判断。

依此分析，会计重要性应用中涵盖了大量的隐性知识。在提供财务报告信息过程中，管理层关于很多重要性决策过程是难以用准确语言以书面形式表达出来的。例如，在《国际会计准则第 16 号——不动产、厂房和设备》中规定具体披露，若转让不动产、厂房或设备的合同承诺金额不重大，则不需要披露，然而管理层在判断金额重大程度时也是没有明线规定的，需要考虑企业规模、预期是否影响使用者决策、关键风险和敏感性等因素，不同诉求的管理层基于个人认知、经验和理解能力不同，其判断结果也会不尽相同，如果被判断为一项重大事项，在附注中需要披露何种类型的关于不动产、厂房和设备的交易信息，列报披露的形式哪种最好，这都需要管理层作出决策。而作出此项决策所形成和掌握的隐性知识是需要通过相关、多次的会计实践和交流而习得的，这个过程也被称为“干中学”。每一位主体会计理论掌握程度、相关知识背景、沟通和理解能力这些因素都会成为理解一项隐性知识、快速作出会计决策的阻力，因此会计准则制定机构提供和制定重要性应用指南，其一是经过一系列严密的考察程序而得来，因此具有权威性；其二，通过给出一定示范而更容易被管理人员所理解接受，虽不能完全将重要性应用的一切经验内生化，然而一定程度和比例上实现了隐性知识向显性知识的转化，降低应用中形成的缄默知识的比重，确保共同知识的有效传递，进而提升会计信息决策质量。

第二节　重要性应用指引整体设计的建议

陈良华（2011）认为，如果将会计作为设计型科学来对待的话，透过严密的数理模型来解释和预测会计中一些变量的关系属于解释性范式，由于解释性科学范式注重对假设的检验和变量价值判断的中立性，而忽略了系统要素间的结构关系，因此难以构建出结构性“白箱理论”。重要性概念应用的相关理论构建是落后于实践的，所以我们不能过分关注以数理模型来解释会计重要性运用的所有问题，解锁重要性这一“黑箱”也要倚靠对未来路径的设计。下面结合前述的相关分析结论，并参考 IASB 的会计重要性实务指南，提出我国上市公司重要性指引设计中可遵循的主要原则及相关问题。

一、重要性应用指引设计的主要原则

制定重要性判断应用指引，是对重要性原则相关会计准则或制度的增量补充。重要性判断和评估是一种源于在预期不确定性基础上的会计信息系统的基本程序。设计应用指引需遵循以下几项原则。

1. 目标导向原则。会计重要性的普遍性应用是围绕如何实现会计目标而来的。那么指引的制定应该也为了实现某种会计目标而进行内容框架设计。

首先，明确设计指引的基本目标，即要向企业管理层就提供符合会计决策有用性目标的财务信息重要性应用方面的约束和指引。

其次，明确应用指引内容制定的具体目标，可以包括用户导向和价值导向目标。用户导向目标旨在明确管理层应用重要性判断是为满足主要信息使用者的公共信息需求；价值导向目标是基于重要性应用本质是一种价值判断，影响或决定是否具有重要性信息质量特征的是判断其信息的使用价值。

2. 差异性规定原则。重要性应用指引设计要体现描述性、强制性和开放

性等差异性原则。描述性指的是可以对帮助管理层理解的相关内容进行一般性阐释，如重新阐释重要性的概念、特征等内容，以增进对基础概念标准的理解；强制性是指对于管理层或相关人员必须遵从的规则设计，例如相关信息披露的重要性水平的区间，定性判断的一般性标准；而开放性指指引的设计要考虑其判断的主观意愿特性，不可能完全消除管理层自由裁量权。

3. 程序表现原则。重要性应用指引并不是提供如何对会计事项重要性判断进行逐项核的说明和解释，而是提供在一般情形下所遵循的适当程序。因此内容框架设计需要展现重要性评估的结构化程序，凸显出程序理性特点。基于这一系列程序，企业管理层可以在理解经济事实和特定环境基础之上，根据具体指引针对某一会计事项处理达成一致意见。

二、重要性应用指引设计的几个问题

1. 关于应用指引设计的主体内容。关于主体内容设计，首先要阐明会计重要性应用目的是什么，以有助于管理层、审计师及其他相关人员理解其主要精神，而非僵化地遵循指引的字面含义；阐释重要性的含义和应用特征；界定通用财务报告目标下主要信息使用者类型这一基本判断前提等描述性内容。其次，指引主要内容应涵盖阐释财务报表信息确认、计量、列报和披露等不同阶段重要性应用的形式，影响重要性评估的特定主体背景因素，如何决定和报告关键范围内的特定报表项目，如何对会计信息错漏报的重要性评估，以及对附注信息重要性评估作出差异性的具体说明和规定。最后，对需要管理层完全自由裁决、或量身定制的特定财务报告事项作出解释和说明。

概言之，指引主体内容要素要尽量构成一个有机的整体，并很好地体现不同部分之间的逻辑关联，结构层次分明、概念明晰，以提供前瞻性、易于判断主体理解和实务操作的应用指引。

2. 关于制定重要性判断的整体程序。在 IASB 发布的《实务公告第 2 号——就重要性作出判断》中，管理层关于财务报告重要性判断的程序又被界定为确认、评估、组织和审核四个步骤：（1）根据主要用户需求确定潜在的重要信息；（2）以重要性数量和质量标准评估信息；（3）通过有效沟通组织信息；（4）总体审核报表信息。我们可以借鉴 IASB 的整体判断程序规则，结合重要性职业判断框架，制定适用我国上市公司财务报告信息重要性整体判断程序，也是作为是否履行管理当局受托责任的一种问责机制，可以大致按照确认信息使用者、评估信息重要性、选择信息列报或披露方式以及审核信息等步骤进行设计。

3. 关于重点明确的警示类条款。在重要性实务应用指引中必须明确公司管理层关于财务信息重要性应用的特定责任，明晰强制和警示性的事项的规定，并纳入职业道德要素的要求，防止滥用情形发生。例如，IASB 委员格雷在 2019 年就 IASB 的“财务报表信息披露重要性项目”发表看法，他认为，重要性判断在财务报告中占据很关键的地位，虽然不能为所有的事情编写规则，但判断作为一个过程，尽量保证管理层的判断是公正和中立的。在指引中必须明确，管理层需及时纠正财务报告重大差错，对于为了达到某种目的小规模故意错报也是重大的和应该被禁止的。

本章小结

本章基于认识论等视角分析了我国建立上市公司财务报告重要性应用指引的必然性：首先，良好的会计职业判断有利于我国企业准则的有效执行，《企业会计准则——基本准则》为重要性应用指引构建提供制度支持和理论前提，实务应用指引指导正确的判断和决策，降低判断的不确定性和风险；实务经验升华而来的对重要性职业判断认知，约束着重要性指引的设计原则和思路。其次，重要性应用指引的建立是对我国现有会计准则重要性原则规定的增量补充，并且完善的会计制度体系可以帮助提升职业判断质量。而且应用指引建立增加重要性判定的共同知识，并促进隐性知识向显性知识转化。最后，本章提出应用指引整体设计的相关建议。

第十章

研究结论

第一节 主要研究结论

研究结论是对全书输出观点和见解的高度概括和凝练。基于“重要性基础理论构建——重要性判断及框架理论构建——重要性应用的实证检验”这样的整体研究路线，运用不同的科学合理、合乎研究问题导向的研究方法和工具，本书对会计重要性及判断相关问题进行深入分析和研究，尝试建立相对系统的理论框架。主要研究结论可以分为以下方面。

一、关于会计重要性基本理论

1. 会计重要性本质含义及重新表述。任何一个学科对一项概念全面认识都是一个逐渐深化的辩证过程。本书基于比较分析和总结现有的会计重要性不同定义发现，重要性早已成为财务会计理论中非常重要的一个专业术语，然而在理论上合乎逻辑的定义方式在现实中却是抽象而晦涩的，因为按定义来作出重要性判定是不切实可行的。因此会计重要性定义包容性较低，没有涵盖更广阔的视角。在此定义基础上，本书总结了重要性的概念特征，可分解为三个维度：基于特定主体背景、信息使用者导向以及依赖专业判断。

本书借鉴西方哲学价值理论方面的观点，对重要性本质进行了探索，基于对会计重要性定义形式的考察、对重要的会计信息价值相关性的考察以及基于效用满足程度解释信息使用价值等几个逻辑连贯的视角，提出了会计重要性本质是一种价值判断。

经过对会计重要性本质的辨析，提出重新界定会计重要性概念：基于特定主体环境下，重要性是一个相对概念而非一个绝对概念。会计重要性是一种以影响信息使用者决策为导向的价值判断，在会计信息确认、计量、列报和披露等程序发挥着制约和指引性作用；普遍运用形式反映在会审人员运用职业判断，评估财务报表项目或事项等信息的错漏报是否会对财务报表整体表述造成重大影响。

2. 会计重要性和审计重要性异同。在重要性概念应用范畴方面，将重要性区分为会计重要性（狭义）和审计重要性。（1）两者各自具有重要性的个体含义，并构成交叉相容的关系。（2）审计工作的不同阶段运用的重要性概念是不同的，计划审计阶段重要性水平的确定归属于审计重要性含义，而审计工作评估错报、漏报放弃调整的阈值上，完全是会计重要性判定概念的应用。因此，运用共同的重要性定义可能会造成会审人员理解上出现偏差，可能造成概念的混淆，从而不利于实务判断。（3）审计重要性区别于会计重要性应用的关键是运用目的和前提基础，在重要性判定机制上两者也存在根本性差异。

3. 重要性作为会计信息质量特征的定位。西方财务报告概念框架中关于重要性在会计信息质量中所起到作用和具体定位，主要存在着三种说法：FASB（1980）早期所认可的，将重要性作为信息确认门槛，在概念框架中与成本效益原则一同作为财务报表信息确认、计量、披露系统上下两端约束条件；ASB（1999）将重要性定位为提供财务信息的最低限制性质量特征；IASB（1989、2010）一直所承认，重要性是会计信息相关性的一个层面，因此也表现为会计信息质量特征的一种属性。而我国将重要性作为《企业会计准则——基本准则》中会计信息质量要求之一，并没有阐释重要性实质上应作为信息质量门槛特征还是约束性条件，关于重要性质量要求的作用和定位也无从体现，这可能不利于会计信息提供者在会计信息处理方面的重要性评估和运用。无论在概念框架中重要性归属于哪一种作用和定位，都要追求会计工具理性和价值理性和谐统一，相辅相成。

重要性信息质量特征并不是孤立存在的，它与相关性、可靠性、可理解性以及成本约束条件存在本质差异的同时，也构成相互牵制和影响的关系。因此衡量重要性同时要考虑各个信息质量特征之间的权衡，否则会损害整体信息质量。经分析提出了确认会计重要性信息质量特征的充分条件，即需满足决策有用性目标下的主要信息使用者的共同会计信息需求。

二、关于重要性判定理论及框架构建

1. 重要性判断标准、机制与特征。会计重要性是一种以影响信息使用者决策为导向的价值判断，探求重要性判断标准，有助于管理人员在复杂的环境中作出正确的价值判断。重要性判断标准可分为数量标准和质量标准。数量标准是指运用一定的技术方法将外生性因素定量化后，转化为内生性的门槛界限，表现为量化重要性水平。重要性水平通常是确定1%～10%的一个比例，并选择一个财务比较基准，以二者的乘积来表示。质量标准是指数量上不重要的但在性质上却有可能是重要的那些因素。SEC在1999年提出了九项质量因素，以说明即使是小额不重要错漏报，由于其特有性质也有可能判断为重要。对于这九项因素，将其归纳为估计及其精确度因素、盈利趋势或盈利能力因素、合规因素以及管理层薪酬因素。在运用过程中，我们应该客观、公允地对待判断标准的选择，在考虑判断对象和主体环境特征基础上，充分评估每一类标准的可行性。

重要性判断具有目标性、判断主体有限理性以及会产生不确定性偏差等特征。重要性应用很大部分都是对不确定性事项的判别、筛选和估计。不确定性是弥漫于整个会计环境的，重要性应用深深根植于经济和法律环境的变迁中，因此重要性判断也是动态的，且与对风险和不确定性的评估是密切相关的：第一，将事项发生可能性与潜在数量相结合，共同来决定期望数值，期望项越大，重要程度也越大；第二，企业内部的风险是影响管理层重要性判定的关键因素，风险越大，重要性判定中可能会趋于设定更严格的标准；第三，管理层个人特质在判断不确定性中起到很关键的作用，会计师的经验越丰富和专业越强，重要性判断风险意识可能会偏低。此外，重要性判定可以用风险评估地图（横轴为可能性，纵轴为金额大小）来表示。

2. 提升重要性判定质量的路径。重要性原则本身涉及的是会计职业判断，因此具有主观性、判定和评估的不确定性等特征，会审人员对重要性判定是处于“完全理性”和“完全非理性”之间“有限理性”的状态。对客观的会计信息重要性水平判断的追求相当于对结果理性的探求，然而由于存在太多难以控制的不确定性因素影响，达到完全符合主要信息使用者决策需求的结果理性是难以企及的目标。因此，为减少不确定性，防止判定偏差、重要性的滥用等问题，程序理性可为逼近客观重要性判断这一结果理性状态提供一定程度的有效保证。

加强程序理性，减少三类程序非理性偏差，优化重要性判定的质量，就需要加强规则理性，尽量完善专业理论或标准，减少规则的不完备性；并且要充分运用主观期望效用理论、概率论等进行不同主体之间关于特定事项重要性程度的估计和判断。在加强认识理性过程中，要通过学习和实践训练以弥补会计判断人员的“知识差”，借助于判断和决策辅助工具，弥补认知能力的局限性。在行为理性约束方面，为避免严重的行为非理性造成的判定偏差，需要制定严格的企业内部控制制度，并加强会计职业道德建设，以保证管理层以及相关会计人员能够按照既定会计制度或相关标准作出客观公允的判定。

3. 财务报告重要性职业判断框架。通过对会计准则导向以及与职业判断的作用关系的分析，本书提出，会计重要性相关准则运用是遵循原则导向的，在指导财务报告编制中仍需依赖专业判断。在编制企业财务报告过程中，重要性判断与应用是非常普遍的。而加强重要性职业判断的事前和事中指引，能够很大程度上保证对事后预期风险的约束和控制，从而减少判定偏差和机会主义行为。因此，本书构建了重要性职业判断框架，主要由判断内外部环境、判断主体、判断客体、判断标准以及判断过程五部分组成。

三、关于我国上市公司重要性原则应用及管理层行为后果

1. 不同财务报表使用者关注的财务报表项目及重要性判断标准。重要性是会计中重要的概念和基本原则，它应用于整个会计信息生成过程。本书基于决策有用观，采用档案研究的方法人工阅读了相关文件，归纳不同类型财务报表使用者重点关注的财务信息及其重要性判断。研究发现，不同类型报表使用者所关注的财务信息存在较大差异，且实务中相关各方重要性标准的设定也存在差异。通过对三类财务报表使用者所关注的项目进行归纳和分析发现，他们所关注的指标有所不同。通常除了将资产、负债及利润相关信息作为重要性项目外，建议公司对 EBITDA、三种活动现金流以及非经常性损益也作为重要性基准列入判断方法，以拓宽重要性判断定量标准的选择范畴，增强重要性判定的规则导向性以及信息可比性。

2. 差错更正重要性判断与自愿性财务重述。在研究我国上市公司会计差错更正重要程度对自愿财务重述行为的影响时发现，管理层更倾向于自愿更正数量重要性程度较低的错报；与此同时，也倾向于主动重述性质不严重财务报表差错，从而说明上市公司可能存在有错不报，并隐藏违规性差错、调减盈余等性质重大的报表差错的机会主义行为。除此，在重述公告的前一年度若公司财务报表被出具非标审计意见，则会显著减弱错报重要定量程度与自愿性财务重述之间负相关关系。对于上市公司而言，应完善和提升内部控制制度及董事会监督职能的有效性，定期主动自查前期财务报表是否存在重大差错，不能忽略财务报表中金额较小的错报，应将数量因素和性质因素结合起来合理地作出重要性判断。对于准则制定机构来说，应考虑制定更加详细的重要性应用指引，以引导管理层在财务信息差错评估中更严谨地进行重要性判断，减少不确定性可能造成的战略性重述行为。

3. 内控缺陷重要性标准设定与财务报告舞弊。在研究我国上市公司内控缺陷重要性标准设定与财务报告舞弊关系时发现，上市公司内部控制缺陷认定标准制度并没有充分发挥相应的治理效应；在非国企性质的上市公司，以

及两权分离度相对较高的企业中，而且当企业内控环境较差以及外部审计质量较低时，较低的重要性水平对财务报告舞弊发生的促进作用更为显著。说明上市公司管理层很可能倾向于制定并披露更严格的重要性水平而隐藏财务报告舞弊行为。由此可以判断，重要性门槛或标准的不确定性为公司管理层对于财务报告舞弊行为提供机会主义空间。因此，我国证券监管部门应该采取强有力规制手段来弥补制度执行缺陷，提高资本市场相关制度运行效率，例如要求以原则和规则导向相结合以制定更合理的重要性标准，并建立健全内控缺陷标准设定的企业高管追责制度，以压缩内控缺陷重要性标准制定的主观裁定空间，并相应地鼓励企业加强接受更规范的外部审计监督。

四、关于我国制定重要性应用指引必要性和建议

1. 制定重要性应用指引的必要性。我国《企业会计准则——基本准则》中对于重要性规定是为具体会计准则中重要性应用提供原则性限定和指导。我国应制定详细的应用指引，以期会计人员作出公允和可靠的有关财务报告重要性决策，其分析维度主要是以下三点。

第一，会计准则执行、重要性职业判断和建立应用指引三者之间是存在双向逻辑互动关系的：假定以财务报告中重要性会计职业判定为逻辑起点，良好的会计职业判断有利于我国企业准则的有效执行，基本会计准则为重要性应用指引构建提供制度和理论支持，实务应用指引提升判断效率和质量，降低判断的不确定性；从另一个方向而言，实务经验升华而来的对重要性职业判断认知，约束着重要性指引的设计原则和思路，同时，重要性应用指引的建立是对我国现有会计准则重要性原则规定的增量补充，并且完善的会计制度体系可以帮助提升职业判断质量。

第二，关于重要性应用指引的建立，一定程度会提升不同利益相关者关于财务报表重要性应用问题的共同知识比重，减少会计人员、审计师或监管者判断的不一致性和不确定性程度，并降低契约签订成本和沟通成本，共同知识比重提升，也有助于促进信息供求双方的进一步博弈，从而共同提升会

计信息质量。

第三，会计重要性的应用本质上是基于原则导向的价值判断，制定相关方共同需要的应用指引可确保职业判断中隐性知识得到有效传递。

2. 制定我国重要性应用指引的建议。设计应用指引需遵循目标导向原则、差异性规定原则以及程序表现原则。关于重要性应用指引的主体内容，首先要阐明重要性应用的明确目的，阐释重要性及判定的含义和特征，界定通用财务报告下主要信息使用者。其次，应涵盖阐释财务报表信息确认、计量、列报和披露等不同阶段重要性应用的形式，特定主体背景因素，如何决定和报告关键范围内特定报表项目，如何评估事后差错重要性，以及对附注信息评估的具体说明。最后，对需要管理层完全自由裁决、或量身定制的特定事项作出解释和说明。关于重要性判断步骤的设计，可以大致按照确认信息使用者、评估信息重要性、选择信息列报或披露方式以及审核信息等步骤。除此之外，在设计指引时需要明晰对管理层的强制和警示性事项的规定，并纳入职业道德要素的要求，防止滥用情形发生。

第二节　研究局限性和后续研究展望

一、研究局限性

严格意义而言，没有任何一种理论是趋于完美、毫无瑕疵的。由于作者的时间精力、专业背景和知识水平的“有限理性”等因素，本书关于会计重要性问题的研究存在如下局限和不足。

第一，限于现有的关于重要性原则的研究文献非常少，在重要性及判定理论论述方面更多借鉴其他学科背景的相关知识，或存在论证不十分充分的情形。

第二，站在会计信息提供方视角，在采用的实证研究数据上，由于我国不要求上市公司披露各自相关重要性标准或水平，因此差异性数据的不可获得性使得本书无法直接检验上市公司重要性门槛的经济后果或影响因素。

第三，受限于研究的实验条件和内外部效度，关于重要性判断的实证研究没能采取实验经济学的研究方法。

二、后续研究展望

立足于本书研究结论和研究局限，在明确会计重要性本质含义、重要性判定特征以及标准的基础之上，未来关于重要性判断问题可能研究方向是：

第一，探索我国是否需要制定或要求上市公司披露财务报告重要性标准。英国开始在2016年要求审计师在报告中披露审计重要性水平；澳大利亚在会计准则中也明确了财务报表事项重要性判断阈值（5%～10%）。如果没有制定一个明确的重要性门槛或标准，在实务运用中更多的是参照“经验法则”，而是否需要制定并披露重要性门槛还决定于其所可能导致经济后果的利弊权衡。

第二，创新地采取实验经济学方法研究重要性判断有关问题。例如检验会计信息提供者重要性判断上是否存在认知偏差，以及会计信息提供者和审计师在错报重大门槛认定的不一致性程度等。

第三，重要性在会计中运用于其他学科的交叉研究，重要性决策本身与管理学、经济学和认知心理学等学科都存在交叉之处，学科间界限的缩小和融合的发展趋势为会计重要性原则研究提供了新的契机，未来研究可以借鉴其他学科理论和方法丰富和整合会计重要性及判定理论体系。

附　　录

附录 1

IFRS：*Application of materiality to financial statements* ED/2015/08 全文翻译：

引言

IN2 征求意见稿的目的，在编制符合 IFRS 准则的通用目的财务报表时，旨在帮助管理层运用重要性概念方面提供指引。如果一项信息的省略或错报可能会影响使用者基于特定实体财务信息所作出的判断，那么这项信息就具有重要性。

IN3 重要性判断被应用在通用目的财务报表背景之下时，重要性的概念帮助管理层决定，哪些信息需要被纳入、排除以及合并列报在财务报表中。同时此概念也帮助管理层决定信息应该以怎样的方式列报才能保证财务报表是清晰的和可理解的。

IN4 实务声明在以下三个方面提供指引：

（1）重要性的特征；

（2）当根据财务报表披露的信息作出判断时，如何运用重要性概念；

（3）如何评估信息的错报和漏报对于财务报表来说是重要的。

IN5 一项信息是否重要是一个依赖于特定主体的环境因素和相关事实的判断问题。“实务意见稿”旨在说明管理层在解释信息是否重要时应考虑的因素类型。然而，由于重要性应该在企业实体范围内考虑，本指南并不是旨在编制财务报表时提供完整的重要性判断清单。

IN6 实务声明不是一个标准，其应用并不是要求遵守国际财务报告准则。但是，允许或要求采用国际财务报告准则的司法管辖区可以选择正式将“实践声明”纳入其所在国财务报告要求。

实务声明内容

目标

1.《重要性在财务报表中的应用》（实务草案）是为了协助管理层将重要性的概念应用于根据国际财务报告准则（IFRS）编制的通用财务报表中。

范围

2. 本实务准则草案拟应用于按国际财务报告准则编制的通用财务报表。

3. 有时财务报表中的信息通过交叉引用进行整合，诸如管理层评论或风险报告之类的陈述，这些陈述与财务报表信息相同，同时也适用于财务报表使用者。没有交叉参考信息，财务报表便不完整。本草案也适用于通过交叉引用收录的信息。

重要性一般特征

4. 重要性是一个普遍应用于财务报告以及其他目的通用概念。例如，通常在法律协议的特定情境下引用的重要信息，比如“要约条款的重大变更”，当然这有可能是财务性质的，也可能不是。

5. 在许多司法管辖区，都要求上市公司向投资者报告持续经营方面的信息。例如，在收购要约期间，可能需要各方向市场告知收购要约的条款。除了要求提供财务报表之外，可能还有披露实体已知的与价格相关的信息的义务。一些司法管辖区使用重要性原则和补充指南以执行相关义务。例如，交易所可能会对上市公司何时发出盈利预测提供指引。这些指导原则可能是通过考虑“信息变得重要并应该公开披露”这一因素而制定的。

6. 预期在上述背景下理解“重要性”一词的方式与预期将该术语应用

于财务报告的方式是一致的。然而，国际财务报告准则制定重要性定义，以帮助管理层更好地按照国际财务报告准则编制报表。

IFRS 的定义

7. 财务报告概念框架（概念框架）提供了以下关于重要性的定义（《国际会计准则第 1 号——财务报表列报》和《国际会计准则第 8 号——会计政策、会计估计变更和差错》）：

如果一项信息的错报和漏报可能会影响使用者基于特定报告实体的财务信息所作的决策，那么该项信息就是重要的。换句话说，在企业实体财务报告背景下，重要性是基于相关项目的性质、规模或二者兼而有之的特定主体的相关性一个方面。

8.《国际会计准则第 1 号——财务报表列报》（IAS 1）的重要性定义中明确使用了“可能影响”一词。IAS 1 指出，在财务报表的基础上，重要性的评估应考虑如何“预期可能合理影响”用户所作出经济决策的。

9. 财务报表组成通用目的财务报告，为外部相关方提供内部实体的总括性财务信息。应用重要性概念，可确保那些合理预期影响使用者决策的财务信息会在主要财务报表中单独列出或在附注中单独披露。

10. 重要性的概念应用可以被视为一个过滤器，其为确保个体会计记录所提供的总结性信息是有效以及可理解的。如果多余的不重要的信息被披露，或者重大信息被隐藏或模糊不清，就会降低使用者对于财务报表的理解程度。

普遍性

11. 在编制财务报表方面重要性概念的应用非常普遍。如果 IFRS 相关规定对全套财务报表具有重大影响，则必须采纳。同样地，如果不按照 IFRS 某项要求产生的影响不重大，则不需要应用。

判断

12. 当评估信息是否对财务报表具有重要性时，管理层运用判断，以决定该项信息是否预期会合理地影响用户在财务报表的基础上所作出的决策。在应用此种判断时，管理层应考虑实体的具体情况以及财务报表使用者将如何使用这些信息。一个实体的情况会随时间推移而变化，因此，在每个报告期间应根据实体在此期间的情况重新评估重要性。这种评估应包括比较本年度信息与过去期间的信息，以评估此期间实体活动或情况的变化。

财务报表使用者及他们的决策

13. 重要性的定义涉及通用目的财务报告使用者作出的决策。“概念框架”确定了通用财务报告的主要使用者，并声明他们是以下报告所针对的使用者：

OB5 许多现有的和潜在的投资者，贷款人和其他债权人不能要求报告实体直接向他们提供信息，并且必须依靠通用财务报告来获取他们所需的大部分财务信息。因此，他们是通用财务报告的主要使用者。

OB10 除投资者、贷款方和其他债权人以外的其他各方，如监管机构和公众成员，也可能会发现通用财务报告的有用性。但是，财务报告主要不是针对这些其他群体的。

14. 在确定了实体的通用财务报告的主要使用者之后，管理层应考虑这些使用者的特征，包括他们的潜在利益和作出的决策类型。这将使得管理层能够识别主要使用者合理预期接收到的信息，以及可能合理预期影响其决策的信息。

财务报表主要使用者特征

15. 概念框架规定了财务报表主要使用者的基本属性。

QC32 财务报告是为具有理性的业务和经济知识且能够努力审查和分析信息的使用者而编制的。有时，即使消息灵通和勤奋的使用者也可能需要寻求顾问的帮助，以了解复杂的经济现象的信息。

16. 尽管管理层有权假定主要使用者对商业和经济活动持有理性认识，但他们不能假设主要使用者是财务报告专家。此外，管理层应该关注典型的理性使用者，而不是单一的、表现出不理智的行为的非典型用户。

17. 一个实体可能有几种不同类型的主要使用者。例如，该实体投资者可能包括持有不同类型股份的机构投资者、债券投资者、购买股票的雇员以及其他类型的投资者。在一定范围内，他们可能存在广泛的信息需求，也可能有不同的信息需求和期望。例如，某些信息可能对一些主要使用者有用，而对其他使用者则可能无用。如果一个实体拥有多个主要信息使用者类别，那么财务报表就应该提供和披露信息以满足使用者共同的信息需求。

18. 管理层不能预期满足所有主要使用者的所有信息需求。例如，单个投资者可能对特定实体的某业务支出的详细信息特别感兴趣，因为该投资者也可能在该实体中参与某项业务，但是这样的详细信息对于其他主要使用者可能并不重要。

19. 然而，如果信息与一定范围不同类别的主要使用者或与重要类别的主要用户（例如，具有大量使用者的类别）相关，则通常该类信息是重要的。

财务报表主要使用者作出的决策

20. 概念框架中对主要使用者决策及其信息需求进行了描述，详细内容请参见 OB2、OB3、OB4 及 OB6。

21. 在制定准则时，对不同类实体而言，国际会计准则理事会努力确保预期能够满足广泛的主要使用者信息需求。因此，当管理层考虑应在财务报表中应提供哪些信息时，IFRS 的要求应为该评估提供基础性依据。IFRS 的要求是由国际会计准则理事会制定的，其前提是考虑到向财务报表使用者提供信息的收益与遵守这些要求的成本之间的平衡。由此而言，在评估信息是否重要时，应用 IFRS 的成本并不是管理层考虑的因素。但是，在不考虑实体的具体情况，同时也不考虑主要使用者是否有特殊需求，以及提供的信息是否满足或超过主要使用者需求的情况下，机械的应用列报和披露准则是远远不够的。

22. 管理层能够确定信息对主要使用者是否有用的一些示例包括：

（a）考虑关于使用者期望的信息，包括他们通过讨论以及公开性的信息而得出的实体应如何进行管理的一些认识；

（b）考虑管理层自身设法作出什么样的决定，以及他们希望在类似情况下作为财务信息使用者应该提供什么样的信息（例如，正如他们本身就像外部使用者一样，不具备管理层所掌握的内部知识，如关于重要风险的或关键价值驱动因素的知识）；

（c）观察使用者或市场对信息的反应或要求，例如实体发布的特定交易或披露信息，或外部人士（如分析师）的回应；

（d）观察同行业经营实体提供信息的类型。然而，虽然同一行业的实体之间有相似之处，但并不意味着同一类信息必然都是重要的。

23. 如果财务信息具有预测价值、确定价值或两者兼而有之，则它们能够对决策产生影响。重要性评估的核心是信息是否能够合理地预期影响使用者作出的决策，而不是单独的一两条信息就一定能够改变其决定。如果一项信息具有能合理预期强化主要使用者决策的趋向，则该信息是重要的。例如，一实体的收益可能会随着预期而增加，此信息可能会强化购买、持有或出售股票的决策。

质量和数量评估

24. 在特定主体环境下，信息重要性评估依赖于性质和金额。由此，运用重要性包括质量和数量因素的评估。

25. 诸如列示项目账目金额之类的定量信息，并非评估重要性的唯一因素，还要取决于质量因素，包括特定主体因素。由此而言，对于采用 IFRS 的实体而言，仅依靠数字准则是不合适的。同样，IFRS 为重要性规定一个统一的定量阈值或预先确定特定情况下的重要性标准是不合适的。

26. 然而，量化门槛本身并不是决定性的，但它们可以成为应用重要性概念的有力工具。量化阈值可能为初步评估提供一个基础，即一个金额可能是重大的或非重要的。例如，如果它低于指定的利润或净资产的百分比。但是，重要性评估也需要考虑项目性质和实体情况。

27. 下例为当进行重要性评估时，考虑数量因素意义不大：

（a）在决定是否披露特定会计政策时，管理层会考虑其披露是否对理解财务报表是必要的。在未披露或披露不充分的情况下，如果主要使用者无法充分理解财务报表以作出决策，则对会计政策进行的描述将具有重大意义。一个可能不充分和不重要的披露的例子是，实体仅仅简单引用了 IFRS 要求，而没有调整其会计政策描述以解释是如何被应用的。

（b）在考虑不确定事项和或有事项的重要性时，涉及的金额并不总是已知的，这可能产生一系列潜在后果。因此，在判断有关这些不确定事项或或有事项信息是否重要时，管理层应考虑诸如项目的性质，其潜在经济影响和现金流出时间等因素。

28. 对于某些情况，由于与主要使用者的关键统计数据或管理层传达的目标有关，或涉及其他特别重要的方面，重要性考虑因素会更为敏感。示例包括：

（a）那些可能导致违反监管要求或贷款契约的项目信息；

（b）即使对当期主要财务报表没有重大影响，那些可以合理预期对实体未来业务至关重要的信息；

（c）罕见或不寻常的交易，其可以合理预期影响主要用户作出的决定。例如，如果与该实体的一个关联方有特殊的关系，与之进行的一项交易可能是不寻常的。

单独和集体评估信息重要性

29. 对信息重要性的评估应在个人和集体的基础上进行。即使单独的一项信息被判断为不重要，当与其他信息一起考虑时也可能是重要的（例子请参见第 39（c）段）。

财务报表信息列报和披露

重要性评估的背景

30. 财务报表的主要目标是提供有关实体的财务状况、财务业绩和现金流量的信息，这些信息有利于使用者作出经济决策。信息重要性判断应在考虑完整财务报表（即主要财务报表连同附注）以及上述目标背景下进行。财务报表编制也彰显了管理层受托责任的履行。

31. 在编制财务报表应用重要性概念时，需要根据财务报表的目标进行判断。管理层应该运用判断以对是否在财务报表中纳入或排除信息作出决定，并且还要考虑在财务报表中如何列报和披露。

32. 对于财务报表不同部分，管理层应该评估信息的重要性。例如：

（a）在主要财务报表中，是否以及如何分别列示信息；

（b）信息是否及如何列示在附注中；

（c）在审查一整套财务报表之后，审视（a）或（b）的评估是否需要改变。

33. 第 32（c）段的最后一步包括对财务报表信息的总体组合进行评估。这个总体评估可能会导致重新评估如何列示或披露信息，以使其更容易被理解，或更加突出。整体评估还可能确定应补充一些信息（例如突出关键趋势）或将其删除（例如如果信息充分涵盖其他信息）。

不重要的信息

34. 在财务报表中提供不重要的信息可能掩盖重要的信息，结果意味着，财务报表的可理解性降低。例如，如果实体披露了有关交易的详细信息，而这些信息对报告财务状况或业绩表现没有重大影响，则可能会致使重大信息更难找到。披露不重要的信息增加了财务报表的长度，使得它们可理解性降低，导致主要使用者需要花费更多的资源来寻找重要的信息。

35. IFRS 并没有禁止实体披露不重要的信息。然而，却要求他们考虑不重要的信息是否会掩盖重要信息。

36. 在一些情形下，实体披露无关紧要的特殊议题也可能是有用的。例如，管理层可能希望告知使用者，实体并没有面临涉及市场参与者感兴趣的项目所带来的特殊风险。这通常不需要对项目金额或性质的具体分析，而通过作出简单陈述而达到。再如，一家国际银行可能会解释说，在没有提供进一步信息的情况下，它在一个特殊的司法管辖区或行业遭受严重的财务困难的情况下并不存在大量的债务。虽然其债务金额很小，但却对外提供了重要信息，说明管理层如何有效保护实体资源免受经济环境恶化的影响。

加总和分解的信息

37. 在 IAS 1 中陈述到：

“29. 每个重要项目应在财务报表中单独列报。不重要的金额应与具有类似性质或功能的金额汇总，不必单独列报。”

“30. 财务报表是通过对大量的交易进行处理而生成的，这些交易按其性质或功能汇总成类。在汇总和分类过程的最后阶段是将浓缩和分类的数据列报，这些数据形成财务报表内的项目或附注中的项目。如果某项目单个看不重要，则应将其与财务报表内或附注中的其他项目汇总。但是，其重要程度不足以在财务报表内单独列报的项目，对于附注而言，却可能是足够重要的，从而应在附注中单独列报。”

“30A. 就本准则而言，一项信息如果不披露就有可能影响使用者依据财务报表进行经济决策，则该信息是重要的。重要性依项目的规模和性质而定，规模和性质是根据其忽略的特定情况来判断的。在决定一个项目或一个汇总的项目是否重要时，项目的性质和规模应一起予以评价。依情况不同，或是项目的性质或是项目的规模可能是决定性因素。例如，具有同样性质和功能的各单项资产的金额，即使单项金额大，也应予以合并。但是，性质或功能各异的大项目则应单独列报。”

38. 如果主要财务报表中列示项目不是重大的，即使国际财务报告准则规定单独列报，也不需要进一步分类，也可以与其他相关或类似项目合计。但是，在主要财务报表中不重要的项目可能需要在附注中单独列示。例如，管理层可能会决定将所有以公允价值计量且其变动计入当期损益的金融资产合并在财务状况表的一个项目中，因为财务状况表中单独列报此项目并不重要。然而，由于不同金融资产特征不同，管理层亦须考虑，附注中分开列报不同类别的金融资产是否具有重要性，例如，可能考虑有不同类型的金融资产（如股票或债务工具），或可能具有不同风险特征的资产。不过，在组成信息很重要的情况下，主要财务报表中的细分项目会在附注中分开列示说明。再如，如果报表项目的组成部分相似，并且没有单独重大信息，则附注中分解信息可能不具有有用性。

39. 合并加总信息意味着信息组成部分变得不那么详细。因此，无论是在主要财务报表还是附注中，管理层在判断是否汇总信息时，都会评估通过汇总“丢失”的信息是否重要。例如：

（a）如果一个实体有 500 个类似租赁资产，那么将它们合并在一起披露，可能不会导致重大信息的丢失。但是，如果一部分与其他租赁资产具有明显不同的特征（例如剩余价值保证或扩展项目），则有关该子集的单独信息可能是重大的。

（b）由于外币交易，实体可能会有较小的净外汇差额。净差额可能是由于广泛的经常性交易基础上的大量小额汇兑收益以及由于一次投机性远期外汇交易的重大损失而产生。《国际会计准则第 21 号——外汇汇率变动的影响》只是规定了汇兑差额的披露情形。在对重要性作出判断时，主体应评估损失是否应与其他汇兑差异分开披露。事实上，如果相对于其他交易产生了较大的损失，并且损失来自投机活动，这表明汇总这些汇率差异会导致重大信息损失。在这种情况下，可能导致因汇总使得使用者关于管理层管理意见的相关信息丢失。

（c）在报告期间，实体可能增置许多小型业务。每次收购都可能并不重要，但加总起来，就可能会重大改变业务的结构和前景。因为这属于重要性加总后的综合影响。

主要财务报表 & 附注

主要财务报表

40. 结构：

（a）已确认的资产、负债、权益、收入和费用；

（b）现金流；

（c）股权债权持有人的出资或分配。

41. 在满足财务报表目标方面，主要财务报表的作用是提供企业主体财务状况以及财务业绩表现的信息。以下概述可能对主要使用者有用：

（a）获取有关实体资产、负债、股本、收入、支出、现金流量和权益持有人的出资和分配的基本信息；

（b）理解过去财务状况以及财务表现，以预测净现金流来理解趋势；

（c）在企业实体之间，以及报告期间作高水平对比；

（d）识别使用人可能期望在附注中找到特别感兴趣的领域等额外信息。

42. 当评估应在主要财务报表正文中列示哪些项目时，管理层会考虑如何提供该实体财务信息的代表性摘要，例如，考虑应分别呈现哪些项目或类别的相对大小或性质。当决定这些项目是合并披露还是单独披露时，管理层也会思考相似或差异程度。

43. 管理层通过考虑个别报表的个别线上项目、小计和总计金额来判断该项目是否重要。管理层也会考虑主要财务报表之间的关系。在列报项目时，应评估哪些项目可作为有用的标志，以将报表与附注的详细信息联系起来，帮助主要使用者浏览财务报表。

44. 如果确认项目没有在主要财务报表中单独列报，那么管理层会考虑如何将其与其他项目汇总。

附注

45. 由于其结构的原因，主要财务报表可以包含的数量和类型是有限的，附注：

（a）补充更具体的内容解释主要财务报表的信息；

（b）补充主要财务报表必要的额外信息以满足财务报表目标。

46. 尽管应用于附注中的重要性的概念并没有发生改变，但概念的应用背景是不同的。这是由于，在实现财务报表目标方面，附注与主要财务报表有着不同的作用（见第 40－44 段）。因此，这可能导致不同情况下的信息是否具有重要性的不同结论以及与主要财务报表相比，在附注中是否有必要进一步分解信息。

47. 作为财务报表的组成部分，附注的主要目标之一是扩展和解释主要财务报表中的项目。在附注中应提供对财务报表有重大影响但在主要财务报表中单独列报的不重要信息。然而，如果信息在主要财务报表中是重要的，那么只在附注中披露是不够的。例如，管理层可能会决定在综合收益表中仅列出总收入的一个单一项目。在附注中，管理层应分解数额并酌情披露进一步资料，以使主要使用者能够了解收入及其相关现金流量的性质、金额、时间及不确定性。

48. 除了扩展和解释主要财务报表的项目外，附注还提供了任何其他必要的财务信息，以实现财务报表目标（见第 30 段），并可合理预期影响主要使用者决定。通常在附注披露中发现的一些信息与主要财务报表线上项目无关，如资产负债表日后的重大非调整事项。此外，一些信息还涉及未确认项目，如或有负债。

IFRS 规定的披露

49. IAS 1 陈述道：

“31. 国际财务报告准则规定了需要纳入财务报表的信息，其中包括附注。如果披露的信息不重要，实体不需要提供国际财务报告准则所要求的具体披露情形。即使 IFRS 载有一份具体要求清单或将其描述为最低要求，情况也是如此。符合国际财务报告准则的具体要求不足以使使用者了解影响企业财务状况和财务表现的特定交易、其他事项和条件时，实体还应考虑是否提供额外披露。”

50. 国际财务报告准则中的披露要求是管理层决定应否在附注中披露信息的基础。当一项准则包含披露要求，并且满足该要求的相关信息具有重要性时，管理层应按照 IFRS 的要求披露该项信息。然而，这并不意味着国际财务报告准则披露要求就理应被视为清单，而忽略实体的情况和主要使用者的需求。如果相关信息不重要，管理层不需要提供详细的披露标准，甚至可以不披露，因为不重要信息无须披露。

51. 当 IFRS 包含披露目标时，管理层应该对是否达到重要信息的目标进行全面评估。包括考虑：

（a）财务报表是否提供了与目标相关的所有具体披露要求；

（b）是否应披露标准所规定信息以外的信息，以实现这些目标，帮助使用者了解所提供的信息。

52. 除了 IFRS 中规定的信息之外，如果一项信息与理解财务报表相关且可以预期影响主要使用者基于财务报表作出的决策，实体仍需提供此类信息。

53. 例如：

（a）《国际会计准则第 16 号——不动产、厂房及设备》（IAS 16）规定了具体披露要求。然而，即使在财务状况表中不动产、厂房及设备被列为单独项目，并非 IAS 16 规定的所有披露信息都是企业的重大信息。例如，如果收购不动产、厂房和设备的合同承诺金额不重大，则不需要披露。此外，即使 IFRS 没有特别要求，如果会合理预期影响主要用户根据财务报表作出的决定，管理层也应提供有关房地产、厂房和设备的其他信息。

（b）《国际会计准则第 19 号——雇员福利》（IAS 19）规定了关于设定受益计划（IAS 19 第 145 - 147 段）的未来现金流量的金额、时间和不确定性的详细披露要求，包括敏感性分析。但是，如果一个实体有几个大的计划和一些小的计划，那么对于较小的计划，只披露关键的风险和敏感性就足够了。

（c）《国际会计准则第 2 号——以股份为基础的支付》（IAS 2）规定了以股份为基础的付款交易实体的详细披露要求。如果以股份为基础的付款对财务报表具有重大意义，实体应考虑 IAS 2 中第 44 - 52 段要求的哪些信息对主要使用者有用，以及是否应披露其他附加信息。在某些情况下，如果不会导致重大信息的丢失，无须披露 IAS 2 中第 44 - 52 段中的所有信息，但很可能需要总结一些信息，例如提供一系列归属期等。

（d）《国际会计准则第 8 号——经营分部》（IAS 8）要求披露可能与国

际财务报告准则不同的基准确认及计量的信息（尽管 IAS 8 要求将分部资料与实体财务报表中的相应数据匹配）。尽管如此，管理层仍然应用重要性的概念来决定在财务报表中应包含关于经营分部的哪些信息。IAS 8 亦提供额外标准，管理层应将其作为重要性判断的一部分，包括分部加总标准及分部量化门槛。

在每一个报告期审查附注披露

54. 如果对前期财务报表而言，一项信息披露是重要的，但如果同等类型或详细程度的信息对于当年财务报表不重要，则披露行为通常不需要在同一层次上重复。只要不丢失重要信息（例如识别关键财务趋势所需的信息），就可以对信息进行汇总或在某些情况下完全省略。举例如下。

（a）如果前一阶段实体进行重大业务合并，管理层将考虑哪些信息对于理解当期财务报表是非常重要的。这可能导致管理层得出结论，不应该复制上一时期财务报表中所提供的业务合并的所有细节。然而，管理层仍应提供足够的信息进行年度比较，这些信息与理解当前财务报表（包括比较性信息）有关。

（b）由于在此期间发生的变化，可能在上一年的财务报表中列入了不动产、厂房和设备的详细核对。但是，如果今年的变化有限，可能不需要在当期纳入这样详细的项目。例如，在编制本期财务报表的比较信息时，可能需要汇总上一年度单独列报的部分信息。

（c）如果上一年度厂房或机器项目有减值，但本年度并无减值损失，则本年度的详细减值披露可能并不重大。

55. 尽管如此，重要性不仅仅是参照当前报告日期来评估的。例如：

（a）如果上一年度业务合并的信息能使主要使用者了解上一年度业务合并对当前报告期业绩的影响，那么上一年度业务合并的信息在当期可能是重大的。比如，收购方披露的信息使其财务报表的主要使用者能够评估当前报告期内确认的与以前报告期间业务合并有关调整的任何重大影响。

（b）主要产品销售额从上年的重大金额下降到本年度不重大的金额，可能是本年应当分别披露或者确认的重大变动。

一整套财务报表

56. IAS 1 要求对信息是单独还是合并进行评估（见第 29 段）。诚然，财务报表中对个别信息是否具有重要性的评估不是孤立存在的。此类评估也应该考虑，这些信息是否与整套财务报表中的其他信息结合起来是重要的。这一更广泛的视角使得管理层能够考虑实体的财务状况、财务业绩和现金流量的总体情况，包括有关财务趋势的信息。它还能够全面评估财务报表中的信息传达是否有效和可理解。举例而言，管理层应该考虑特别重要的事项是否被给予了足够的重视程度，以及相关信息是否以连接清晰的方式呈现。

57. 财务报表的主要使用者会在超出财务报表的范围内考虑信息。例如，他们会考虑财务报告的其他部分，实体运营的行业和竞争对手的信息，以及一般的经济状况等。因此，财务报表中是否以及如何披露一项信息，其评估可能取决于其他公开资源的信息可得性。尽管如此，如果一项信息是重要的，那么公开可获得信息并不能免除实体披露 IFRS 所特别要求的信息的义务。

58. 财务报表是旨在提供有关主要信息使用者在决策时有用的实体财务状况、财务业绩和现金流量的综合性记录。因此，仅因为之前信息已经包含在新闻稿或其他公开文件中，从财务报表中忽略国际财务报告准则特别要求的关于该实体的信息是不合适的。

中期报告

59. “重要性”是 IFRS 应用很普遍概念。在年度财务报表中应用重要性的一般原则也适用于中期财务报表。然而，这个概念所适用的背景和目标却是不同的。这是因为中期财务报表的目标不同于年度财务报表的目标。特别是，中期财务报表旨在提供一整套年度报表的更新情况。因此，中期财务报聚焦于新的活动、事件和情况，并且不重复以前报告的信息。

60. 此外，即使《国际会计准则第 34 号——中期财务报告》（IAS 34）

将中期财务报表视为最新年度财务报表的更新，根据 IAS 34 具体规定，中期财务报表的重要性是根据中期财务数据而非预测的年度数据进行评估的。IAS 34 就中期财务报表的重要性评估提供以下指引：

“23. 为编制中期财务报告而决定如何确认、计量、分类或披露某项目时，应对中期财务数据的重要性进行评估。在评估重要性时，应当认识到与年度财务数据相比，中期计量可能在更大程度上依赖于估计。”

“25. 虽然为编制财务报表而对重要性进行评估时需要运用判断，但是，为便于理解中期数据，本准则还是以中期数据本身为基础拟定确认和计量政策。因此，特别和非经常项目、会计政策或估计变更以及重大差错应以与中期数据相关的重要性为基础予以确认和披露，以避免由于不披露而产生误导性干扰。最重要的目标是确保中期财务报告囊括与理解企业中期财务状况和经营成果相关的所有信息。”

确认和计量

61. 在编制财务报表时，本实施细则（草案）的大部分内容是对提供和披露信息，以及重要性的应用提供指导。然而，类似考量也适用于提供财务报表信息时的确认和计量。

62. 如果对财务报表具有重大影响，则需要采用国际财务报告准则的确认和计量要求。特别指出的，《国际会计准则第 8 号——会计政策、会计估计变更和差错》（IAS 8）中指出，如果为了实现某实体的财务状况、财务业绩或现金流量的特定表述，财务报表包含重大错误或故意的非重大错误，则财务报表编制违背了 IFRS。

实用手法

63. 国际财务报告准则没有规定实体内部记录保存程序的相关要求。因此，管理层可能会在记录特定项目时，决定不应用准则中的要求，前提是稍后需进行调整以确保该信息符合 IFRS，且满足财务报告目的。例如，某实体可能会维护一个定期的库存系统，然后为满足财务报告目的，而根据实际库存量调整采购和库存金额。

64. 实体可能有一项内部政策，即仅将资本支出的资本化金额超过指定的阈值，并将较小的金额确认为费用，因为任何较小的金额显然都被视为不重要。管理层已经评估，这种背离 IFRS 的做法对当前的财务报表和未来的财务报表不大可能产生实质性的影响，因为很明显，这种支出无法合理预期能影响主要使用者决定。然而，应该定期重新评估此类政策，以确保这些假设的正当性。倘若该等做法对财务报表并无重大影响，则不会妨碍该实体财务报表编制遵守国际财务报告准则。

65. 编制财务报表时，实体选择一个货币单位（例如 CU1 000）也是惯例，并且以最近的单位四舍五入。选定的单位设置须足够低，以确保由此造成的精确度和细节损失是不重要的。

66. 假使财务报表中所提供的信息按照 IFRS 进行公允列报，则在 IFRS 范围内，制定该信息在内部记录的方式超出了 IFRS 的范围。尽管如此，在某实体管辖范围内，可能有法定要求以规定实体内部记录程序。

错报和漏报

确认的错报

67. 如果能单独或共同合理预计会影响主要使用者在财务报表的基础上作出的决策，则漏报（不包括相关数据/信息），错误和其他信息错误陈述（如模糊地描述信息或模糊重要信息）（在本文件中统称为“错报”）是重要的。管理层应评估信息的错误陈述对财务报表是否具有重要影响。此评估包括考察以往期间的比较资料中存在的任何错误陈述。

68. 错报是由于未能正确使用或滥用可靠信息而导致主体财务报表出现错误：

（a）当这些期间的财务报表被授权编制时出现；

（b）合理预期已形成，并在编制和列报财务报表信息时予以考虑。

上述错误包括算术错误的影响，会计政策应用中的错误，疏忽或错误解释事实以及欺诈。

69. 在评估错报重要性时，管理层应考虑交易计量的准确度。例如，大部分现金支出或现金销售都能够进行精确计量，因此，如果某实体具有有效的内部控制，应不会经常发生交易错报。对于其他交易，不可能进行精确计量，管理层需要进行估算，例如预期的环境清理成本或第三级公允价值计量的准备金。由于估计值固有的不确定性，在这些情况下评估错报可能更加困难。因此，财务报表中的披露应确保主要使用者意识到识别和衡量项目所涉及的主观性。当考虑一项调整是作为估计的变化，还是差错更正时，管理层应以 IAS 8 的要求为指导。

现期错报

70. 管理层认为在财务报表中可能存在错误信息的两种常见情况是：

（a）编制财务报表时，管理层可能会识别簿记错误。示例可能包括调整日记账分录中的数学错误，或者重复计算或忽略实际库存盘点。

（b）在财务信息初步公布之后和/或财务报表已经编制但尚未获准发布之后，可确定其他相关信息。

71. 在不考虑成本情况下，管理层应该修改财务报表，以确保在实体财务报表被授权最终发布之前，所有重大错报被识别出来。此外，即使管理层纠正所有错报，包括不重要的错报，都是值得倡导的做法。然而，在某些情况下，纠正非重大错报可能会造成成本过高或财务报告延迟发布。在此种情况下，管理层应评估所有已确定错报，以便考虑与个别项目、小计或总计相关的不合规情况是否会导致重大错报，从而导致违规国际财务报告准则。这就要求考虑财务报表错报的普遍性（例如它们是否影响多个项目）。比如，在购买存货时，记录错误将影响其他余额，如应付账款、销售成本和期末存货。

72. IAS 1 要求评估信息单独和合并的重要性。因此，在不考虑与其他错报合并时的影响情况下，管理层首先会考虑每项单独错报是否重大。如果此项错报导致财务报表出现重大错误陈述，则影响不能被其他错报所抵销。比如说，如果一个实体的投资收益在财务报表范围内是重要的，而且被严重夸大了，那么即使其对利润的影响完全被等同金额的多报费用所抵销，财务报表也被视为出现重大错报（错报不可抵销）。

73. 然后，管理层再考虑合并基础的错报的重要性。即使一项单独错报被认为是不重要的，与其他信息一起合并考虑也可能是重大的。

以前期间错误

74. 以前期间错误是指实体在前一个或多个期间的财务报表中存在错误。IAS 8 中第 42 段规定："……实体应当在第一批受权发布的财务报表中追溯调整重大的前期差错……"。

75. 前一期间的错误有时直到本期才被发现。任何重大的前期差错，均应通过修改财务报表中提供的比较信息进行追溯修正，除非可以确定期间特定影响或错误的累积影响是不切实际的。

76. 如果这些错误有可能导致本期财务报表出现重大错报，管理层还需要考虑以前期间非重大错报对当期的影响。由于错误与上一年度的信息有关，因此影响重大决策的可能性不如当年的类似错报，因为随着时间变化可能会致使这些信息变得不相关。

故意误导性错报

77. IAS 8 的第 41 段规定："……如果财务报表包含重大错误或为有意实现某实体的财务状况、财务业绩或现金流量特定列报的非重大错误，则违背了国际财务报告准则。"

78. 管理层有时会故意不应用准则中某项要求，之所以作出这种决定，是因为管理层认为，不符合要求也不会导致财务报表产生重大差异（例如见第 64 段）。除非管理层故意错误陈述项目以达到特定的列报效果，否则这种"实用权宜之计"不会妨碍财务报表编制遵守 IFRS。但是，如果管理层为了达成特定的陈述或效果而故意虚报项目，目的是认为特定的陈述或结果可以合理地预期影响财务报表主要使用者决策，那么这种虚假陈述是重大的。

79. 例如，在下面两者之间存在区别：

(a) 在反映货币的时间价值时，管理层决定不折现负债，因为折现及非折现的价值并无重大差异。

(b) 管理层故意选择使用不适当的贴现率以减少负债金额。管理层故意选择使用不适当的贴现率将是重大的，因为管理层的做法是为实现某实体的财务状况、财务绩效或现金流量的特定表述。

指引形式

为何我们要发布此指引

BC5 在外联工作期间，为解决如何在财务报表中应用重要性概念，我们收到广泛的支持制定的指导意见。在此次外联活动中突出强调的两个领域是：

(a) 管理层和审计师倾向于过分关注重要性定量评估，包括过分依赖数字门槛作出重要性判断；

(b) 编制主要财务报表单独列报项目时，对重要性的判断与在附注中提供信息的重要性判断之间的差异不明确。

BC6 国际会计准则理事会（IASB）注意到，一些司法管辖区已经就重要性制定了自己的指导意见；他们指出，发布个体指导意见将减少对区域指导的需求，并促进不同司法管辖区之间的可比性。在制定自己的指引时，IASB 考虑需在管辖范围层面上制定指导意见，并且在某些情况下也将类似意见纳入该“实务声明”。

BC7 一些利益相关方指出，重要性的概念是很好理解的，没必要制定重要性应用的指引。这些相关方认为，重要性应用的主要问题是行为性的，例如时间上的压力以及管理层对风险的厌恶情绪。有些相关方还指出，管理层往往更容易在财务报表中纳入非重大信息，而不是持续监测这些信息是否具有重要性和/或向审计人员或监管人员证明移除披露的理由。IASB 承认，这些行为问题确实存在，但同时观察到指引可能有助于抵制这种行为。IASB

指出，如果能够给管理层提供指引，那么在应用重要性概念时，他们可能会更有信心进行判断。因此，发布指导意见可能会促使管理层行为的变化。

BC8 其他相关方表示，在没有率先考虑现有披露要求以及准则目标的情形下，重要性的指引不足以解决凸显出的困难。IASB 承认，处理这两个方面都很重要，但指出这不一定需要同时解决。IASB 将考虑审查现有标准中的披露要求和目标，将其作为更广泛的披露计划项目的一部分。IASB 还观察到，与审查产生的变更相比，发布重要性指南的速度可能更快，并且将有助于阐明，在应用准则中的披露要求时重要性发挥的作用。

BC9 总而言之，国际会计准则理事会建议就重要性的应用分别提供指引以回应这些担忧。

为何以实务声明的形式发布指引

BC10 本声明提出了非强制性指导意见，旨在协助管理层在编制财务报表时运用重要性概念进行判断。采纳 IFRS 的实体并不需要遵守实务声明，但其管辖范围内的有关当局可能会要求他们这样做。尽管如此，IASB 认为，这一声明将有助于更好地理解 IFRS 中重要性原则的作用，以及如何将其应用于财务报表的编制。这也将有助于提高实体和司法管辖区财务报表信息的有用性和可理解性。

BC11IASB 提议以非强制性实务声明的形式提供重要性指引，而非准则形式的强制性指引。IASB 还指出，如果以准则形式发布强制性指导意见，那么在制定指导意见时，担心与国家法律框架之间的冲突会增加其复杂性。尽管如此，IASB 指出，尽管一些司法管辖区对重要性应用有法律或监管方面的要求，但这不一定会导致与本实务声明中的指导相冲突（条件是这些地方性要求不妨碍实体应用国际财务报告准则，如果这样做的影响是重大的）。比如说，许多公司使用根据 IFRS 编制的财务报表向美国 SEC 提交外国注册人的文件。由于国际财务报告准则的重要性定义与美国最高法院制定的定义之间的差异，IASB 并没意识到这些注册人面临的任何困难。

BC12 国际会计准则理事会还注意到，IFRS 并没有命令禁止企业实体提供额外的信息，以满足某辖区的法律要求。此外，本地要求可能有助于确定可能对该辖区内的主要使用者具有重大意义的信息类型。

BC13 国际会计准则理事会指出，以准则形式发布强制性指导意见可能会出现规定性风险，这可能会削弱管理层应用重要性的职业判断。尽管如此，IASB 指出，司法管辖区也可以选择将本实务声明纳入其国家框架。

BC14 国际会计准则理事会认为，以单独的非强制性文件形式发布指南，而不是作为支持特定准则（如 IAS 1）的非强制性实施指引，将有助于强调，在整个国际财务报告准则中重要性概念是普遍存在的。

BC15 国际会计准则理事会决定，“实务声明”比专项培训更受欢迎，理由如下：

（a）经过全面、正当程序，包括公开咨询。这一磋商步骤使得 IASB 能够从广泛的利益相关者那里获得有关“实务声明”的意见；

（b）由于它将成为 IFRS 附加内容的一部分，它比培训材料更容易获得和正式使用。此外，实务声明将构成一个管辖区可以授权选择的正式性文件。

范围

BC16 制定本实务声明的目的是协助管理层在按照国际财务报告准则编制通用财务报表时，更好地运用重要性的概念。IASB 观察到，管理层在针对财务报告目的作出重要性判断时，可能会在本声明中寻找到一些指导，以及有助于在内部记录中应用重要性概念时，作出相关的判断结论。例如，某些指导原则可能有助于编制实体财务报告的其他部分，如管理层跟踪或公司治理信息披露，或有助于准备监管文件或新闻稿。然而，IASB 指出，此实务声明并不是为了涵盖上述其他目的而设计的，因为不同的考虑因素可能适用于编写不同目标的信息。在考虑信息的重要性时，除财务报表以外，监管机构也可能对申报资料重要性有不同的描述。

BC17 国际会计准则理事会还指出，虽然实务声明旨在协助管理层，但也有可能帮助其他利益相关者，例如财务报表使用者，在编制财务报表时，理解管理层在对重要性作出判断时所遵循的方法。

审计师应用的重要性门槛

BC18 审计师的目标是就财务报表是否在所有重大方面按照适用的财务报告框架编制发表意见。审计师在运用重要性概念作出判断时，可能会使用与管理层类似的原则。

BC19 然而，审计师在审计过程的重要性概念是用于不同目的的，而不是管理层在编制财务报表时所使用的概念。例如，审计师在对工作量作出判断时通常采用重要性的概念，对财务报表是否不存在重大错报获取合理保证，并使其能够按照审计准则的要求进行沟通。这些沟通要求可能包括，向公司审计委员会报告内部控制方面的任何弱点，以及在审计过程中发现的未经更正的错报。

BC20 本实务声明并不直接包括审计师为实现这些目的所作出的重要性考虑。IASB 还认为，当管理层就财务报表的重要性适用作出决定时，管理层不宜依靠审计师使用的重要性门槛。

重要性的定义

BC21 国际会计准则理事会暂时决定，在即将发布的“披露原则”项目讨论文件中，对重要性的定义以及是否需要更改或澄清该定义进行讨论。尽管如此，IASB 认为，现在应该就重要性的应用制定指导意见，而不要等到“披露原则”项目完成之后才能提出指导意见。此外，IASB 并没有设想有关定义的讨论将对实务声明的一般内容产生何种实质性影响。

BC22 国际会计准则理事会认为，在实务声明中主要财务报表作用的指导意见，以及第 41、45 和 47 段中所述的附注的作用，是根据 IASB 目前在“披露原则”项目中的想法而制定的。IASB 指出，打算在完成其“披露原则和概念框架”项目之后，根据需要更新实务声明的内容。

实务声明可能产生的效果分析

BC23 IASB 致力于评估和共享有关实施新要求和指南而引致的可能成本

的相关知识，这些成本和收益统称为“效果”。实务指南旨在阐明重要性的概念，并为财务报表编制中重要性的应用提供指导。它不会更改 IFRS 中的现有要求。因此，没有发生重大管理成本情况下，发布指南的预期效果是能更好地理解和应用重要性。

BC24 实务声明中的指引也期望能对积极行为产生一定影响，例如在编制财务报表时严格遵守相关规定。这是因为，在确定财务报表中纳入或排除哪些信息时，会鼓励管理层更大程度地施加判断。希望这种判断将有助于减少样板披露和冗余信息数量，以期提高财务报表信息质量和信息可获得性。

附录 2

《实务公告第 2 号——就重要性作出判断》IASB 2017/09 主要内容摘译

基础内容

1. 总体特征。

“实务公告”讨论了重要性的总体特征。它特别指出：

（1）在编制财务报表时，对重要性判断的需求非常普遍。公司在作出关于列报、披露、确认和计量的决定时会应用重要性判断。

（2）IFRS 准则中的要求仅适用于影响重大的情况。

“实务公告”还提供了关于确定主要用户及其信息需求的一般性指导。特别指出：

（1）公司在进行重大性判断时，应考虑的主要使用者是概念框架中所确定的现有投资者、潜在投资者、贷方和其他债权人。

（2）财务报表没有也不能提供主要使用者需要的所有信息。因此，在编制财务报表时，公司应该致力于满足他们的共同信息需求。

（3）公司应评估信息是否对财务报表是重要的，无论这些信息是否可以从其他渠道公开获取。

2. 当地法律法规。

“实务公告”讨论了公司需要制定的重要性判断与当地法律法规之间的

相互作用。实务公告明晰了：

（1）公司的财务报表必须符合国际财务报告准则的要求，包括与重要性相关的要求，以表明公司遵守了这些准则。因此，一个公司遵守 IFRS 准则，即使当地的法律法规允许，也不能提供比准则要求的信息更少的信息。

（2）当地的法律或法规要求允许提供额外的信息，即使按照国际财务报告准则的重要性要求，评估这些信息不重要。但是，这些信息不能掩盖重要信息。

3. 重要性评估过程：四步法。

（1）实务公告包括对一个四步重要性评估过程的描述。该方法概述了重要性在编制财务报表过程中所扮演的角色，并着重讨论了公司在进行重大性判断时应该考虑的因素。

（2）该流程说明了进行重要性判断一种可能的方式，并纳入公司必须适用的重要性要求，以符合国际财务报告准则。

4. 特殊话题。

实务公告包括对以下几个方面进行特定指导，如何对前期信息、错误和契约以及中期报告进行重要性判断。

前期信息

评估前期信息对本期财务报表是否具有重要性可能导致公司：

（1）提供比上一财务报表中包含的更多的前期信息，且需要这些信息以了解当期财务报表时；

（2）提供比上一财务报表中包含的更少的前期信息，而这些信息对于了解当期财务报表并不是必要的。

错误

重大错误是公司财务报表中的遗漏和/或错误陈述，单独或合并合理预期会影响主要使用者作出的决策。

（1）IFRS 准则要求公司更正所有重大错误。

（2）“实务公告”解释道，公司通过应用重要性流程中所述的相同考虑事项来评估一项错误是否重大。

关于契约的信息

“实务公告”提出，公司在评估与契约有关资料的重要性时，应考虑违反契约的后果及发生违规行为的可能性。

中期报告

“实务公告”规定，根据《国际会计准则第 34 号——中期财务报告》编制中期财务报告时，公司在编制年度财务报表时考虑与其考虑的重要性相同的因素。

然而，公司考虑中期财务报告的时间段和目的与年度财务报表存在不同，特别是，中期财务报告旨在提供最新的一整套年度财务报表的更新情形。

实务公告的可能效果

董事会预期该实务公告将：

（1）提高对重要性在促进管理层积极行为改善方面的作用认识；

（2）鼓励公司更大程度地进行判断，减少样板公开和冗余信息；

（3）为评估财务报表中除 IFRS 规定的披露要求之外的信息需求，提供一个框架；

（4）为公司、审计师和监管机构之间关于重要性评估提供参考，帮助各方达成一致意见。

附录 3

《英国企业财务报告重要性指引》ICAEW 2008/06 主要内容翻译

范围

1. 本指导原则适用于财务报表编制者。它考虑了财务报告中的重要性运用问题，包括1999年12月由会计准则委员会（ASB）发布的财务报告原则声明中的相关讨论。旨在帮助理解重要性的定义和解释实际应用。由于与国际会计准则理事会（IASB）2001年4月通过的“原则声明”和“编制和列报财务报表框架”的基本原则是一致的，因此也有助于IFRS适用框架下的财务报表编制。

2. 本指导原则主要涉及符合公司法规的商业实体的财务报表，旨在给出真实而公平的看法。然而，其原则可以更广泛地适用于其他组织编制的财务报表（如慈善机构、养老金计划、政府部门、地方当局及公共部门企业），尽管对用户需求的评估可能会不尽相同（见下述第20、第22、第38和第39段）。

3. 本指引中阐述的原则也可能与其他信息有关，如经营和财务评估、业务评估、半年度报告、临时管理报表、关于资产负债表事后信息或公司治理的信息披露。

4. 审计师在对重要性作出判断时运用类似的概念，但须受到审计实务委员会（APB）的单独指导。本指南未涉及审计重要性方面的问题。

重要性定义

5. 重要性的概念是信息报告的基础。ASB的“原则声明”定义并解释如下：

重要性是对特定财务报表应提供哪些信息的最终测试。虽然上述段落描述了存在的特征，这可能意味着财务信息有用性已被最大化，但是重要性测试要寻求的是，获得的信息是否具有重要性，使得要求将其纳入财务报表。

因此，在财务报表中提供信息，重要性具备所要求的门槛特征。此外，如果财务报表中提供了不重要性的信息，则由此产生的混乱可能会损害其他信息的可理解性。在这种情况下，不重要的信息需要被排除。

如果财务报表的错误陈述或遗漏预期可能会影响财务报表使用者的经济决策，包括其对管理层受托责任评估，则该项信息对财务报表是重要的。

信息重要性评估取决于具体情形下有关项目的大小和性质的判断。主要考虑因素如下，它通常是下列因素的组合，而不是任何特定的因素可以决定的：

（a）一项目的规模不仅要从整体财务报表判断，也要从影响财务报表评估的使用者其他可用信息视角进行判断。例如，这包括需要考虑该项目如何影响趋势评估，或其他类似的考虑因素。

（b）对项目性质的考虑如下：

（i）由此类交易或其他事项产生；

（ii）事项或交易的合法性、敏感性、正常状态和潜在可能后果；

（iii）有关参与各方的身份；

（iv）特定的主题和受影响的披露。

如果有两个或两个以上类似的因素，则评估重要性时既需要考虑加总项目，又需要考虑单独项目。

一般考虑要素

6. 重要性依赖于项目的大小、性质和情况。对规模的依赖意味着重要性在财务方面来讲是可以量化的。然而，一个项目的性质和情况是质量因素，所以重要性不具备一般的数学定义。因为要判断重要性程度，所以不同的人对项目重要性持有不同看法。重要性通常会以一系列潜在价值来表示，最终对特定项目的处理取决于对所涉信息的充分考虑以及如何使用，其特定项目的一系列的潜在价值通常也可以表示重要性。

7. 关于重要性判断最终取决于信息如何影响财务报表或其他信息使用者的经济决策。根据“原则声明”第一章内容：

“财务报表的目的是提供有关报告实体的财务业绩和财务状况的信息，这对于广泛的信息使用者来说是非常有用的，以用于评估实体管理层的受托责任和作出经济决策。”

8. 本指南在达成一致和适当谨慎的结论方面发挥着作用。尽管如此，如果编制者要对使用者作出回应，他们不应该用规则和公式的机械应用来考虑信息如何影响或增强用户的经济决策，例如是持有还是出售投资资产，还是重新任命管理层。报表准备者也应该认识到，信息往往具有经济后果而不会改变经济决策。例如，在为评估收购业务而编制财务报表时，相对较小的调整可能会改变收购价格，但不会改变继续收购的决定。

重要性的应用

9. 在财务报告中，重要性概念除适用于容忍、不确定性、差异和错误之外，还有：

（a）交易的类别；

（b）账户余额；

（c）披露；

（d）整体财务报表。

10. 在维持与其他各方相关交易的会计记录时，准确性和精确性至关重要，因此重要性的概念是不适用的。其他项目会计记录要根据对未来事件的结果估计、公允价值以及成本和收入等在不同的活动和期间的合理分配来确定。这种估计是主观的，重要性概念适用于确定所涉项目性质的适当精确容忍度。

11. 重要性门槛和容忍度的应用是支撑公司治理、商业风险管理和商业决策的内部和外部报告的基础。管理层要求内部报告突出相关事项，省略不相关细节，并用管理系统和控制措施补充基本会计记录，其中包括：

（1）总结会计记录中加总的可能重要的信息；

（2）防止和监测该信息的重大错误陈述。

12. 为满足内部和外部财务报告目的，通常应用低阈值来累积信息，以便类似的项目可以加总地加以综合考虑。使用较低的门槛有助于确保累积的遗漏（包括累计超过一年的错误）和其他错误不会导致整体的重大错报。选择货币单位也是司空见惯的，例如一英镑或一千英镑，并且四舍五入到最近的单位。选定的单位设置得足够低，以确保由此造成的精确度和细节损失显然是不重要的、微不足道的或无关紧要的。

13. 在评估错误重要性时，应考虑对资产负债表和损益表的影响，包括过去几年未纠正的错误的影响和对趋势的影响。

14. 在外部报告背景下，不同类型组织的立法和法规包含报告特定会计及其他信息的要求。法律法规通常所具体描述的要求只适用于满足重要性条件时：例如，公司立法中必须将账户格式中显示的行项目包括在内。

15. 在 ASB 和 IASB 的财务报告准则及其各自的解释中，和在各种情况下的公司立法中，应明确允许应用重要性概念。

16. 在应用财务报告准则时需要作出许多重要性决策。即使在编制者决定应用标准的单独规定（例如与计量标准有关的准则）的情况下，他们也不一定承诺应用准则的所有其他规定。例如，作出不重要信息的特定披露。ASB 的“会计准则前言”第 20 段明确指出，财务报告审查小组（FRRP）关注财务报告准则的重大偏离或公司立法的会计条款，偏离财务报表会导致不能真实而公平地进行反映。

17. 关于法规而非准则所要求的其他披露（如董事酬金、审计师报酬、员工成本），重要性概念的应用既没有得到相关立法的明确允许，也没有被令行禁止。这些披露主要是为了履行受托责任而要求的，重要性应该从这个角度进行评估（另见下文第 27 段）。

使用者

18. “原则声明”的主要焦点是，其财务报表旨在真实而公允地反映报告主体的财务表现和财务状况。对于大多数实体而言，在成为正式机构前，那些陈述声明将会构成年度财务报表内容。

19. “原则声明”将财务报表视为对广泛的外部使用者提供有用信息。应注意到一个可反驳的假设：“……重点关注投资者对报告实体的财务业绩和财务状况。实际上，还应关注所有使用者在该实体的财务表现和财务状况方面的共同利益。”这类使用者包括实际和潜在投资者、雇员、贷方、供应商和其他债权人、政府及其机构以及可以获得财务报表信息的公众。因此，在作出重要性判断时，编制者应该注重识别使用者类型。为了作出报告决定而识别使用者，其本身并不涉及承诺对组织的法律责任。

20. 理事会在“原则声明”和“框架”中的声明减轻了编制者能够满足广泛使用者需求的这种期许：

（a）并非所有使用者的所有信息需求都可以通过财务报表来实现（原则声明第 1.8 段和框架中第 10 段）；

（b）侧重于投资者对报告主体的财务业绩和财务状况的财务报表，实际上将重点关注使用者的共同利益（原则声明第 1.11 段，框架第 10 段）；

（c）可以假定使用者对商业和经济活动以及会计知识均有合理的了解，并且愿意付出一定努力研究信息（原则声明第 3.27（c）和框架第 25 段）。

21. 因此，可以设想，通常可以根据熟悉和依赖财务报表相关信息的知识型和勤勉型使用者需求进行重要性判断。使用者认识到，财务报表和其他需要使用估计数据和考虑未来事件的信息具有固有限制性。当一组中有大量使用者时，考虑代表性用户变得很重要。编制者不应寻求单一假设下的使用者，尤其是濒临购买或出售决策时，即使报告的数量或新披露发生微小变化，他们的决定可能也会发生变化。

22. ASB 及 IASB 将风险资本提供者确定为财务报表的主要使用者。因此，在考虑重要性时，预期编制人员应将重点放在信息与评估财务业绩、状况、适应性以及管理层履行其管理职责（本指南中一般称为受托责任）的相关性上。在提供风险资本重要性降低的实体中（如慈善机构、养老金计划和政府机构），相关的主要使用群体仍然可能会对较为广泛的财务和受托责任问题感兴趣。

重要性的决定因素

23. 一个项目重要性的决定因素是它的大小和性质，如根据“具体的特殊情况”（见原则声明）或“周围环境”（见 IAS 第 11 段）进行判断。这些测试都是定量和定性的，并且在性质和环境足够重要的情况下，定性因素而非单个项目相对大小因素决定了项目是否需要单独披露。在此期间以及从一个时期过渡到下一个时期，判断具有一致性。

24. 可能由于其性质或产生的情形而引起使用者的注意，尽管该数额并不重要。在决定是否需要单独披露某一项目时，适用标准包括对与下文第 28 段所述事项有关的项目性质的评估。

25. 这些项目例子包括非法交易、罚款、处罚及非法分红。定性项目的其他例子包括会计政策的不适当或不恰当描述，如果财务报表的使用者很可能被说明所误导，并且未能披露违反监管要求的情形，那么可能发生的强制执行监管将严重减损公司的营运能力。

大小

26. 主要财务报表中确认的项目规模只能用货币价值来表示。考虑不确定性和或有事项的重要性，编制者必须对所涉及的潜在货币金额作出最佳估计，同时考虑具体过程其他的可能性。在考虑未收取任何价格的关联方交易的重要性时，编制者也应考虑所涉及的潜在货币金额。

27. 虽然重要性的量化是基本的，且不可避免的，但重要性绝对不能仅仅根据绝对规模来判断。

- 100 万英镑是一笔很大的数额，但与一家大型跨国公司的潜在销售错报关联起来，这可能并不重要。
- 相反，在某些情况下，项目的性质和环境对使用者而言可能非常重要，因此在确定重要性时，大小阈值的实际意义并不大。例如，10 000 英镑的数额相对较小，但如果涉及在披露董事薪酬时被忽略的实物利益，即使对于大型跨国公司而言，也可能被视为重大。

如果管理问责制或公司治理存在争议，或在法规要求的财务报表披露情形下（见上文第 17 段），第二点的相关性很强。

性质

28. 项目性质特点是：（a）产生该笔交易或其他事件；（b）该事件或交易的合法性、敏感性、正常性和可能的潜在后果；（c）涉及的相关各方的身份；（d）受到影响的账户说明和附注披露。

29. 如果分开考虑重要项目时，应特别注意不要抵销性质上不同的项目；例如未记录的销售额和相关的销售成本，或一个项目及其税收影响。相反，应综合考虑类似性质项目的重要性。例如，如果一些销售业务没有被记录下来，应该整体考虑其重要性评估。

30. “原则声明”指出：“要求财务报表提供的信息忠实地表达其断言代表的内容并保持中立，这意味着，至少在重要性的范围内信息完整无误。包含重大错误或由于重要性评估以外的原因而被忽略的信息可能会导致财务报表虚假或误导，因此在相关性方面变得不可靠和不充分。”（第 3.16 段，增加了斜体的重点）。为了影响趋势而刻意或有选择性地修正或创造非重大错误，是不符合英国公认会计原则的。

31. 这也是其他相关文献中强调的问题。例如，APB 发布的《激进盈余管理》指出：“作为一个原则问题，APB 认为董事和管理层应该纠正审计师发现的所有错报（第 35 段）”；和“为避免财务报表反映潜在现实，审计师应审视董事和管理层作出的判断和决定……是否可能成为偏见模式的一部分，尽管单独来看他们似乎是合理的。”（第 47 段）

情形

32. 信息的重要性只能根据其对使用者的最终影响或潜在影响来判断。因此，给定大小的特定项目的重要性评估取决于会计和其他用户使用信息的背景情况。

33. 项目的直接背景是实体财务报表。一些财务报告准则和相关指引包含明确提及适当重要性判断的情况，并且范围不仅限于受项目影响的直接披露和说明。重点关注以下一项或多项情形：（a）单独披露；（b）主要报表标题和小计；（c）主要财务报表；（d）整套财务报表；（e）财务报表所示的实体的财务状况或经营规模。

34. 《FRS8：关联方披露解释》中第 20 段提供了更多指引。它阐明，不仅要在报告实体的广泛背景下进行关联方交易的重要性判断，还要与个体相关方紧密相连，如相关方是董事、主要经理或其他负责人（这在 FRSSE

中并不适用，对此问题没有提出指引）。如果披露关联方交易被认为是敏感的（例如，出于税务原因或交易性质），而且该披露可能预期会影响财务报表使用者，这很可能会影响交易重要性评议。

35. 某实体单个期间财务报表价值有限，而使用者通常在更大背景下考虑这些信息。因此，编制者可根据以下原则修正对项目重要性的看法：

（a）比较性的数字和趋势信息；

（b）预期，包括相关信息、项目和预测；

（c）可比实体的财务报表；

（d）经济和行业背景信息。

半年度财务报表

36. ASB 发布的《半年度财务报告声明》（2007 年 7 月）指出，“重要性应参照半年期间的业绩和财务状况进行评估，而不是基于全年的预期业绩和财务状况”（第 28 段）。相比于年度测量，财务数据的中期测度可能更大程度依赖于估算，这可能与每半年或其他临时日期的重要性评估有关。

作出关于重要性的决定

37. 试图反映使用人如何作出决策的规定性规则，是无法解决所有情况的，也不会减轻准备者运用判断的需要。编制者可能希望为组织制定和维护准则，这反映了他们对使用人以及财务报表单个项目的大小、性质和情况的考虑。这些规则提供了相对客观的假设，可以根据这些假设来评估特定情况的后续判断。编制者可能会考虑，在编制财务报表的过程中重要性表达的准确性越来越高。重要性决策是否适当的一个关键的整体测试是，考虑财务报表的编制是否按照公司法律和许多不同类型实体的规定提供了真实、公允的看法。

38. 重要性应用指引可以通过回答以下问题得出：

（a）谁是相关使用人？

（b）他们的决策需求是什么？

（c）哪些类型的财务信息可能会影响用户的决策（例如，非营利组织的财务报表使用者和商业实体的财务报表使用者可能关注不同的信息）？

（d）对于一个特定项目，评估其重要性的适当背景是什么？

（e）在重要性方面一个项目变得至关重要的价值范围是多大？

（f）如何决定和报告这些关键范围内的特定项目？

39. 报表准备者对使用者需求的看法可以基于：

（a）源于公司治理程序而收集到的与使用人的一般性讨论以及涉及用户期望的其他信息；

（b）观察用户对信息的回应，如新闻界或分析师对特定披露、数量、比率或趋势的评论，以及对持有或出售等投资决策的影响，或重新任命或替换管理层；

（c）具体项目信息对市场价格的影响；

（d）他们自己的反应，及对处于类似情况下作为财务信息使用者的态度。

40. 在某些情况下，这种方法相对较简单直接。如果公司的债务融资依赖于以财务报表为基础的契约，则这些报表的使用者包括投资者、银行和其他债权人，他们有兴趣知道是否存在违约。他们的决策需求至少涵盖契约计算所使用的数据。在触发违约方面，如果一个项目是关键性的，则该项目将被判断为重要的。

41. 在某些特定门槛下，对使用者需求的评估可能表明，需要满足较低的重要性水平和对准确性的潜在要求；如在趋势逆转、盈转亏、发生技术破产或可能违背债务契约。在上述情况下，编制者应该：

（a）在难以达到所要求的准确程度的地区采取公平的做法；

（b）对个别不重要项目或错误的潜在误导性累积影响特别敏感（见上文第 13 段）；

（c）考虑信息的可靠性，与其潜在用途的关联性，应附有清楚说明信息的编制情况及其固有限制（见上文第 26 段）。

42. 基于经验，在知悉同行业收入趋势和其他公司的利润背景下，报表编制者可以合理地作出重要性决定，并给予重要的公司财务报表项目特殊关注。在边际或盈亏平衡的情况下，这些考量可能是恰到好处的。

证实决策

43. 对于财务报表编制者而言，无论是作为个人还是作为一个管理机构，为了各自目的而正式记录是恰当的，尽力与实体当前情况的规模和复杂性、其采纳的原则、有关重要性的政策和指南以及他们作出的主要决定相适应。在与财务报告审核小组（FRRP）等监管机构打交道的适当情况下，这些步骤指引可能会有用。

参考文献

［1］阿道夫·A. 伯利，加德纳·C. 米恩斯. 现代公司与私有财产［M］. 甘华鸣，罗锐韧，蔡如海，译. 北京：商务印书馆，2005.

［2］鲍尔斯. 微观经济学：行为、制度和演化［M］. 江艇，周业安，等译. 北京：中国人民大学出版社，2006.

［3］曹强. 中国上市公司财务重述原因分析［J］. 经济管理，2010（10）：119－126.

［4］财政部会计准则委员会编. 会计信息质量特征［M］. 大连：大连出版社，2005.

［5］陈丽英. 重要性判断与会计信息披露——来自隐晦重述的证据［J］. 财经理论与实践，2018（5）：91－97.

［6］陈毓圭. 原则导向还是规则导向——关于会计准则制定方法的思考［J］. 中国注册会计师，2005（6）：26－31.

［7］陈燕. 基于会计职业判断的会计准则制定模式的现实选择［J］. 南华大学学报（社会科学版），2004（1）：22－24.

［8］陈良华，张昉. 会计学是一门设计型科学——会计理论“人工科学”本质的回归［J］. 会计研究，2011（5）：3－9＋95.

［9］陈良华. 价值管理：一种泛会计概念的提出［J］. 会计研究，2002（10）：53－56.

［10］陈敏，祝子丽，彭志云. 中世纪西欧庄园会计簿记发展与评述

[J]. 湖南大学学报（社会科学版），2011，25（5）：54－58.

[11] 崔志娟. 规范内部控制的思路与政策研究——基于内部控制信息披露“动机选择”视角的分析 [J]. 会计研究，2011（11）：52－56＋93.

[12] 董望，陈汉文. 内部控制、应计质量与盈余反应——基于中国2009年A股上市公司的经验证据 [J]. 审计研究，2011（4）：68－78.

[13] 段然，丁友刚. 内部控制缺陷认定标准应用指引研究 [J]. 财务与会计，2020（13）：40－43.

[14] 段兴民，张连起. 审计重要性水平 [M]. 上海：上海财经大学出版社，2004.

[15] 丁友刚，王永超. 上市公司内部控制缺陷认定标准研究 [J]. 会计研究，2013（12）：79－85＋97.

[16] 杜天木. “属概念”与“种概念” [J]. 辞书研究，1982（4）：181－183.

[17] 樊行健，肖光红. 关于企业内部控制本质与概念的理论反思 [J]. 会计研究，2014（2）：4－11＋94.

[18] 弗里德里希. 冯. 哈耶克. 自由秩序原理 [M]. 北京：生活·读书·新知三联书店，1997.

[19] 付磊，马元驹. 会计的价值理性解构与重建——兼评新会计准则 [J]. 会计之友（上旬刊），2008（4）：7－9.

[20] 弗兰克·奈特. 风险、不确定性与利润 [M]. 北京：华夏出版社，2013.

[21] 方红星. 制度竞争、路径依赖与财务报告架构的演化 [J]. 会计研究，2004（1）：76－81.

[22] 方红星，金玉娜. 高质量内部控制能抑制盈余管理吗？——基于自愿性内部控制鉴证报告的经验研究 [J]. 会计与控制评论，2011（1）：57－73.

[23] 葛家澍，林志军. 现代西方会计理论 [M]. 厦门：厦门大学出版社，2001.

［24］葛家澍．实质重于形式 欲速则不达——分两步走制定中国的财务会计概念框架［J］．会计研究，2005（6）：3－9＋95．

［25］葛家澍．会计·信息·文化［J］．会计研究，2012（8）：3－7＋96．

［26］葛家澍，杜兴强，等．会计理论［M］．上海：复旦大学出版社，2005．

［27］葛家澍，刘峰．从会计准则的性质看会计准则的制订［J］．会计研究，1996（2）：19－24．

［28］郭道扬．人类会计思想演进的历史起点［J］．会计研究，2009（8）：3－13＋95．

［29］盖地．税务会计原则、财务会计原则的比较与思考［J］．会计研究，2006（2）：40－46＋96－97．

［30］高一斌，王宏．对加快推进内部会计控制建设若干问题的思考［J］．会计研究，2005（2）：3－10＋94．

［31］贺建刚，刘峰．司法体系、会计准则导向与投资者保护：一项案例研究［J］．会计研究，2006（11）：8－15＋96．

［32］黄董良，黄芳．共同知识、会计信息供求与会计信息质量［J］．财经论丛（浙江财经学院学报），2005（3）：82－87．

［33］黄晓韡，黄世忠．财务报告概念框架修订热点问题综述［J］．会计研究，2016（1）：25－30＋95．

［34］［美］怀特海．思维方式［M］．北京：商务印书馆，2017．

［35］纪丽伟．重要性原则在会计、审计应用中的异同［J］．财会月刊，2003（3）：36－37．

［36］江传月．评价的认识本质和真理性［M］．广州：中山大学出版社，2005．

［37］姜英兵，严婷．制度环境对会计准则执行的影响研究［J］．会计研究，2012（4）：69－78＋95．

［38］康芒斯．制度经济学（上）［M］．赵睿，译．北京：华夏出版

社，2017.

[39] 罗飞．成本会计 [M]. 北京：高等教育出版社，2000.

[40] 罗飞，唐国平．财务会计要素及其体系新论 [J]. 会计研究，2000 (7)：33－36.

[41] 罗飞，王竹泉．会计监督是保证现代企业制度良好运行的一项重要机制 [J]. 财会通讯，2000 (3)：11－14.

[42] 刘圻．从程序理性的角度看会计信息失真的分类治理 [J]. 中南财经政法大学学报，2005 (3)：130－134.

[43] 刘峰，王兵．什么决定了利润差异：会计准则还是职业判断？——来自中国 A、B 股市场的初步证据 [J]. 会计研究，2006 (3)：25－33＋95.

[44] 刘峰．从经济环境看财务会计的目标 [J]. 当代财经，1995 (11)：53－59＋64.

[45] 刘娟娟．印象管理及其相关研究述评 [J]. 心理科学进展，2006 (2)：309－314.

[46] 刘珊珊．制度演化视角下的会计稳健性问题研究 [D]. 南京：南京大学，2013.

[47] 刘少杰．海量信息供应下的预期判断与选择行为 [J]. 中国人民大学学报，2018，32 (1)：157－164.

[48] 刘启亮，罗乐，何威风，陈汉文．产权性质、制度环境与内部控制 [J]. 会计研究，2012 (3)：52－61＋95.

[49] 刘国强．论会计信息属性与政府会计监管 [J]. 会计研究，2006 (7)：3－8＋93.

[50] 刘仲文．国外研究财务会计信息质量特征的历史演进 [J]. 经济与管理研究，2006 (2)：83－89.

[51] 卢卡．帕乔利．簿记论 [M]. 林志军，等译．第 1 版．上海：立信会计出版社，2009.

[52] 林斌．论会计的重要性原则 [J]. 会计研究，1999 (12)：11－17.

[53] 林斌，刘春丽，舒伟，魏广剡．中国上市公司内部控制缺陷披露研究——数据分析与政策建议 [J]．会计之友，2012 (25)：9-16.

[54] 林正静．中国和印度股票市场比较研究 [D]．上海：华中师范大学，2008.

[55] 林钟高，吴利娟．公司治理与会计信息质量的相关性研究 [J]．会计研究，2004 (8)：65-71.

[56] 李刚，刘浩，徐华新，孙铮．原则导向、隐性知识与会计准则的有效执行——从会计信息生产者的角度 [J]．会计研究，2011 (6)：17-24+95.

[57] 李晓慧，张明祥．会计监管的演进与发展研究 [J]．会计研究，2019 (2)：42-48.

[58] 逯东，孙岩，杨丹．会计信息与资源配置效率研究述评 [J]．会计研究，2012 (6)：19-24+92.

[59] 李文莲，夏健明．基于"大数据"的商业模式创新 [J]．中国工业经济，2013 (5)：83-95.

[60] 李心合．内部控制：从财务报告导向到价值创造导向 [J]．会计研究，2007 (4)：54-60+95-96.

[61] 李增泉．实证分析：审计意见的信息含量 [J]．会计研究，1999 (8)：16-22.

[62] 洪剑峭，李志文．会计学理论：信息经济学的革命性突破 [M]．北京：清华大学出版社，2004.

[63] 马晨，张俊瑞，杨蓓．财务重述对会计师事务所解聘的影响研究 [J]．会计研究，2016 (5)：79-86.

[64] 毛敏，张龙平．审计重要性概念的内涵与本质辨析 [J]．财会月刊，2009 (19)：40-41.

[65] 毛伯林．关于会计文化若干问题的研究 [J]．会计研究，1993 (3)：11-16.

[66] 迈克尔·查特菲尔德．会计思想史．第1版 [M]．文硕，译．

上海：立信会计出版社，2017.

[67] 迈克尔·杰宾斯，阿里斯特·K. 梅森．财务报告中的职业判断 [M]. 胡志颖，邵红霞，刘刚，译．北京：经济科学出版社，2005.

[68] 聂萍．我国上市公司地理分部的重要性判断问题研究 [J]. 财经理论与实践，2007 (5)：92－95.

[69] 平来禄，刘峰，雷科罗．后安然时代的会计准则：原则导向还是规则导向 [J]. 会计研究，2003 (5)：11－15.

[70] 企业会计准则编审委员会．企业会计准则 [M]. 上海：立信会计出版社，2017.

[71] 任世驰，冯丽颖．会计信息基本质量特征：基于信息经济学的解读——对IASB《财务报告概念框架（征求意见稿）》的一个回应 [J]. 会计研究，2016 (10)：9－17＋96.

[72] 萨拉·邦纳．会计判断与会计决策 [M]. 刘霄仑，朱晓辉，译．北京：人民邮电出版社，2015.

[73] 施赟，蒋华林，徐玉琳．内部控制缺陷认定标准研究 [J]. 财会月刊，2019 (7)：38－43.

[74] 孙峰．会计准则制定方法研究—原则导向与规则导向之博弈 [D]. 厦门：厦门大学，2009.

[75] 孙伟平．事实与价值 [M]. 北京：中国社会科学出版社，2000.

[76] 孙铮，朱国泓．财务会计概念框架的形式转换：冲突及其缓解——兼论《基本准则》的修订及其支撑系统的建构 [J]. 财经研究，2005 (11)：52－60.

[77] 孙岩，张继勋．性质重要性提示、管理层关注、审计委员会有效性与审计调整决策 [J]. 审计研究，2008 (6)：42－48.

[78] 汤云为，钱逢胜．会计理论 [M]. 上海：上海财经大学出版社，1997.

[79] 汤泽．关于“例外原则”管理思想的认识 [J]. 企业导报，2012 (21)：81.

[80] 汤湘希，谭艳艳．社会价值观·企业价值观管理价值观·会计价值观——基于全球金融危机视角的文献述评 [J]．中南财经政法大学学报，2009 (4)：99-104.

[81] 唐国平，郑海英．会计·企业·市场经济：会计信息失真的广角透视与思考 [J]．会计研究，2001 (7)：42-45.

[82] 谭艳艳，汤湘希．会计伦理决策影响因素研究——基于计划行为理论的检验 [J]．会计研究，2012 (9)：24-30+96.

[83] 佟岩，徐峰．我国上市公司内部控制效率与盈余质量的动态依存关系研究 [J]．中国软科学，2013 (2)：111-122.

[84] 汪祥耀，邓川．澳大利亚会计准则及其国际趋同战略研究（第1版）[M]．上海：立信会计出版社，2005.

[85] 汪祥耀，等．英国会计准则研究与比较 [M]．上海：立信会计出版社，2002.

[86] 万晓文．试论构建会计信息质量特征体系 [J]．财会研究，1994 (9)：10-11.

[87] 韦琳，徐立文，刘佳．上市公司财务报告舞弊的识别——基于三角形理论的实证研究 [J]．审计研究，2011 (2)：98-106.

[88] 魏炜，朱武祥，林桂平．基于利益相关者交易结构的商业模式理论 [J]．管理世界，2012 (12)：125-131.

[89] 王惠芳．内部控制缺陷认定：现状、困境及基本框架重构 [J]．会计研究，2011 (8)：61-67.

[90] 王开田．近代会计进化论——第二次科技革命与近代会计的历史演进 [J]．当代财经，2005 (7)：97-102.

[91] 王啸．财务报表的重要性标准探析 [J]．证券市场导报，2003 (5)：43-48.

[92] 王春飞，刘婷，《重要性原则研究》课题组．重要性原则在会计实务中的应用：基于档案研究的经验证据 [J]．会计研究，2019 (1)：28-36.

[93] 王清刚．会计职业判断框架构建研究 [J]．商业经济与管理，

2012（7）：82－90.

［94］王霞，徐晓东．审计重要性水平、事务所规模与审计意见［J］．财经研究，2009，35（1）：37－48.

［95］王英姿．审计职业判断差异研究——项关于上市公司2000年年报的案例分析［J］．审计研究，2002（2）：27－31.

［96］王跃堂，赵子夜．会计专业判断：基于盈余信息治理的思考［J］．会计研究，2003（7）：20－23.

［97］王荣昌．会计制序论［D］．厦门：厦门大学，2008.

［98］王竹泉，毕茜茜．改革开放30年会计监督的发展与创新［J］．会计研究，2008（7）：16－24＋96.

［99］魏志华，李常青，王毅辉．中国上市公司年报重述公告效应研究［J］．会计研究，2009（8）：31－39.

［100］吴联生．会计信息失真的“三分法”：理论框架与证据［J］．会计研究，2003（1）：25－30＋65.

［101］吴联生，王亚平．有效会计监管的均衡模型［J］．经济研究，2003（6）：14－19＋93.

［102］吴水澎．会计理论纲要［M］．上海：立信会计出版社，2012.

［103］吴水澎，等．中国会计理论研究［M］．北京：中国财政经济出版社，2000.

［104］吴寿元．企业内部控制审计研究［D］．北京：财政部财政科学研究所，2012.

［105］夏恩・桑德．会计与控制理论［M］．方红星，等译．大连：东北财经大学出版社，2000.

［106］夏静．会计、审计领域重要性概念的比较［J］．山西财经学院学报，1997（3）：62－63.

［107］夏博辉．论会计职业判断［J］．会计研究，2003（4）：36－40.

［108］［英］休谟．人性论［M］．关文运，译．北京：商务印书馆，2017.

［109］许家林，王昌锐，等．西方会计名著导读（上）．第1版［M］．

上海：立信会计出版社，2014.

［110］许燕．会计职业判断研究［D］．天津：天津财经学院，2004.

［111］徐经长．我国证券市场会计监管体系的构建［J］．经济理论与经济管理，2003（3）：32－36.

［112］谢凡，施赟，舒伟．财务报告内控缺陷定量认定标准能否抑制代理成本？［J］．审计研究，2018（5）：121－128.

［113］谢盛纹．重要性概念及其运用：过去与未来［J］．会计研究，2007（2）：11－17.

［114］谢德仁．会计信息的真实性与会计规则制定权合约安排［J］．经济研究，2000（5）：47－51.

［115］谢识予．经济博弈论［M］．上海：复旦大学出版社，2017.

［116］杨纪琬，阎达五．开展我国会计理论研究的几点意见——兼论会计学的科学属性［J］．会计研究，1980（1）：2－10.

［117］杨纪琬，阎达五．论“会计管理”［J］．经济理论与经济管理，1982（4）：39－45.

［118］杨家亲，许燕．会计职业判断研究［J］．会计研究，2003（10）：43－46.

［119］阎达五，李勇．找准治理会计信息失真的切入点——兼论“有限理性”理论在企业业绩评价中的运用［J］．财务与会计，2002（5）：8－10.

［120］杨有红，李宇立．内部控制缺陷的识别、认定与报告［J］．会计研究，2011（3）：76－80.

［121］杨德明，林斌，王彦超．内部控制、审计质量与代理成本［J］．财经研究，2009，35（12）：40－49＋60.

［122］杨婧，郑石桥．上市公司内部控制缺陷认定标准的行业异质性研究［J］．当代财经，2017（3）：117－125.

［123］杨清香，俞麟，宋丽．内部控制信息披露与市场反应研究——来自中国沪市上市公司的经验证据［J］．南开管理评论，2012，15（1）：123－130.

［124］叶建芳，李丹蒙，章斌颖．内部控制缺陷及其修正对盈余管理的影响［J］．审计研究，2012（6）：50－59＋70.

［125］叶清辉．会计重要性判断的再认识［D］．厦门：厦门大学，2003.

［126］尹律．盈余管理和内部控制缺陷认定标准披露——基于强制性内部控制评价报告披露的实证研究［J］．审计研究，2016（4）：83－89.

［127］于玉林．现代会计理论：会计系统论、会计信息论与会计控制论［M］．北京：经济科学出版社，2004.

［128］于玉林．会计大百科词典［M］．上海：上海财经大学出版社，2009.

［129］于尔根·韦贝尔，乌茨·舍费尔．管理控制引论：计划、监控和信息管理（第12版）［M］．上海：格致出版社，上海人民出版社，2011.

［130］于长春．会计职业判断的内部控制研究［J］．上海立信会计学院学报，2009，23（6）：28－34＋101.

［131］原磊．商业模式体系重构［J］．中国工业经济，2007（6）：70－79.

［132］岳殿民，韩传模，吴晓丹，Chao－Hsien Chu．中国上市公司会计舞弊方式实证研究［J］．审计研究，2009（5）：82－89.

［133］中华人民共和国财政部．企业会计制度［M］．北京：经济科学出版社，2001.

［134］张金松．会计重要性与审计重要性的比较研究［J］．东北财经大学学报，2007（3）：29－31.

［135］张为国．《编报财务报表的理论体系》简介［J］．会计研究，1988（4）：56－59.

［136］张为国，王霞．中国上市公司会计差错的动因分析［J］．会计研究，2004（4）：24－29.

［137］张云，刘海芳．会计文化的作用机理和路径与重构研究——从会计制度改革的视角探讨［J］．天津大学学报（社会科学版），2011，13

（3）：207－211.

［138］郑安平．论会计原则体系的重构［J］．会计研究，2011（5）：10－17＋95.

［139］郑石桥．内部控制缺陷识别和认定：概念和逻辑框架［J］．会计之友，2017（18）：119－124.

［140］张继勋，杨明增．审计判断中代表性启发法下的偏误研究——来自中国的实验证据［J］．会计研究，2008（1）：71－78＋95.

［141］张家伦．企业价值报告：现代财务报告演进的必然趋势［J］．会计研究，2010（2）：28－34＋92.

［142］张圣平．证券市场分析中的共同知识假定［J］．北京大学学报（哲学社会科学版），2001（5）：135－140＋145.

［143］张继勋．审计判断研究［M］．大连：东北财经大学出版社，2002.

［144］张学军，王秀倩．会计语境中“重要性原则”涵义权威解释缺失状况研究［J］．财会通讯，2020（23）：22－26＋148.

［145］朱国泓．《基本准则》的价值发掘：共同知识视角的思考［J］．会计研究，2006（10）：3－9＋95.

［146］朱凯，陈信元．金融发展、审计意见与上市公司融资约束［J］．金融研究，2009（7）：66－80.

［147］訾磊．重要性遵循机制问题：基于两个案例的分析［J］．山西财经大学学报，2008（12）：118－124.

［148］詹姆斯·格雷克．信息简史［M］．北京：人民邮电出版社，2018.

［149］周旭卉．注册会计师审计责任与会计责任辨析［J］．山西财经大学学报，2006（1）：86－88.

［150］A. Hollis，D. Collins，W. Kinney，and R. LaFond. The Effect of SOX Internal Control Deficiencies and their Remediation on Accrual Quality［J］. *The Accounting Review*，2008，83（1）：217－250.

[151] Accountability. *Stakeholder Engagement Standard*. 2011.

[152] Accountants International Study Group. *Materiality in Accounting*, 1974, USA.

[153] Acito, Andrew a, Jeffrey J. Burks, and W. Bruce Johnson. Materiality Decisions and the Correction of Accounting Errors [J]. *The Accounting Review*, 2009, 84 (3): 659 –88.

[154] Acito, A. A., Burks, J. J., & Johnson, W. B. The Materiality of Accounting Errors: Evidence from SEC Comment Letters [J]. *Contemporary Accounting Research*, 2019, 36 (2): 839 –868.

[155] AICPA. The New Importance of Materiality [J]. *Journal of Accountancy*, May, 2005.

[156] AICPA. *Objective of Financial Statements. Report of the Study Group on the Objectives of Financial Statements*, 1973.

[157] American Accounting Association Committee on Concepts and Standards. *Materiality*. The American Accounting Association, 1954, New York.

[158] Anderson K. L, Yohn T. L. The Effect of 10K Restatements on Firm Value, Information Asymmetries, and Investors' Reliance on Earnings [J]. *Information Asymmetries, and Investors' Reliance on Earnings*, 2002.

[159] Ashbaugh – Skaife, H., D. W. Collins, Jr. W. R. Kinney and R. L. The Effect of SOX Internal Control Deficienciesand Their Remediation on Accrual Quality [J]. *The Accounting Review*, 2008 (83): 217 –250.

[160] Barth, M. E, Landsman, W. R., & Lang, M. H. International Accounting Standards and Accounting Quality [J]. *Journal of accounting research*, 2008, 46 (3): 467 –498.

[161] Basu S. Conservatism research: Historical Development and Futureprospects [J]. *China Journal of Accounting Research*, 2009, 2 (1).

[162] Beasley, M. S. An Empirical Analysis of the Relation between the Board of Director Composition and Financial Statementfraud [J]. *Accounting*

Review, 1996, 71 (4): 443 - 465.

[163] Beaver W H. Financial Reporting: An Accounting Revolution. 3th Prentice HallInternational [J]. 1998.

[164] Bedard, J. C., & Graham, L. Detection and Severity Classifications of Sarbanes - Oxley Section 404 Internal Control Defificiencies. The Accounting Review, 2011: 86 (3), 825 - 855.

[165] Bernstein, L. A. The Concept of Materiality [J]. *The Accounting Review*, 1967, 42 (1): 86 - 95.

[166] Brennan, Niamh and Sidney J. Gray. The Impact of Materiality: Accounting's Best Kept Secret [J]. *Asian Academy of Management Journal of Accounting and Finance*, 1998: 1 - 31.

[167] Brody, R. G., Lowe, D. J., & Pany, K. Could 51 Millionbe Immaterial When Enron Reports Income of 105 Million? [J]. *Accounting Horizons*, 2003, 17 (2): 153 - 160.

[168] Carla Edgley. A Genealogy of Accounting Materiality [J]. *Critical Perspectives on Accounting* , 2014 (25): 255 - 271.

[169] Chen. G., Firth, M., Gao, D. N., and Rui. O. M. Ownership Structure, Corporate Governance, and Fraud: Evidence from China [J]. Journal of Corporate Finance, 2006, 12 (3): 424 - 448.

[170] Chong, H. Gin. Auditors and Materiality [J]. *Managerial Auditing Journal*, 1992, 7 (5).

[171] Chong, H. Gin. A Review on the Evolution of the Definitions of Materiality [J]. *International Journal of Economics and Accounting*, 2015, 6 (1): 15 - 32.

[172] Cho, Seong Yeon, Robert L. Hagerman, Sandeep Nabar. Measuring Stockholder Materiality [J]. *Accounting Horizons* , 2003, 17 (SUPPL.): 63 - 76.

[173] Cho. C. H., Roberts, R. W. and Patten, D. M. The Language of US

Corporate Environmental Disclosure [J]. *Accounting Organizations & Society*, 2010 (35): 431 -443.

[174] Choudhary, P., Merkley, K., and Schipper, K. Direct Measures of Auditors' Quantitative Materiality Judgment: Properties, Determinants and Consequences for Audit Characteristics and Financial Reporting Reliability. Working paper, 2017.

[175] Desai, Hemang, Chris E. Hogan, and Michael S. Wilkins. The Reputational Penalty for Aggressive Accounting: Earnings Restatements and Management Turnover [J]. *The Accounting Review*, 2006, 81 (1): 83 -112.

[176] Dechow, P., R. Sloan, and A. Sweeney. Detecting Earnings Management [J]. *The Accounting Review* , 1995 (70): 193 -225.

[177] Doyle, J. T., W. Ge, and S. McVay. Determinants of Weaknesses in Internal Control over Financial Reporting [J]. *Journal of Accounting and Economics*, 2007a, 44 (1 -2): 193 -223.

[178] Eilifsen, A., & Messier Jr, W. F. Materiality guidance of the major public accounting firms [J]. *Auditing: A Journal of Practice & Theory*, 2014, 34 (2): 3 -26.

[179] ESMA. Consultation Paper Considerations of Materiality in Financial Reporting [R]. 2011.

[180] FASB. *Statement of Financial Accounting Concepts No. 2: Qualitative Characteristic of Accounting Information -As Amended* (*CON2*) . 1985.

[181] FASB. *Statement of Financial Accounting Concepts No. 8*, *Conceptual Framework for Financial Reporting*, 2018.

[182] FASB. Improving Reporting: Insights into Enhancing Voluntary Disclosure [R]. 2001.

[183] Firth M. The Impact of Size, Stock Market Listing, and Auditors on Voluntary Disclosure in Corporate Annualreports [J]. *Accounting and Business Research*, 1979, 9 (36): 273 -280.

[184] Frishkoff, P. An Empirical Investigation of the Concept of Materiality in Accounting [J]. *Journal of Accounting Research*, *Empirical Research in Accounting*, *Selected Studies* (*Supplement*), 1970, 8 (1): 116 - 137.

[185] Gleason, C. A., and L. F. Mills. Materiality and Contingent Tax Liabilityreporting [J]. *The Accounting Review*, 2002, 77 (2): 317 - 342.

[186] GOH, B. W., LEE, K. B. J., LI, N., & LI, D. *Are Disclosed Auditor Materiality Thresholds Informative of Firms' Earnings Quality? - Evidence from the Revised ISA* 700 *Audit Report*. 2018, Working paper.

[187] Gordon, S. Accountants and Securities Acts [J]. *Journal of Accountancy*, 1933, 105 (1): 438 - 439.

[188] Graham, John R., Si Li, and Jiaping Qiu. Corporate Misreporting and Bank Loan Contracting [J]. Journal of Financial Economics, 2008, 89 (1): 44 - 61.

[189] Hayes R. M, Lundholm R. Segment Reporting to the Capital Market in the Presence of A Competitor [J]. *Journal of Accounting Research*, 1996, 34 (2): 261 - 279.

[190] Heitzman S. The Joint Effects of Materiality Thresholds and Voluntary Disclosure Incentives on Firms'disclosure Decisions [J]. *Journal of Accounting and Economics*, 2010, 49 (1 - 2): 109 - 132.

[191] Hofstede, G. H. Culture's consequences: International Differences in Work - relatedvalues [J]. University of Illinois at Urbana - Champaign's Academy for Entrepreneurial Leadership Historical Research Reference in Entrepreneurship. 1980.

[192] Holstrum, G., Messier. A Review and Integration of Empirical Research onMateriality [J]. *Auditing*: *A Journal of Practice & Theory*, 1982, 2 (1): 45 - 63.

[193] Hribar, Paul and Nicole Thorne Jenkins. The Effect of Accounting Restatements on Earnings Revisions and the Estimated Cost of Capital [J]. *Review*

of Accounting Studies, 2004, 9 (2 – 3): 337 – 356.

[194] IASB. *The Conceptual Framework for Financial Reporting*. 2010.

[195] IASB. *Basis for Conclusions on the Conceptual Framework for Financial Reporting*. 2018.

[196] IASB. *Making Materiality Judgements*: *Practice Statement* 2. 2017.

[197] IASB. *Application of Materiality to Financial Statements*. Exposure Draft and IFRS Practice Statement. 2016.

[198] Institute of Chartered Accountants in England and Wales. The Interpretation of 'Material' in Relation to Accounts, Accounting Recommendation 2. 206, Statement V10, 1968. London, UK.

[199] Institute of Chartered Accountants in England and Wales. *Technical Release* 03/08, *Guidance on Materiality in Materiality in Financial Reporting by UK Entities*. 2008, London, United Kingdom.

[200] Iskandar, T. M. and Iselin, E. R. Materiality in accounting: a comparison of international, Australian, UK, and USpronouncements [J]. *International Journal of Business Studies*, 1998, 6 (2): 12 – 36.

[201] Keune, M. B., & Johnstone, K. M. Staff Accounting Bulletin No. 108 disclosures: Descriptive evidence from the revelation of accounting misstatements [J]. *Accounting Horizons*, 2009, 23 (1): 19 – 53.

[202] Kravet, Todd and Terry Shevlin. Accounting Restatements and Information Risk [J]. *Review of Accounting Studies*, 2010, 15 (2): 264 – 94.

[203] Lin, Chan – jane and Hui – chun Huang. Voluntary Financial Restatements: The Perspectives of Management Incentives and Pressures [J]. *Management Review*, 2016, 35 (1): 113 – 28.

[204] Liu, C – S., and H. F. Mittelstaedt. Materiality judgments and disclosure of retiree health care costs under SFAS No. 81 [J]. *Review of Accounting Studies*, 2002 (7): 405 – 434.

[205] Mayya Gordeeva. Materiality in Accounting [J]. *Economics and Man-*

agement, 2011 (16).

[206] Magretta J. Why business models matter? [J]. *Harvard Business Review*, 2002 (80): 86 -92.

[207] Manita, Riadh, Hassan Lahbari, and Najoua Elommal. The impact of qualitative factors on ethical judgments of materiality: An experimental study with auditors [J]. *International Journal of Business*, 2011 (16): 231.

[208] Messier Jr, W. F., & Schmidt, M. Offsetting Misstatements: The Effect of Misstatement Distribution, Quantitative Materiality, and Client Pressure on Auditors' Judgments [J]. *The Accounting Review*, 2017, 93 (4): 335 - 357.

[209] Messier Jr, W. F., Martinov - Bennie, N., & Eilifsen, A. A review and integration of empirical research on materiality: Two decadeslater [J]. *Auditing: A Journal of Practice & Theory*, 2005, 24 (2): 153 -187.

[210] Michael C. Jensen, William H. Meckling. Theory of the firm: Managerial behavior, agency costs and ownership structure [J]. *Journal of Financial Economics*, 1976 (3): 305 -360.

[211] Morris, M. H., and W. D. Nichols, and J. W. Pattillo. Capitalization of interest, materiality judgment divergence and users' information needs [J]. *Journal of Business Finance & Accounting*, 1984, 11 (4): 547 -555.

[212] Müller Burmeister, Cristina. Increased Materiality Judgments in Financial Accounting and External Audit: A Critical Comparison between German and International Standard Setting [J]. *International Journal of Critical Accounting*, 2016, 8 (3 -4): 227 -245.

[213] Newton. Lauren K. The Risk Factor in Materiality Decisions [J]. *The Accounting Review*, 1977, 52 (1): 97 -108.

[214] New Zealand Society of Accountants. Materiality in Financial Statements, Statement of Standard Accounting Practice No. 6 [J]. *The Accountants' Journal*, 1985, August: 67 -68.

[215] NZCA and ICAS. *Losing the Excess Baggage – Reducing Disclosures in Financial Statements to What's Important.* 2011.

[216] Palmrose, Richardson V J, Scholz S. Determinants of Market Reactions to RestatementAnnouncements [J]. *Journal of Accounting and Economics*, 2004 (37): 59 – 89.

[217] Pinsker, Robert, Terence J. Pitre, and Ronald Daigle. An Investigation of Nonprofessional Investors' Qualitative Materiality Judgments Incorporating SEC Listed vs. Non – Listed Events [J]. *Journal of Accounting and Public Policy*, 2009, 28 (5): 446 – 65.

[218] Poli, Simon. The Application of the Accounting Concept of Materiality in the Italian Listed Companies' Financial Statements [J]. *International Journal of Finance and Accounting*, 2013, 2 (4): 214 – 219.

[219] Patterson R. G. Materiality and the economic environment [J]. *The Accounting Review*, 1967. Vol. 42, No. 4 (Oct., 1967): 772 – 774.

[220] Rice, S. C., & Weber, D. P. How effective is internal control reporting under SOX 404? Determinants of the (non –) disclosure of existing material weaknesses. Journal of Accounting Research, 2012, 50 (3): 811 – 843.

[221] Savich, R. S. The use of accounting information in decisionmaking [J]. *The Accounting Review*, 1977, 52 (3): 642.

[222] SEC. *Staff Accounting Bulletins No. 99: Materiality.* August, 1999.

[223] Securities Exchange Commission*Securities Exchange Acts.* 1933 and 1934.

[224] Scott, Thomas William. Incentives and Disincentives for Financial Disclosure: Voluntary Disclosure of Defined Benefit Pension Plan Information by Canadian Firms [J]. *The Accounting Review*, 1994, 69 (1): 26 – 43.

[225] Schmutte, J., Duncan, J. R. Professional judgment: a model for accounting and auditing decisions [J]. *The CPA Journal*, 2009, 79 (9): 32.

[226] Simon, H. A. Rationality as process and as product of thought [J]. *The American economic review*, 1978, 68 (2): 1 – 16.

[227] Steinbart, PaulJ. The Construction of a Rule – Based Expert System as a Method for Studying Materiality Judgments. *The Accounting Review*, 1987, 62 (1): 97 – 116.

[228] Sunder, Shyam. Knowing what others know: Common knowledge, accounting, and capital markets [J]. *Accounting Horizons*, 2002, 16 (4): 305 – 318.

[229] Turley, S. and Cooper, M. Auditing in the United Kingdom. Prentice Hall International, London, UK, 1991: 70 – 81.

[230] Verrecchia. Robert E. Discretionary Disclosure [J]. *Journal of Accounting and Economics*, 1983, 5 (3): 179 – 194.

[231] Watts Ross L., Zimmerman Jerold L. Agency Problems, Auditing and the Theory of the Firm: Some Evidence [J]. *Journal of Law and Economics*. 1983, (26): 613 – 633.

[232] Walton, P. Introduction: the true and fair view in British accounting [J]. *The European Accounting Review*, 1993, 2 (1): 49 – 58.

[233] William Kinney, David Burgstahler and Roger Martin, Earnings Surprise Materiality as Measured by Stock Returns [J]. *Journal of Accounting Research*, 2002, 40 (5): 1297 – 1329.

[234] Wu Xi, and Jun Wang. Management's Materiality Criteria of Internal Control Weaknesses and Corporate Fraud: Evidence from China [J]. *The International Journal of Accounting*, 2018, 53 (1): 1 – 19.